「乐」融五育

吕华琼 著

华东师范大学出版社·上海

图书在版编目(CIP)数据

"乐"融五育/吕华琼著. —上海:华东师范大

学出版社,2024. —ISBN 978-7-5760-5509-2

Ⅰ. G623.712

中国国家版本馆 CIP 数据核字第 2024EA3965 号

"乐"融五育

著　　者　吕华琼
策划编辑　彭呈军
特约审读　冯　春
责任校对　董　亮　时东明
装帧设计　刘怡霖

出版发行　华东师范大学出版社
社　　址　上海市中山北路 3663 号　邮编 200062
网　　址　www.ecnupress.com.cn
电　　话　021-60821666　行政传真 021-62572105
客服电话　021-62865537　门市(邮购)电话 021-62869887
地　　址　上海市中山北路 3663 号华东师范大学校内先锋路口
网　　店　http://hdsdcbs.tmall.com

印 刷 者　常熟高专印刷有限公司
开　　本　787×1092　16 开
印　　张　16
字　　数　283 千字
版　　次　2024 年 12 月第 1 版
印　　次　2024 年 12 月第 1 次
书　　号　ISBN 978-7-5760-5509-2
定　　价　68.00 元

出 版 人　王　焰

前 言

在我国悠久的历史文化中,音乐与诗歌、舞蹈、绘画等艺术形式相互交织,共同构建了丰富多彩的精神世界。音乐不仅能带来审美享受,更是一种全面育人的强大工具。《"乐"融五育》一书,旨在探索音乐在教育中的融合与应用,揭示乐育在五育并举中的核心价值与重要作用。

"乐"融五育的"乐",并非单纯的音乐教育,而是一种全方位的育人方式,将音乐当成激发的火花,使其各个元素贯穿于德、智、体、美、劳五育之中,通过音乐的感染力与教育功能,促进学生全面而均衡地发展。它不仅涉及音乐技能的传授,更是一种精神层面的熏陶与启迪,一种全方位育人的探索与实践。

一、何谓"乐"融五育

"乐"融五育中的"乐",指的是音乐及其所蕴含的深厚文化内涵。音乐不仅是审美的载体,还是情感表达的途径,更是文化传承的重要形式。在此,"乐"作为一种教育手段,其目的在于通过音乐的情感力量和艺术魅力,激发学生的学习兴趣,提升其精神境界。

以"乐"将五育融入其中,即是指将音乐作为一种核心元素,贯穿于德、智、体、美、劳五育之中,使之相互渗透、相互促进。在这一过程中,音乐成为连接五育的纽带,为学生的全面发展提供动力。也就是,通过音乐的感染力和教育功能,促进学生全面而均衡地发展。

想象一下,在德育中,音乐如同春风化雨,以其独特的艺术魅力,无声地滋润着学生的心田,培育着他们的道德情感;在智育中,音乐的节奏与旋律,如同智慧的钥匙,开启学生思维的大门,激发他们的创造灵感;在体育中,音乐的韵律与动作相结合,赋予体育锻炼以艺术的美感,增强学生的体魄与协调性;在美育中,音乐本身就是美的化身,引领学生在艺术的海洋中遨游,提升他们的审美品位;在劳育中,音乐的制作与表演,锻炼了学生的动手能力,培养了他们的团队协作精神……

"乐"融五育,是对教育理念的升华,也是对传统教育模式的拓展与深化。我们希望,在音乐教育的熏陶下,学生能够在知识、技能、情感、态度等多方面得到全面发展。这种融合教育,不仅关注学生个体的成长,更着眼于文化传承、情感教育和社会责任的培养。

二、为何"乐"融五育

音乐,这种具有普遍感染力的艺术形式,它能够文化、语言和年龄差异而触动人心,被广泛的人群所接受和领会。它以旋律和节奏为语言,传递情感和思想,跨越了人与人之间的诸多界限。正是这种普遍性和包容性,让音乐成为了一种独特的教育工具,有效地将德、智、体、美、劳五育的教育理念融合在一起。

以动人心弦的力量引发情感共鸣

音乐具有强大的情感传递力量,能够激发学生的情感共鸣,这种情感上的互动可以陶冶孩子的道德情操。音乐能够让学生在聆听或演奏的过程中体验到各种情感,如快乐、悲伤、激动等,有助于学生理解和表达自己的情感。

以同理心的培育为例,通过接触不同风格和背景的音乐,孩子们可以更好地理解和欣赏他人的情感和观点,从而在五育中培养出同理心。在音乐的熏陶下,学生不仅能够在德育中通过传递正能量培养道德情感,更能在同理心的土壤中播下关怀的种子。他们通过智育中的音乐学习,不仅获取知识,还能在理解与创造音乐的活动中,学会换位思考。音乐与体育的结合,更是身体在律动中感受集体的节奏,从而在团队合作中培养对他人感受的尊重。美育中,音乐的美感体验使学生在艺术的共鸣中,同理心得到进一步深化。劳育的实践中,音乐合作演出让学生在共同努力中体验他人的付出,同理心在此过程中得以滋养和成长。因此,音乐教育成为五育融合的桥梁,它引领学生在全面发展中,将同理心内化为自身的品质。

以独具特色的特质激活创造性思维

音乐的创造性是其核心特质之一,它不仅体现在音乐的创作和即兴演奏中,而且能够以独特的方式融入五育教育,聚焦于培养学生的创造力。

音乐创作和即兴演奏等活动能够激发学生的创造力和想象力,与目前提倡的创新思维相契合。在音乐创作和即兴演奏的过程中,学生发挥自己的想象力和创造力,是对创造性思维的重要锻炼。

具体来讲,音乐创作允许学生在无边的音乐世界中自由探索,这种探索激发他们的内在潜能,鼓励他们尝试新的旋律、节奏与和声,孩子们学会如何将抽象的灵感转化为具体的音乐表达,做到以"乐"激发创造性思维;现场创作音乐的过程考验学生的快速思考和创新能力,在不断的实践和尝试中,学生学会如何面对不确定性,勇于创新,做到以"乐"促进创新能力的培养;音乐不仅是情感的抒发,还是道德观念的传达,学生在创作音乐时,可以融入对道德、文化的理解和思考,通过音乐这种创造性表达,传递正能量,培养良好的品德,做到以"乐"融合德育的创造性表达;音乐与肢体的融合,如在舞蹈或音乐剧中,学生需要创造性地编排动作,不仅锻炼了他们的身体,也激发了他们在动作创作上的创造性,做到以"乐"增强体育的创造性动作;作为一种艺术形式,音乐的创作和欣赏都需要独特的审美视角。通过探索不同的艺术风格和表现手法,以"乐"丰富美育的创造性视角;而制作和演出涉及许多技术性和劳动性工作,如乐器的制作、舞台的设计等,学生在这些劳动实践中,将创造性思维应用于实际问题解决,提高劳动技能,以"乐"实践劳育的创造性应用。

可以说,音乐以其独特的创造性特质,不仅为学生提供了表达自我和情感的平台,而且在与五育的融合中,能够让孩子们的创造力、想象力、道德观念、身体素质以及实践技能均得到全面的提升。

以和谐悠扬的旋律协调身心健康

音乐不仅能够陶冶学生的情操,还具有调节情绪、缓解压力的作用,并在和谐的氛围中促进身心健康,提升学生的综合素养。

音乐的熏陶,能够让孩子们在艺术的殿堂中找到心灵的慰藉,实现身心的和谐发展。通过音乐活动,孩子们学会如何控制情绪,培养良好的心理素质。同时,集体音乐活动还能增强团队协作精神,使学生尊重他人、关心他人,以"乐"调心,达到德育的目的。在集中注意力聆听、演奏或分析音乐的过程中,提高学习时的专注度,以"乐"益智。音乐与体育的结合则可以使学生在愉悦的氛围中锻炼身体,帮助孩子们在运动中保持节奏,提高动作的协调性和灵活性,有助于增强学生的体质,培养良好的运动习惯,以"乐"健身。音乐创作和欣赏活动可以引导学生发现生活中的美,激发他们对艺术的热爱。音乐美育有助于丰富学生的内心世界,提升他们的审美品质,从而以"乐"

韵美。同时,一些劳动歌曲的传唱、音乐剧的编排等,可以使劳动变得轻松愉快,帮助孩子们更好地面对挑战,培养勤奋、刻苦的精神,达成以"乐"助劳之功效。

在音乐的陪伴下,孩子们不仅能够在艺术的实践中体验到身心的愉悦,还能够在集体协作中学会尊重与关心,在智力的挑战中锻炼思维,在体育的节奏中强身健体,在劳动的歌声中培养勤奋精神,从而在全面发展的道路上不断前行,成为具有综合素质的优秀人才。

三、如何"乐"融五育

在具体的实践中,除了理念上将"乐"贯穿于五育之中,还需要环境的营造、课程教学的融合以及教师队伍的培养。通过浸润式环境的营造、多样化的课程设计创新以及配套的师资培育,学校致力于在音乐中培养学生的高尚品德、智慧思维、健康体魄和审美情趣,助力学生全面发展,开启美好的未来。

浸润式环境的营造

环境在教育过程中扮演着至关重要的角色,它不仅是知识的传授场所,更是学生品德、情感、审美等全方位素质培养的载体。通过营造具有教育意义的浸润式环境,可以让学生在不知不觉中接受德、智、体、美、劳五育的全面熏陶。

在物理环境优化方面,学校力求打造优美、和谐且五育交互融合的空间,如,图书馆不仅可以提供丰富的书籍资源,还可以设立互动交流区,让学生在享受阅读乐趣的同时,培养良好的道德品质和团队协作精神。体育活动区则设计多种运动项目,让学生在体育锻炼中强身健体,体验团队合作的快乐。

学校多元文化的打造同样要紧扣"乐融五育"的主题。通过项目化学习、跨学科活动的开展,让孩子们在真实的情境中解决问题,这样的学习方法可以促进孩子们跨学科知识的整合与应用,如学校"中华动画一百年"活动,就将跨学科学习、团队协作等融入其中,将技术与创意进行整合,也让学生在浸润校园文化的同时,实现德智体美劳全面发展。

课程开发的创新

课程是教育实践的核心,创新课程开发是实现"乐"融五育的关键。我们致力于打破固有的学科壁垒,积极探索和开发拓展性课程,充分尊重每位学生的个性差异,提供多元化的课程选择。在这样的教育环境中,学生在兴趣的引领下主动探索和学习,充分发挥自己的潜能,培养个性特长。我们的目的是让因材施教不再纸上谈兵。

我们深知,每个孩子都是独一无二的,拥有不同的兴趣和潜能。因此,我们的课程设计力求创新与灵活,突破传统学科的限制,将知识以更加生动、有趣的方式呈现给学生。从艺术创作到科学探索,从体育竞技到社会实践,我们将音乐融入到课程的每一个角落,无论是课堂上的旋律教学,还是课间的乐器演奏,抑或是校园里的合唱表演,音乐无处不在。它如同一条丝线,将德、智、体、美、劳五育紧密相连,编织成一幅丰富多彩的教育画卷。

在这样的教育环境中,学生在悠扬的乐声中感受"德"的庄严,在智慧的乐章中领悟"智"的深邃,在活力的节拍中体验"体"的力量,在艺术的和声中欣赏"美"的魅力,在勤劳的旋律中理解"劳"的价值。音乐成为他们探索世界的桥梁,激发他们内心的创造力,引导他们在快乐的氛围中全面发展。

我们的目标是让每个孩子都能在音乐的陪伴下,享受学习的乐趣,激发自己的潜能。在音符的跳跃中,他们学会合作,培养情感,学会表达,体会生活的美好与和谐。因材施教不再遥不可及,它就在这美妙的乐声中,悄然走进每个孩子的心田,滋养着他们的成长之路。

教师培养的深化

教师在教育改革中扮演着至关重要的角色,他们是"乐"融五育理念的实施者和推动者。在这一过程中,加强教师的培养显得尤为重要,尤其是音乐方面的素养提升。

深入领悟五育理念的精髓,教师能更全面地把握教育的真谛。教师需要善于借助旋律与节奏的力量,传递情感、塑造品格、激发思考、强健体魄、培养审美以及推动实践。

教学方法的创新也同样重要。教师应积极探索和运用情境教学、体验式教学等方法,将音乐融入各个学科,创造愉悦的学习氛围。例如,在数学课堂中,教师可以通过节奏游戏来帮助学生理解数学概念;在语文课堂中,可以通过音乐剧的形式,让学生在演绎中体验文学作品的情感。这样的教学方法不仅能够激发学生的学习兴趣,还能提高教学效果,使学生在音乐的熏陶中全面发展。

此外,教师应充分利用音乐的感染力,创造性地设计课程,让学生在音乐实践中体验合作与团队精神,培养他们的责任感和社会实践能力。通过合唱、乐队等形式,学生能够在音乐活动中学会倾听、协调和表达,这些技能对于他们的个人成长和社会交往具有重要意义。

《"乐"融五育》一书,强调了音乐在五育中的不可替代的地位,揭示了音乐教育在培养学生综合素质中的重要作用,不仅记录了音乐创意学习中心的历史变迁,更深刻地反映了学校在艺术教育领域的探索与实践。从空间设计到课程构建,从德育互融到智育启迪,从体育强身到美育润心,再到劳动教育的实践,每一章节都是对音乐教育如何融入五育的深入剖析。

同时,本书还通过丰富的案例和详实的数据,展示了音乐教育如何激发学生的潜能,如何引导他们在道德、智力、身体、审美和劳动技能上得到全面发展。它不仅是对音乐创意学习中心经验的总结,也是对未来教育理念的探讨,为音乐教育工作者提供了有益的参考和启示。

愿《"乐"融五育》成为音乐教育之路上的一盏灯,为孩子们通往全面和谐发展的道路增添一份光亮。我们期待,在五育融合的探索中,音乐教育能够逐步开拓美好的前景,为培养新时代的人才尽一份绵薄之力。

吕华琼

目　录

学校科目相互联系的真正中心,不是科学,不是文学,不是历史,不是地理,而是儿童本身的社会活动。

——[美]约翰·杜威

第一章　探本溯源,音乐创意学习中心的前世今生

　　上海市长宁区天山第一小学(以下简称"天一小学")作为区唯一一所具有国际化办学特点的公立学校,在原有的教育国际化探索和实践基础上,提出"联通儿童与世界"的办学理念。这一理念一方面避免学校教育常常与儿童生活、社会生活脱节的弊端,另一方面符合现代教育的精神和教育国际化的内涵,倡导学校教育成为联系儿童与世界的纽带,成为沟通儿童与世界的桥梁。[①] 学校于2015年开始建立"音乐创意学习中心",希望通过艺术活动这一载体,将办学理念诠释得更为生动灵活。

第一节　上海市天山第一小学的基本概况

　　天一小学坐落在上海市长宁区茅台路109号,毗邻艺术人文气息浓郁、国际化程度领先的虹桥开发区腹地。学校创建于1952年。1996年4月和1999年7月,先后并入长宁区紫云路第二小学和长宁区紫云路小学,2006年更为现名并异地重建。目前,天一小学是长宁区办学有较好影响和规模较大的学校之一。

---

① 创造教育新空间,联通儿童与世界——上海市长宁区天山第一小学"未来学习中心"简介[J]. 现代基础教育研究,2020,37(1):244.

一、学校定位:公办教育国际化办学

学校现有 34 个教学班,1300 多名学生,拥有一支由全国优秀教师、特级教师、学科带头人引领的高素质教师团队。在现有的 110 名教职员工中,党员人数 33 人,占教师总数 30%,本科及以上学历占比 90%,正高级教师、高级教师、一级教师占比近70%。近年来,超过 89% 的教师曾获得国家、市、区级个人荣誉,三分之一的教师代表长宁走出上海,走向世界。得益于良好的社会口碑、优质的双语教学水平等,2009 年本校被区教育局确定为公办学校教育国际化办学的实验校。

在 72 年的办学历程中,学校始终坚守义务教育的使命,坚持以师生发展为本,秉承传统,不断创新,逐渐形成了底蕴丰厚、特色鲜明、质量显著的发展格局。

1988 年,被确立为长宁区中心小学;1997 年,成为上海市首批小班化教育试点学校;1999 年,被确立为全国写字教育的实验基地;2004 年,入选区级双语教学实验学校;2006 年,被授予"市级围棋传统学校"荣誉称号;2007 年,跻身上海市外语类及外语特色校教研联盟;2009 年,作为教育国际化办学实验学校开始了长达13 年的教育国际化办学探索。沉淀了围棋、书法等优势特色,积累了小班化教育的丰富经验,扩展了英语学科的课程特色。

图 1-1　校名由著名教育家于漪题写

在不断的改革与发展中,2014年学校确立了"联通儿童与世界"的办学理念,形成了"小蚂蚁大智慧"的学校文化,而今正朝着公办教育国际化的高地摸索前行。

二、办学理念:"联通儿童与世界"

"联通儿童与世界"这一办学理念。它有三个关键词:"世界""儿童"和"联通"。1991年中国政府签署了《儿童权利公约》,向国际社会做出了庄严承诺。《公约》对儿童这个概念提出明确的定义,即小于14周岁(联合国规定是18周岁)。而小学正好是儿童成长、发育的关键期,学校的任何一种教育都应该从儿童发展的视角出发,这也就达成了学校的共识。进天一小学做老师第一要求,就是要有一颗"仁爱之心",爱儿童。[①]

何谓"联通"? 联通的作用就是教育。教育就是要让儿童走向这个丰富多彩的世界。学校的作用就是促进和帮助处在成长或发展中的每个儿童去感知、去理解、去思考、去参与他们生活于其间的世界。课堂教学活动给学生提供了一个认识他所生活其间的世界的载体,通过日常的教与学双边互动活动,教师会引导学生去拥抱这个世界;而学校整体的育人环境则打造了一个开放的姿态,让学生在这种包容的空间中阳光生长。由此学校教育成为联系儿童与世界的纽带,成为从儿童走向成人,从本土走向世界的桥梁。

何谓"儿童"? 儿童是学校的主体,是学校一切工作的逻辑起点,表达天一人对教育使命的理解,并以儿童为中心办学的立场。

何谓"世界"? 世界它可以是自然的,也可以是社会的;它可以是过去和当下的,也可以是虚拟的、未来的;它可以是本土的,也可以是异邦的。世界在时间上,有过去世界、现在世界和未来世界之分,教育要在儿童的现在世界与其将要迈向的未来世界之间建立联系,让一个儿童从自然属性的世界走向社会属性的世界,从一个内心的世界走向一个纷繁复杂的外部世界,尤其要让学生意识到自己是未来的创造者,是国家的未来、民族的未来、世界的未来。

课题组设计了题为"作为天一的'小蚂蚁',你了解学校的办学理念是'联通儿童与世界'吗?"的问卷题目。调查结果显示,超过95%的学生对学校的办学理念表示了解,说明"联通儿童与社会"的办学理念已融入到学校实际办学的各个层面。

---

① 联通儿童与世界,引领"小蚂蚁"知勤俭、会合作、守规则——记上海市长宁区天山第一小学校长吕华琼[J].少先队研究,2018(5):12—13+17.

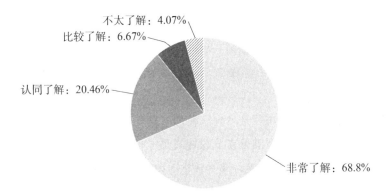

图 1-2 学校的办学理念"联通儿童与世界"

不太了解：4.07%
比较了解：6.67%
认同了解：20.46%
非常了解：68.8%

图 1-3 你了解学校的办学理念是"联通儿童与世界"吗（学生卷）

三、学校文化："小蚂蚁大智慧"

小蚂蚁，是天一小学的LOGO，也逐渐成为学校的文化。学校希望孩子们学习小蚂蚁身上坚持不懈、团队合作、讲求规则、能吃苦的品质。校园的优美环境需要共同维护，即使学习和生活的条件好了，学生也要养成勤劳、勤俭和勤奋学习的品质。

课题组针对学校文化设计了相关问卷题目进行调查，结果显示学校的多数学生表示非常喜欢学校的"小蚂蚁"文化，说明学校文化是在充分考虑学生发展需求的基础上提炼形成的。

学校提出的培养"有家国情怀、国际视野、具有'小蚂蚁精神'的中国少年"这一目标，就是要使学生具有各种规则意识，能够自主地学习和生活，善于与相同文化和不同文化背景的人合作。现在，学校对学生提出的行动口号是："学习小蚂蚁的'知勤俭''会合作''守规则'的品质。"

什么是学校管理，什么是儿童教育？学校的理解和做法是，遵循育人规律，探索适合并为学生所接受的方法，也就是为了让学校的"小蚂蚁"文化看得见、摸得着和有功效。

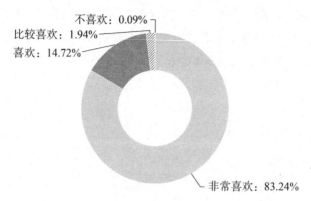

不喜欢：0.09%

比较喜欢：1.94%

喜欢：14.72%

非常喜欢：83.24%

图 1-4　你喜欢学校的"小蚂蚁"文化吗(学生卷)

在学校文化上，天一小学还有一个重要的抓手——"阳光、智慧"，英语单词是 BRIGHT。借助学校的"未来学习中心"，包括一期"英语学习中心"和二期"音乐创意学习中心"，让学生通过深入"探究"（Inquiring）、努力"思考"（Thoughtful）和不断"反思"（Reflective），以快乐（Happy）阳光的心态不断追求"更好"（Better）的学习，从而实现"全球"（Global）化时代视野更开阔的学习。

图 1-5　天山第一小学校徽

以上六个关键词组成一个核心词 BRIGHT，具阳光、智慧之意。学校取 BRIGHT 的内涵作为学校的校训，寓意共同迎接阳光明媚和美好的未来（Future is BRIGHT）。

四、课改前沿："未来学习中心"

为了能够探索公办教育国际化办学，学校需要一个课程、机制改革的实验基地。2012 年起，学校对教学大楼的四楼进行重新设计和改造，相继建成了"未来学习中心"的一期"英语学习中心"和二期"音乐创意学习中心"，使其环境也成为办学特色、培养学生和课程实施的不可或缺的重要部分。

在问卷调查中,课题组设计了"你喜欢学校的'音乐创意学习中心'吗"的题目。问卷结果显示,79.81%的学生表示非常喜欢"音乐创意学习中心",说明"音乐创意学习中心"的设立满足了学生的个性发展需求。

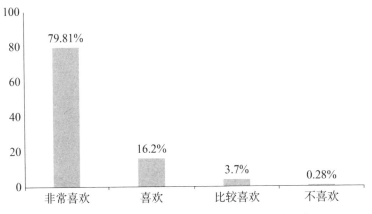

图1-6 你喜欢学校的"音乐创意学习中心"吗(学生卷)

从物理空间上划分,"英语学习中心"是"5+2+1"。它有5间英语基础型课程专用教室、2间外教使用的拓展型专用教室、1间英语探究型项目活动室。

另外还有课程开发室、教师工作室、MINI工作室、首席工作室,以及个别化辅导区与开放式阅读区。作为应对知识经济社会学习方式变化的学习空间与实践平台,"英语学习中心"具备了信息化、功能化的特点。[①]

基于"自然、艺术、创新"三个关键词,2017年,学校建成了"音乐创意学习中心",有一个"音乐之声"、两条"音乐之廊"、六个"音乐之盒"。"音乐之声"是起始大厅,它具有接待中心、鉴赏中心和控制中心的多重功能;"音乐之廊",一边贯通"音乐创意学习中心"功能教室,另一边通向南区的"英语学习中心";六个"音乐之盒",是6间功能教室,分别是声乐教室、器乐教室、形体教室、2间特色课程教室和1个兼剧场功能和室内体育馆功能的"小蚂蚁剧场"。

---

① 吕华琼.创建"未来学习中心"平台,促进"个性化有选择"的学习[J].上海教育,2013(Z1):124.

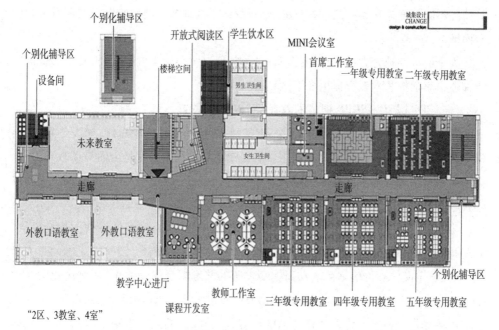

个别化辅导区

个别化辅导区

设备间

开放式阅读区　学生饮水区

楼梯空间

男生卫生间

MINI会议室

首席工作室

一年级专用教室　二年级专用教室

未来教室

女生卫生间

走廊

走廊

外教口语教室

外教口语教室

个别化辅导区

教学中心进厅

教师工作室

课程开发室

三年级专用教室　四年级专用教室　五年级专用教室

"2区、3教室、4室"

图1-7　"英语学习中心"规划设计图(换图)

第二节　音乐创意学习中心的创设背景

"音乐创意学习中心"的创设离不开国家政策的推动与优秀教育理念的指导。学校的办学理念与校园文化创建都有一定的环境教育理论作为支撑,对相关理论的溯源更有助于对学校办学理念与校园文化的理解。

一、艺术教育的政策支持

美育是国家教育方针的有机组成部分,艺术教育是学校实施美育的基本途径,是素质教育不可或缺的重要内容。随着我国基础教育水平的不断提高和素质教育的全面推进,中小学校艺术教育有了较快发展,艺术教师队伍严重不足的状况有所缓解,艺术教育教学质量逐步提高,课外艺术教育活动普遍开展,中小学生的审美素质得到提升。但是从我国基础教育发展的整体水平来看,艺术教育仍然是学校教育中的薄弱环节,存在重应试轻素养、重少数轻全体、重比赛轻普及的问题。一些地方和学校没有把艺术教育摆上应有的位置,艺术课程开课率不足、活动形式单一、教师短缺、资源匮乏等情况不同程度存在着。艺术教育的滞后,制约了基础教育的均衡发展和素质教育的全面推进。①

为全面贯彻教育方针,全面实施素质教育,促进中小学生健康成长,教育部就进一步加强中小学校艺术教育提出如下意见。

(一)进一步提高认识,把艺术教育摆上应有的位置

艺术教育对于提高学生审美修养、丰富精神世界、发展形象思维、激发创新意识,促进青少年健康成长具有重要的作用。加强中小学校艺术教育是全面贯彻教育方针、全面实施素质教育的必然要求。地方各级教育行政部门和中小学校要进一步提高对学校艺术教育重要性的认识,切实把艺术教育摆在学校教育应有的位置上。

中小学校艺术教育要以全面提高教育教学质量为中心,实现区域内的均衡发展。要坚持教育公平的原则,让每个学生都成为艺术教育的受益者。要坚持正确的育人导向,把社会主义核心价值体系融入到生动丰富的艺术教育活动之中,使之内化为学生的自觉精神追求,帮助学生形成正确的价值观和审美观。要通过艺术教育让学生接受中华民族和世界各民族优秀文化艺术的滋养,培养深厚的民族情感,为建设中华民族共有精神家园奠定基础。

(二)严格执行课程计划,提高艺术教育教学质量

开齐开足艺术课程,是保证艺术教育质量的前提。根据《义务教育课程设置实验方案》,九年义务教育阶段艺术类课程占总课时的 9%—11%(总课时数为 857—1 047课时),各省级教育行政部门在制订本地区课程实施计划时,应按照上述规定设置艺术类课程,课时总量不得低于国家课程方案规定的下限。条件较好的学校按九年义务教育阶段艺术类课程占总课时的 11% 开设艺术类课程,其他学校开设艺术类课程不低于总课时的 9%;其中,初中阶段艺术类课程开课不低于艺术课程总课时数的 20%。普通高中按《普通高中课程方案(实验)》的规定,保证艺术类必修课程的 6 个学分(相当于 108 课时)。非艺术类中等职业学校艺术类必修课程不少于 72 课时。有条件的地区和学校要开设丰富的艺术类选修课供学生选择性学习。

中小学校艺术类课程应执行国家发布的课程标准,选用国家审定通过的有关教材,并加强教学质量检测。要积极探索艺术课程评价改革,并将评价结果记录在学生成长档案中,作为综合评价学生发展状况的重要内容以及学生毕业和升学的参考

---

① 教育部. 教育部关于进一步加强中小学艺术教育的意见[EB/OL]. http://www.moe.gov.cn/srcsite/A17/moe_794/moe_795/200809/t20080908_80591.html. 2008 - 09 - 08/2021 - 06 - 17.

依据。

要加强艺术教育教研、科研工作。省、市(地)和县(区)要充分依靠本地区教研、科研机构,多渠道配备音乐、美术学科专(兼)职教研员。各地要以条件较好的学校为依托,建立艺术教研基地,定期组织艺术教研活动。

(三)开展课外艺术活动,营造良好校园文化艺术环境

开展课外艺术活动要因地制宜,讲究实效。要大力开展小型、灵活、多样的艺术活动,民族地区的学校要积极开展具有少数民族特色的课外艺术活动。省、市、县各级教育行政部门要积极创造条件,定期举办中小学生艺术节,学校应每年举办一届形式多样的校园艺术节。

要加强对艺术活动的管理。任何部门和学校不得组织学生参与商业性艺术活动或商业性庆典活动,不得组织学生参加企业、媒体或其他社会团体举办的有收费营利行为的艺术竞赛等活动。学校不得组织学生参加社会艺术水平考级活动,社会艺术水平考级的等级不得作为学生奖励或升学的依据。

组织群体性艺术活动,要明确安全管理工作的职能部门和责任人,建立安全责任制度,制订应对突发事件的处置预案,切实加强安全管理,确保中小学生人身安全。校园内不得出现有悖于素质教育、不利于青少年儿童健康成长的文化现象。

(四)加强队伍建设,提高艺术教育师资水平

各地要根据国家课程方案规定配备艺术教师。城市和有条件的县、镇(乡)学校要以专职艺术教师为主,农村学校可以专、兼职教师相结合,镇(乡)中心小学以上的学校至少要配备音乐、美术专职教师各一名;普通高中和中等职业学校应按规定课时及教学需要配备专职艺术教师。兼职艺术教师由具有一定艺术基础或艺术特长的其他学科教师兼任,要逐步实行兼职艺术教师培训上岗制度,兼职艺术教师队伍要保持相对稳定。

各地要建立激励机制,制定相关政策,支持、鼓励城镇学校艺术教师、中青年艺术教师和骨干艺术教师到农村学校任教。可采取"走教""支教""巡回教学""流动授课""定点联系""对口辅导"等多种形式,解决农村学校艺术教师短缺、教学质量不高的问题。

各地要针对本地区艺术教师缺额情况,发挥和依托普通高校,特别是师范院校以及教师进修院校等教育机构的资源优势,为本地培养合格的中小学校艺术教师。要以提高农村艺术教师质量为重点,把艺术教师培训纳入本地教育事业发展规划和教师培训工作计划,有计划、有步骤地开展艺术教师全员培训,不断提高培训质量。艺术教师应和其他学科教师享受同等待遇,艺术教师组织、辅导课外活动应合理计入工作量。

(五) 优化资源配置,改善艺术教育教学条件

各地要在办学经费中保障用于改善艺术教育设备设施、添置和更新消耗性器材、举办校园艺术活动等经费。要按照相关规定,检查本地本校的艺术教育设施、设备、器材的达标情况,及时查漏补缺,添补有关器材设备,并结合校舍改造、扩建工程等项目,积极创造条件配置音乐/美术专用教室。学校要管好、用好艺术专用教室和有关器材,提高使用效益。县级教育行政部门要在当地政府的规划、协调下,把艺术教育纳入推进义务教育均衡发展的有关项目之中,切实改善艺术教育教学条件。

各地要充分利用现代信息技术手段缓解中小学校,特别是农村学校艺术教育资源的不足。学校要根据课堂教学和课外活动的需要,提供便利条件,支持、鼓励、辅导艺术教师用好教学光盘等多媒体设备,用好农村远程教育网资源,并根据本地实际情况,不断丰富网络艺术教育资源。

各地要依托社会文化场所免费或优惠开放的相关政策,充分开发利用地方和社区的艺术教育资源,丰富学校艺术教育的内容和形式。鼓励、支持开发具有本地特色的艺术教育资源。

(六) 加强管理,完善艺术教育保障机制

各地要加强对学校艺术教育的管理,完善艺术教育保障机制。各级教育行政管理部门要有管理艺术教育的相关职能部门和人员。教育行政部门和教研部门之间要相互协调、配合,建立科学、有序、高效的管理机制。要充分发挥各级艺术教育委员会、教育学会所属艺术学科专业委员会等社团机构的人才资源优势,提高艺术教育水平。

要进一步加强艺术教育的督导工作。各级教育督导机构要将艺术教育列为教育督导的重要内容,通过各种形式的督导,督促地方政府、教育行政部门和学校全面贯彻教育方针,自觉推进美育和艺术教育,全面实施素质教育。①

二、五育融合的理念推动

2019 年 6 月,中共中央、国务院印发《关于深化教育教学改革全面提高义务教育质量的意见》,这是中共中央、国务院印发的第一个聚焦义务教育阶段教育教学改革

---

① 教育部. 教育部关于进一步加强中小学艺术教育的意见[EB/OL]. http://www. moe. gov. cn/srcsite/A17/moe_794/moe_795/200809/t20080908_80591. html. 2008 - 09 - 08/2021 - 06 - 17.

的重要文件,是新时代我国深化教育教学改革、全面提高义务教育质量的纲领性文件。

《意见》强调,坚持以习近平新时代中国特色社会主义思想为指导,全面贯彻党的教育方针,落实立德树人根本任务,遵循教育规律,强化教师队伍基础作用,围绕凝聚人心、完善人格、开发人力、培育人才、造福人民的工作目标,发展素质教育,培养德智体美劳全面发展的社会主义建设者和接班人。[①]

(一) 突出德育实效

完善德育工作体系,认真制定德育工作实施方案,深化课程育人、文化育人、活动育人、实践育人、管理育人、协同育人。大力开展理想信念、社会主义核心价值观、中华优秀传统文化、生态文明和心理健康教育。加强爱国主义、集体主义、社会主义教育,引导少年儿童听党话、跟党走。加强品德修养教育,强化学生良好行为习惯和法治意识养成。打造中小学生社会实践大课堂,充分发挥爱国主义、优秀传统文化等教育基地和各类公共文化设施与自然资源的重要育人作用,向学生免费或优惠开放。广泛开展先进典型、英雄模范学习宣传活动,积极创建文明校园。健全创作激励与宣传推介机制,提供寓教于乐的优秀儿童文化精品;强化对网络游戏、微视频等的价值引领与管控,创造绿色健康网上空间。突出政治启蒙和价值观塑造,充分发挥共青团、少先队组织育人作用。

(二) 提升智育水平

着力培养认知能力,促进思维发展,激发创新意识。严格按照国家课程方案和课程标准实施教学,确保学生达到国家规定学业质量标准。充分发挥教师主导作用,引导教师深入理解学科特点、知识结构、思想方法,科学把握学生认知规律,上好每一堂课。突出学生主体地位,注重保护学生好奇心、想象力、求知欲,激发学习兴趣,提高学习能力。加强科学教育和实验教学,广泛开展多种形式的读书活动。各地要加强监测和督导,坚决防止学生学业负担过重。

(三) 强化体育锻炼

坚持健康第一,实施学校体育固本行动。严格执行学生体质健康合格标准,健全国家监测制度。除体育免修学生外,未达体质健康合格标准的,不得发放毕业证书。开齐开足体育课,将体育科目纳入高中阶段学校考试招生录取计分科目。科学安排体

[①] 中共中央国务院关于深化教育教学改革全面提高义务教育质量的意见[EB/OL]. http://www. moe. gov. cn/jyb_xxgk/moe_1777/moe_1778/201907/t20190708_389416. html. 2019 - 06 - 23/2021 - 06 - 17.

育课运动负荷,开展好学校特色体育项目,大力发展校园足球,让每位学生掌握 1 至 2 项运动技能。广泛开展校园普及性体育运动,定期举办学生运动会或体育节。鼓励地方向学生免费或优惠开放公共运动场所。通过购买服务等方式,鼓励体育社会组织为学生提供高质量体育服务。精准实施农村义务教育学生营养改善计划。健全学生视力健康综合干预体系,保障学生充足睡眠时间。

(四)增强美育熏陶

实施学校美育提升行动,严格落实音乐、美术、书法等课程,结合地方文化设立艺术特色课程。广泛开展校园艺术活动,帮助每位学生学会 1 至 2 项艺术技能、会唱主旋律歌曲。引导学生了解世界优秀艺术,增强文化理解。鼓励学校组建特色艺术团队,办好中小学生艺术展演,推进中华优秀传统文化艺术传承学校建设。通过购买服务等方式,鼓励专业艺术人才到中小学兼职任教。支持艺术院校在中小学建立对口支援基地。

(五)加强劳动教育

充分发挥劳动综合育人功能,制定劳动教育指导纲要,加强学生生活实践、劳动技术和职业体验教育。优化综合实践活动课程结构,确保劳动教育课时不少于一半。家长要给孩子安排力所能及的家务劳动,学校要坚持学生值日制度,组织学生参加校园劳动,积极开展校外劳动实践和社区志愿服务。创建一批劳动教育实验区,农村地区要安排相应田地、山林、草场等作为学农实践基地,城镇地区要为学生参加农业生产、工业体验、商业和服务业实践等提供保障。①

三、乐融五育理论基础

(一)加德纳的多元智能理论

多元智能理论是自 20 世纪 80 年代中期以来风行全球的国际教育新理念,它是由美国当代著名心理学家和教育学家加德纳(H. Gardner)博士于 1983 年在其《智能的结构》一书中首先系统地提出,并在后来的研究中得到不断发展和完善的人类智能结构理论。多元智能理论自提出以来,在美国和世界其他 20 多个国家和地区的教育工作者中引起强烈反响。由于该理论的内涵和我国目前正在倡导实施的素质教育有密切的内在联系,我国自 20 世纪 90 年代以来对多元智能理论予以较多介绍,并且越来

---

① 中共中央国务院关于深化教育教学改革全面提高义务教育质量的意见[EB/OL]. http://www. moe. gov. cn/jyb_xxgk/moe_1777/moe_1778/201907/t20190708_389416. html. 2019 – 06 – 23/2021 – 06 – 17.

越认识到多元智能理论的重要价值,认为"多元智能理论是对素质教育的最好诠释"。[①]

1. 倡导弹性的、多因素组合的智力观

多元智能中的各种智力不是以整合的方式存在,而是相对独立的,各自有着不同的发展规律并使用不同的符号系统。

因为每个人的智力都有独特的表现方式,每一种智力又有多种表现方式,所以我们很难找到一个适用于任何人的统一的评价标准,来评价一个人是否聪明和成功与否。

在正常条件下,只要有适当的外界刺激和个体本身的努力,每一个个体就都能发展和加强自己的任何一种智力。影响每一个人的智力发展有三种因素,即先天资质、个人成长经历和个人生存的历史文化背景。这三种因素是相互影响、相互作用的。虽然人的先天资质对智力的类型起决定作用,但智力发展水平的高低更取决于个体后天的历史文化教育活动。

2. 提倡全面的、多样化的人才观

社会的发展需要多样化层次化和结构化的人才群体。

每个学生都有一种或数种优势智能,只要教育得当,每个学生都能成为某方面的人才,都有可能获得某方面的专长。

传统的智力观和偏重语言、数理逻辑智能培养的教学观与评价观,极大地抑制了多样化人才的培养,放弃了许多人才的潜质开发,必须迅速予以改变。

人才的培养主要取决于后天的环境和教育作用。

3. 倡导积极的、平等的学生观

每个学生都或多或少具有 8 种智力,只是其组合的方式和发挥的程度不同。

每个学生都有自己的优势智力领域,人人拥有一片希望蓝天。

每个学生都具有自己的智力特点、学习风格类型和发展特点。

学校里不存在差生。学生的问题不是聪明与否的问题,而是究竟在哪些方面聪明和怎样聪明的问题。

4. 倡导个性化的因材施教的教学观

每个学生都具有在某一方面或某几方面的发展潜力,只要为他们提供了合适的教

---

① 祝智庭,钟志贤. 现代教育技术——促进多元智能发展[M]. 上海:华东师范大学出版社,2003:141.

育和训练,每个学生的相应智能水平都能得到发展。因此,教育应该为学生创设多种多样的,有利于发现、展现和促进各种智能的情景,为学生的学习提供多样化的选择,使学生能扬长避短,激发潜在的智能,充分发展个性。

在注重全面发展学生的各种智能的基础上,更加注重个性的发展,将"全面发展"与"个性发展"有机地统合起来,教学就是要尽可能创设适应学生优势智力发展的条件,使每个学生都能成才。

由于不同的智力领域都有自己独特的发展过程和所依托的不同符号系统,因此不同的教学内容需要运用不同的教学技术,以适应不同的智力特点。

即使是相同的教学内容,针对每个学生的不同智力特点学习风格和发展方向,教学也应当采用丰富多样的、有适应性的、有广泛选择性的教学技术。

5. 倡导多种多样的、以评价促发展的评价观

主张通过多种渠道、采取多种形式、在多种不同的实际生活和学习情景下进行的,切实考查学生解决实际问题的能力和创造出初步产品(精神的物质的)能力的评价,是一种超越了传统的以标准的智力测验和学生学科成绩考核为重点的评价取向。这种评价观坚持三大评价标准——必须是智能展示,必须具有发展眼光,必须和学生建议的活动相关联。主张评价是手段而不是目的,从单一的纸笔测验走向多种多样的作品评价,从重视结果评价走向基于情景化(专题作业作品集)的过程评价;推崇的是一种更自然、对情景更敏感、生态学上更可行的评估方式,评估是双方参与的一项活动。

6. 未来学校观

未来的学校走向是向"以个人为中心的学校"方向发展。这种学校将扮演以下几种典型的角色:

(1)评估专家;
(2)学生——课程代理人;
(3)学校——社区代理人。

多元智能理论认为,这种学校教育最符合多元化、个人化合作化的社会价值观。而决定教育改革能否成功地向这种学校发展的四大要素是:评估、课程师范教育和教

师进修、社区参与。①

（二）大卫·库伯的学习圈理论

大卫·库伯(David kolb)在总结了约翰·杜威(John Dewey)、库尔特·勒温(Kurt Lewin)和皮亚杰经验学习模式的基础之上提出自己的经验学习模式亦即经验学习圈理论。

他认为经验学习过程是由四个适应性学习阶段构成的环形结构，包括具体经验、反思性观察、抽象概念化、主动实践。具体经验是让学习者完全投入一种新的体验；反思性观察是学习者在停下的时候对已经历的体验加以思考；抽象概念化是学习者必须达到能理解所观察的内容的程度，并且吸收它们使之成为合乎逻辑的概念；到了主动实践阶段，学习者要验证这些概念并将它们运用到制定策略、解决问题中去。

发散型学习者通常使用具体的思维方式感知信息，并对信息进行反思性加工，这类学习者需要独自从事学习活动；同化型学习者通常使用抽象的思维方式感知信息，并对信息作出反思性加工，他们需要采用细节性、顺序性的步骤进行思考；聚合型学习者通常使用抽象的思维方式感知信息，并对信息进行积极的加工，他们在学习活动中需要关注解决实际问题；调节型学习者通常使用具体的思维方式感知信息，并对信息进行主动的加工，他们在学习中会冒险和变换实践方式，其学习活动具有一定的灵活性。

1. 任何学习过程都应遵循"学习圈"

学习的起点或知识的获取首先是来自人们的经验，这种经验可以是直接经验即人们通过做某事获得某种感知，或借用哲学的术语说，就是"对世界图景的第一次粗略地把持"。当然这种也可以是间接经验。因为人们不可能在有限的生命周期内将世界的每一件事都"经验"过一次。有了"经验"，学习的下一步逻辑过程便是对已获经验进行"反思"，即人们对经验过程中的"知识碎片"进行回忆、清理、整合、分享等。把"有限的经验"进行归类、条理化和拷贝。然后，有一定理论知识背景和一定理论概括能力的人便会对反思的结果从理论上进行系统化和理论化，这个过程便进入了学习的第三阶段——"理论化"，如果说前面两个阶段是知识的获取的充分条件，那么，这个阶段的学习对于知识的获取则是充分必要条件。库伯认为，"知识的获取源于对经验的升华和理论化"。理论化阶段，学习者要做的工作很多，包括要将过去的分析框架即类似于某

① 钟志贤. 多元智能理论与教育技术[J]. 电化教育研究，2004(3)：7—11.

种"应用程序"从大脑"存储器"中暂时"打开"对反思的结论即相关文本进行处理,得到人们所希望得到的结果。学习圈的最后一个阶段是"行动"阶段(action),可以说,它是对已获知识的应用和巩固阶段,是检验学习者是否真正"学以致用",或是否达到学习的效果。如果从行动中发现有新的问题出现,则学习循环又有了新的起点,意味着新一轮的学习圈又开始运动。人们的知识就在这种不断地学习循环中得以增长。

重视"学习风格"的差异。库伯认为,由于每个人的内在性格、气质的"差异性",以及生活、工作阅历、教育知识背景的"差异性",从而导致每个学习者的"学习风格"的"不一致"。根据学习圈理论,可以将学习者的学习风格大致分为四类:经验型学习者、反思型学习者、理论型学习者和应用型学习者。库伯认为,这四种类型的学习风格不存在优劣的价值判别,它们之间有一定的互补性。正因为如此,在设计教育和培训项目时要考虑到这种差异。

2. 集体学习比个体学习的效率高

集体学习崇尚开放式的学习氛围,反对把学习看作孤立和封闭的行为,倡导学习者之间的交流、沟通,重视学习者的相互启发、分享知识。正因为学习者的不同学习风格,才有了他们对某种事物的不同观点,思想碰撞中"知识得以增长"。不同思想的"交换"使得每个学习者得到更多的思想。毋庸赘言,这种集体学习的学习模式更有利于知识的生产和传播。[①]

基于大卫·库伯的学习圈理论的观点,"音乐创意学习中心"创建了一个"音乐之声"、两条"音乐之廊"、六个"音乐之盒",让学生通过直接经验或间接经验来感受、感知艺术的魅力。

(三) 认知心理学派的建构主义理论

一般认为,建构主义发端于 20 世纪 60 年代的认知主义,其核心主要体现为对两个问题的探究:知识是什么? 学生如何获得知识? 对两个问题的不同回答和认识显然影响着教师的教学理念和教学实践。

建构主义有不同的学术派别和理论观点,如个人建构主义和社会建构主义,前者以瑞士认知心理学家皮亚杰为源头,后者以前苏联社会心理学家维果茨基为代表。从

---

① 高文玲,孙利宏.库伯学习圈理论对课堂教学的启示[J].课程教育研究,2016(34):5—6.

根本上讲,建构主义认为知识不以符合或对应客观存在为依据,也不以此作为判断其真假的准则,认知或学习也不是机械地复写客观世界。相反,建构主义强调知识是一种学习者的主观建构,学习者积极、主动并有意义地面对、接纳外界的各种刺激,解决各种问题,形成自己独特的知识结构和经验世界,从而适应并改造世界。

1. 建构主义理论的基本主张

(1)知识观。强调知识的建构性,知识形成过程的社会协商性,即知识不是被"发现"的,而是被"发明"的,这是建构主义作为一种新知识论的共同特点。[①] 建构主义认为,知识不是先于或者独立于学习者而存在,而是学习者主动建构的结果,是一种意义建构,具有个人性、情境性。知识不是对现实的纯粹客观的反映,任何一种传载知识的符号系统也不是绝对真实的表征。它只不过是人们对客观世界的一种解释、假设或假说,它不是问题的最终答案,它必将随着人们认识程度的深入而不断地变革、升华和改写,出现新的解释和假设。对于知识的真正理解只能由学习者自身基于自己的经验背景建构起来,取决于特定情境下的学习活动过程。

(2)学生观。学习者并不是空着脑袋进入学习情境中的。在日常生活和以往各自形式的学习中,他们已经形成了有关的知识经验,他们对任何事情都有自己的看法。他们从来没有接触问题,没有现成的经验可以借鉴,但是当问题出现在他面前时,他们还是会基于以往经验,依靠自己的认知能力,形成对问题的解释,提出他们的假设。

学习者之所以积极主动地对面临的各种刺激产生反应,是因为学习者本身就有建构知识的潜能、动机和可能性。所以,认知或学习不是发现已经客观存在的知识,而是探究、发明、建构知识的作用或过程。学生是学习的主体,建构主义强调学生的自主性。学生是学习信息加工的主体,是意义建构的主动者,而不是知识的被动接收者和被灌输的对象。

(3)学习观。学习不是由教师把知识简单地传递给学生,而是一个学生积极、主动地参与的过程。学生不是简单被动地接收信息,而是主动地建构知识的意义,这种建构无法由他人来代替。学习总要涉及学习者原有的认知结构,学习者总是以其自身的经验来理解和建构新的知识和信息。学习不是被动接收信息刺激,而是学习者主动地建构意义,他们根据自己的经验背景,对外部信息进行主动的选择、加工和处理,从而获得自己的意义。

---

① 高文,徐斌艳,吴刚.建构主义教育研究[M].北京:教育科学出版社,2008:422.

（4）教学观。教学不能无视学习者的已有知识经验，简单强硬地从外部对学习者实施知识的"填灌"，而是应当把学习者原有的知识经验作为新知识的生长点，引导学习者从原有的知识经验中，产生新的知识经验。教师不是知识的呈现者，不是知识权威的象征，而应该重视学生对各种现象的理解，倾听他们的想法，思考他们这些想法的由来，并以此为据，引导学生丰富或调整自己的解释。教学应在教师指导下，以学习者为中心，但在强调学习者主体作用的同时，也不能忽视教师的主导作用。教师从传统的传递知识的权威转变为学生学习的辅导者，成为学生学习的高级伙伴或合作者。教师是意义建构的帮助者、促进者，而不是知识的提供者和灌输者。

2. 建构主义理论的基本特征

（1）积极性。建构主义强调学习者在学习活动中的积极作用，学习者是积极主动的知识探究者。

（2）建构性。建构主义认为，学生在探究、学习中，总是在已有的知识基础上，以自己的方式理解世界，从而获得具有独特意义的知识。

（3）累积性。建构主义认为，任何学习都建立在先前学习的基础上，知识累积是一个必然的过程，但这不是知识的简单堆积，而是对原有知识的深化、突破、超越和质变。

（4）目标指引。在建构主义学习中，学生之所以主动积极，是因为学习者感受到问题、刺激，为自己设定了目标。

（5）反思性。学习者之所以能结合自己的原有知识，在学习过程中产生探究任务，是因为学习者对情境与学习进行了自我监控、自我检查和自我分析等必要的诊断和反思。

3. 建构主义理论的学习策略

（1）探究定向的学习。建构主义认为，学生不是被动、消极的知识接受者，而是主动、积极的知识探究者，学生在教学过程中，是一个积极的学习探究者，教学的作用就是要形成有助于学生独立探究的情境，让学生自己寻求问题解决的思路和途径。

（2）情境化学习。主要表现在与传统形式化、体系化的知识型教学相对应的方面。传统学习往往导致学生应付考试，不能迁移至复杂的真实情境，不能解决生活中遇到的问题，导致"高分低能"现象的出现。建构主义并不反对一般知识的学习，而是强调学习与真实情境应该具有关联性。

（3）问题定向的学习。学生面对一个问题情境，并在问题解决过程中扮演积极的角色，在思考问题、调用自己已有知识、寻求问题解决策略与各种信息互动的过程中，获得新的相关学科的基础知识与技能，形成新的有意义的知识概念和体系。

（4）基于案例的学习。案例通常来自现实中具有典型意义的问题。基于案例的学习能促使学生积极寻求各种方法和手段，使学生能最有效地学习各种程序性知识，同时，还能使一些陈述性知识或学术性知识与生活情境联系起来，对激发学生的学习动机十分有效。

“音乐创意学习中心”以建构主义教育理论为指导，贯彻建构主义教育的理念，使学校教育产生了质的转变。

（四）杜威的儿童中心论

儿童中心论的形成经历了悠长的发展历程。18世纪时，卢梭提出以儿童为中心的思想，犹如天文学上哥白尼主张的“地心说”一般，在世界教育史上引起了一场划时代的革命，撼动了以成人为施教标准的传统教育，儿童中心的思想开始在教育界萌发。[①] 裴斯泰洛奇受卢梭的儿童中心思想的影响，把儿童作为教育的中心，关注儿童的心理变化，提出“教育心理学化”思想，使儿童中心的教育理念得以推广。儿童中心思想发展到杜威时代，正式形成“儿童中心论”，是对传统教育“教师中心论”的重大改变。杜威认为“儿童是起点，是中心，而且是目的；儿童的发展、儿童的生长，就是理想所在。”[②]“儿童中心论”体现在教育过程中，要求教师考虑儿童的个性特征，尊重儿童在教育活动中的主体地位，使每个学生都能发展特长。儿童中心论的形成，是教育史上的重大事件。

1.“儿童中心论”的提出

在批判旧教育的过程中，杜威提出“儿童中心主义”思想。在杜威看来，传统教育学重心在教师、教科书，唯独不在儿童。传统教育的弊病显而易见，它把成人的标准。教材和方法强加给儿童。这种教育是灌输给儿童的，儿童只能被动接受。去除这种弊病的出路是转移教育重心。只有把儿童看作教育中心，教育措施才会围绕儿童组织。这就是杜威倡导的“以儿童为中心”的教育。

---

① 杨光富.重温卢梭：教育史上的“哥白尼”[J].上海教育，2005(14)：28—30.
② 冯克诚.杜威实用主义教育思想与论著选读（上）[M].北京：人民武警出版社，2011：79.

杜威认为,不以儿童生活为出发点,教育便会造成浪费。他指出没有以儿童为中心,是学校工作中大部分时间和精力浪费的原因。为避免传统教育的弊端,减少教育浪费现象,杜威提出了"以儿童为中心"的教育思想,这种思想又被称为"儿童中心论"或"儿童中心主义"。

2."从做中学"的基本原则

"从做中学"是杜威"以儿童为中心"教学理论的基本指导思想。杜威认为,"所有学习都是行动的副产品,所以教师要通过"做",促使学生思考,从而学得知识。"[1]杜威认为传统教育一味传授知识,要求学生坐在固定座位上,静听讲解和背诵课本,全然处于消极被动的地位,而教师则强硬灌输与生活无干的教条,完全脱离社会现实,不顾儿童身心发育规律,使学生无法掌握真正的知识,甚至激发严重的厌学情绪,扼杀了学生创造才能、生命活力和智慧。

为纠正传统教育的弊端,杜威提出,学生必须在与环境相互作用的过程中学习和成长,因为只有这种学习和成长才是真正的学习和成长。杜威认为教育的本质是成长,是经验的不断改组或改造。在传统学校不会有经验的发生和改造,因为那里脱离了生活。经验只有在生活情境中才能发生、改造,学生也只有在行动、实践与环境的相互作用中才能有真正的成长。

3. 重视教育情境的创设

杜威的儿童中心论提倡科学的教学方法,称为"五步教学法"。杜威五步教学法包含五个步步相连的步骤,分别是"设置问题情境—确定问题或课题—拟定解决课题方案—执行计划—总结与评价"。

从杜威五步教学法看来,第一步就是问题情境的创设。这里的问题情境创设,指通过设置利于激发学生积极性的情境,调动学生兴趣,营造学习氛围,进而引起学生困惑或怀疑的心理,对解决问题产生强烈的好奇。杜威将问题情境的创设放在第一步,旨在最开始就将学生引入问题情境,让学生带着问题进行学习,有利于学习方向性与目的性的明确。

4. 对教师提出更高要求

杜威的儿童中心论,并非排斥教师的重要性。相反,它对教师提出了更高的要求。教师只有充分认识儿童的世界和生活,充分了解社会的需要和目的,充分认识人类的

---

① 邱磊."偷师"杜威开启教育智慧的 12 把钥匙[M].北京:中国轻工业出版社,2014:114.

文化财富,尤其是充分认识到这几种因素在教育过程中的有机联系和辩证关系,才真正有可能实施教育。

杜威指出:"教师不是简单地从事训练的一个人,而是从事适当社会生活的形成",教师应当"从事维持正常的社会秩序并谋求正确的社会生长。"[①]他还说:"我认为教师才是真正上帝的代言者,真正天国的引路人。"[②]在他看来,在"儿童中心论"教育理念中,教育对教师素养的要求更为严格。

> "音乐创意学习中心"的活动以儿童为中心,充分关注儿童体验,坚持教育站在儿童的立场,促进教与学的高效与高质量发展。

(五)李吉林的情境教育理论

情境教育理论,指在教学过程中,教师有目的地引入或创设具有以形象为主体的生动场景,引起学生的态度体验,帮助学生理解教材,使学生能得到发展。情境教育思想流入中国后,在教育界得到了较大发展,其中发展较好的是以李吉林为代表的派别。在李吉林的带领下,情境教育思想发展成为系统的情境教育理论。

1. 情境教育理论的基本原理

情境教育理论依据马克思关于人在活动与环境的相互作用与和谐统一中获得全面发展的哲学原理构建。李吉林指出,情景教学理论体现了暗示诱导、情感驱动、角色转换以及心理场整合四大原理。

(1)暗示诱导原理。指情境教育根据教育教学的远期目标和近期目标,针对儿童特点,运用图画、音乐、表演等艺术,或运用现实生活的典型场景,直接诉诸儿童的感官。当儿童进入情境时,能够很快激起强烈情绪,形成无意识的心理倾向,情不自禁地投入教育活动中,表露出内心的真情实感,迅速地对学习焦点的变化作出反应。

(2)情感驱动原理。指情境教育利用移情作用,形成身临其境的主观感受,在加深情感体验中陶冶情操。儿童从关注开始,对教育内容产生积极的态度倾向,激起热烈的情绪投入教学活动;然后,情感不由自主地移入教学情境的相关对象上,随着情境

---

① 吴式颖,赵荣昌等.外国教育史简编[M].北京:教育科学出版社,1988:406.

② 约翰·杜威.杜威全集早期著作 1882—1898 第 2 卷[M].熊哲宏,张勇,蒋柯,译.上海:华东师范大学出版社,2010:71.

延续,儿童情感逐步加深,最终情感弥散渗透到儿童内心世界的各个方面,作为稳定的情感态度、价值取向逐渐内化,融入儿童个性。

(3) 角色转换原理。指在特定的教育教学情境中蕴涵着教育者的意图。结合教材特点所设计的角色,既引起儿童再现教材角色或相关角色的活动,又引发儿童进入角色、体验角色、评价角色的心理历程。儿童的主体意识在其间逐步形成,并逐步强化。

(4) 心理场整合原理。指人为创设的教育情境、人际情境、活动情境、校园情境使儿童的生活空间不再是一个自然状态下的生活空间,而是富有教育内涵的,美感的,充满智慧和儿童情趣的生活空间。"情境-教师-学生"三者共同形成折射的心理场,促使儿童情不自禁地学习,教学便由此进入高潮。

2. 情境教育理论的关键特点

第一,形真。即要求形象具有真切感,富有神韵。以鲜明的形象激起学生的亲切感,就如同中国画的白描写意,简要的几笔,就勾勒出形象的精髓。情境教学也是同样的道理,以"神似"显示"形真"。"形真"不是机械复制,或照相式再造,而是以简化的形体与暗示的手法获得与实体对应的形象,给学生以真切之感。

第二,情切。即情真意切,情感参与认知活动,充分调动主动性。情境教学是以生动的场景激起学生的学习情绪,连同教师的语言、情感,教学内容以及课堂气氛都是一个广阔的心理场,它作用于儿童心理,促使他们主动积极地投入学习活动,达到儿童整体和谐发展的目的。情境教学抓住了促进儿童发展的动因——情感,展开一系列教学活动。在情境教学中,情感作为手段,也是教学本身的任务或目的。

第三,意远。即意境广远,形成想象契机,有效发展想象力。"情境教学"取"情境"而不取"情景",原因在于"情境"具有一定的深度与广度。情境教学讲究"情绪"和"意象"。情境作为整体展现在儿童眼前,形成"直接印象",激起儿童情绪。教师可借助学生的想象活动,把教材内容与教师所展示、学生所想象的生活情境联系起来,拓宽意境,把学生带到教学情境中。

第四,理寓其中。即蕴涵理念,以抽象理念伴随着形象,有效提高学生的认识力。情境教学的"理寓其中",是从教材这个中心出发,由教材内容决定情境教学形式,在教学过程中,创设一个或一组围绕教材中心展现的具体情境。情境教学"理寓其中"的特点,决定了儿童获得的理念是伴随着形象与情感的,是有血有肉的。

3. 情境教育理论的重要原则

第一,诱发主动性。教学过程是促进"自我发展"的过程。这一本质属性决定了学生是教学活动的主体,学生能否主动投入成为决定教学成败的关键。把儿童带入情境,在探究的乐趣中,激发学习动机;在连续的情境中,不断地强化学习动机。探究心理的形成,对具有好奇心、求知欲望的儿童来讲,这本身就是一种满足,一种乐趣。教学情境引人入胜,儿童进入情境的热烈情绪又反过来丰富情境。情境教学将诱发主动性放在促进儿童发展的首位,是因为人的主动性对克服怠惰、激扬奋发的良好素质的形成具有至关重要的意义。

第二,强化感受性。情境教学提倡教学"强化感受,淡化分析",通过优化情境引导儿童从感受美的乐趣中感知教材。通过情境中的生活场景、生动画面、音乐旋律、角色扮演或实物演示等具体的形象,为儿童理解语言提供了认识上的准备。进入情境后,儿童作为审美主体,通过感官与心智去感受、体验,儿童的视觉、听觉、动觉就在不断地指导中变得敏锐、完善起来,这将直接影响儿童的直觉和悟性的提高。为强化感受,情境教学注重儿童的观察活动,将指导观察、发展思维、训练语言、陶冶情操结合起来进行。感觉训练使儿童对周围世界日渐留心,开拓了心灵的源泉,积累了丰富的表象,有效地提高了儿童的语言素养、情感素养。

第三,突出创造性。"只有当教学走在儿童发展前面的时候,才是好的教学"。这样才能通过教学,把儿童带入一个个没有终结的最近发展区,使儿童不断意识到以前没有意识到的东西。因此学生发展的着眼点,应该是学生创造性的发展。其一,丰富表象,为组合新形象打下基础。情境教学往往从观察入手,通过大量观察活动,在儿童眼前展现富有美感、意象广远的情境。情境教学经常开展有目的性的观察活动,以此培养学生注意观察、留心细微变化的能力。其二,注重想象,为创造新形象提供契机。人的想象活动总是充满创造性的,任何创造活动都离不开想象。情境教学注重想象,情境在很大程度上属相似模拟,粗略而简易,为孩子留有宽阔的想象余地。其三,鼓励求异,培养思维的广阔性与灵活性。创造是对表象的改造,求异思维对创造新形象起到很大作用。情境教学以观察为基础,为儿童学习拓宽思维空间,促使儿童求异思维的发展。

第四,渗透教育性。情感是儿童思想意识与道德行为强有力的发动者和鼓舞者,情境教学激发学生的真情实感与学习的情绪及情感。情境的布置要遵循教育规律,要能够达到教育学生的目的,通过情境的渗透,使学生逐步感受情境内涵。在情境打造过程中,要时刻谨记教育性原则,剔除"无营养"的情境,使情境充分发挥其教育功能。整个教学过程中,要以情感为动因,通过感受去激发学生情感体验。

第五,贯穿实践性。上述诱发主动性、强化感受性、突出创造性与渗透教育性,不是外加的,而是贯穿在儿童语言实践的过程中。儿童的语言能力和智力,与其他能力一样,只有通过逐步训练才能形成。情境教学强调基础,注重结合以感知为媒介的思维训练。"训练"贯穿在整个教学过程中,成为学生真正获得情境学习能力的重要方式。情境教学讲究通过语言训练来发展思维,或通过思维的发展来提高语言能力,做到以"活"促"实","实"中见"活"。

情境教育理论在一定程度上影响着"音乐创意学习中心"的环境创设以及活动安排。中心以理论促实践,在教育教学过程中不断总结经验,形成了独具特色的情境教学。

第三节 音乐创意学习中心的发展历史

"音乐创意学习中心"的发展经历了萌芽、建设、完善三个阶段。中心萌芽于"英语学习中心"的成效鼓舞,并在学校已有空间的基础上进行布局改造。目前,"音乐创意学习中心"已全面建成,学校正在积极探索课程改革,以满足学生个性化、开放式的学习需求。

一、萌芽期:"音乐创意学习中心"的建设基础和顶层设计
(一)建设"音乐创意学习中心"是为了学生更好地学习与审美的需求
学校以"联通儿童与世界"为办学理念,培养具备"阳光智慧"、彰显"小蚂蚁精神"、具有中国底蕴和全球视野的中国少年。音乐无国界的特质,成为联系儿童与世界的纽带,成为沟通儿童与世界的桥梁。经常处在音乐教育浸润中,享受音乐的审美过程,能够良好地塑造学生的艺术气息,培养学生的审美情操。学校通过建设"音乐创意学习中心"这一音乐体验创意学习空间,让学生在物理环境中感受、感知艺术的魅力,激发学生音乐学习的创造力,在"小蚂蚁"儿童歌舞剧、"校园铃声我做主"等学校创意活动项目中帮助学生感受到创意带来的乐趣。

"音乐创意学习中心"是学校的课改试验田,对实施公办学校教育国际化办学和全面素质教育提供了强有力的支撑作用,产生了辐射示范效应。
(二)培养学生的创新意识是国家和上海市课程标准对音乐教学的要求
教育部最新修订的《全日制义务教育音乐课程标准》中,首次阐述了"创造是艺术乃至整个社会历史发展的根本动力,是艺术教育功能和价值的重要体现。在音乐课中,生动活泼的音乐欣赏、表现和创造活动,能够激活学生的表现欲望和创造冲动,学生在主动参与中,展现他们的个性和创造才能,使他们的想象力和创造性思维得到充分发挥"。

《上海市中小学音乐课程标准》更是对上海的音乐教育从根本上改变,提出了"音乐教学应充分发掘音乐艺术的创造性功能,让学生在音乐表现、音乐鉴赏、音乐创造中,丰富艺术想象力,拓展思维能力,开发多元智能,促进全脑发展"。

国家及上海的文件显示,对学生创新意识的培养已然成为当下教育面临的最迫切的问题。音乐教育发展到今天,学校"音乐创意学习中心"的建设为学生提供丰富的音乐体验的场景和环节,进一步开发和拓展音乐实践与创造的途径,促进学生音乐学习、教师音乐教学方式实现根本性转变。

(三) 小学生音乐创新学习能力培养有待加强

音乐活动本身就是创意活动。音乐作品是一度创造,演唱、演奏这一作品被称为二度创造,而听赏音乐则是三度创造。所以,没有创造就没有音乐。

为了科学评估全国义务教育阶段学生的艺术学习质量,教育部依据《国家义务教育质量监测方案》,于 2016 年对全国义务教育阶段四年级学生进行了监测。调查显示,在学生四大音乐创新学习能力(音乐听辨能力、音乐作品赏析能力、音乐基础编创能力和演唱能力)中,与创新最直接相关的"赏析能力和基础创编能力"都普遍低于听辨能力和演唱能力。究其原因,根据学生问卷调查显示:校内艺术学习资源尚不能满足学生的学习需求与学校艺术课程的特色不显著,两者有明显关联度。相关研究结果显示:"参加校内外艺术活动的学生比没参加的学生学习态度更积极。"可见,学生的音乐创新能力养成与体验的空间和资源的配合有很大的关联性,目前小学对整体创建音乐学习环境和营造音乐学习氛围的认识力度还不够。

现有的小学音乐教学环境大都是教学楼中某几个教室作为音乐专用教室,或是层面独立,或是与其他学科共有层面,艺术的浸润式体验环境很难形成,而将所有的音乐活动场所和空间集中在一个中心,能够最大化整合学校音乐教育资源,烘托音乐教育的环境氛围,扩大音乐教育的体验内容,为丰富的音乐活动提供展示实践空间,并最终提高学生音乐学习素养。

(四)"英语学习中心"的成效鼓舞

2010 年,在区教育局的支持下,学校进行了公办学校教育国际化办学的探索,

2012 年建成了在全市有相当影响的"未来学习中心"。"未来学习中心"是天一小学的"示范窗口",也是教育国际化的"形象标志",这样一个开放、全新的载体,对学校实施教育国际化办学和全面素质教育提供了强有力的支撑作用,产生了辐射示范效应。

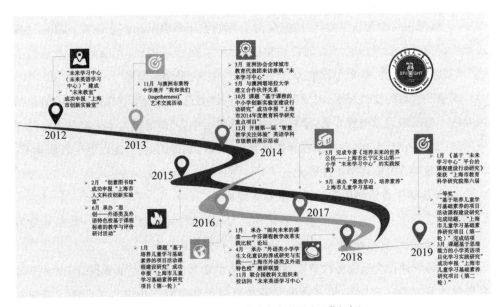

图 1 - 8　2012 至 2019 年"未来学习中心"大事记

　　它是学校管理机制创新、课程建设的显著标志,也是学校创建办学特色的依托。2012 年,"未来学习中心"经专家评审,被确立为上海市教委的创新实验室,2013 年,又被评为上海市基础教育的十大创新项目;2014 年被列入区政府重点工作"未来教室"项目;2015 年,"未来学习中心"二期——"音乐创意学习中心"的环境和课程设计又被列为市教委的重点项目,现已全面完成硬件建设。[①]

二、建设期:"音乐创意学习中心"的空间重构与课程开发

　　根据课程的设计要求,"音乐创意学习中心"于 2017 年竣工并开始试运行。中心建有一个"音乐之声"、两条"音乐之廊"、六个"音乐之盒"。

① 吕华琼,周元祥.未来学习中心:学与教方式转变的探索[J].上海教育科研,2016(11):50—53.

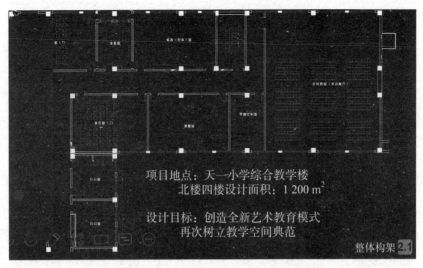

項目地点：天一小学综合教学楼
北楼四楼设计面积：1 200 m²

设计目标：创造全新艺术教育模式
再次树立教学空间典范

整体构架 2.1

图 1-9 "音乐创意学习中心"整体功能布局

"音乐之声"具有接待、鉴赏和控制中心的多种功能；"音乐之廊"有2个乐器展示橱窗和4个可以触摸的平板电脑，储存了大量的中外音乐和相关知识供学生点击学习和欣赏之用；6个"音乐盒子"按照音乐活动的不同类型建造了声乐室、舞蹈房、民乐室、准备室，录播中心和"小蚂蚁剧场"。

中心建成后，学校基于新型音乐空间在课程开发方面着力进行了以下探索：

开设欣赏类课程。利用可容纳数百人的"小蚂蚁剧场"，开设适合儿童的中外优秀影片、歌曲、戏剧、艺术大师介绍等欣赏课程；妇女节、儿童节、教师节、抗战胜利纪念日、国庆节等组织学生观看相关影片；利用放学后的课后服务时间，组织学生学唱英文歌曲、观摩学习学校制作的"3D虚拟生活场景"课程。又在这些课程的基础上，开设影视、歌曲鉴赏等影评课程。

开展社团活动课程。班级、年级、学校三个层面都有各自的艺术社团活动。如，晴天在操场，雨天、雾霾天在"小蚂蚁剧场"进行"阳光下的韵律操"；学生在社团活动中创编的铃声更是登上了上海电视台"超级家长会"这一大舞台，《解放日报》《上海观察》等多家媒体给予追踪报道。

研发学科情景剧课程。学校注重课本剧、情景剧的编排、演出，如：音乐课的《小红帽》、语文课的《小珊迪》、英语课的《狼来了》等都编成情景剧，成为儿童节、新生入学典

图 1‑10 学校京剧社于 2021 年天一教育集团首届艺术节登台表演

礼等经典剧目。"学科整合、寓教于乐、德美融合",如针对教师节学生该不该送礼的体裁编成的小品《礼物》,在上海市"反腐倡廉"的演出中获得好评。《爱如小孩》荣获上海市儿童歌舞创作比赛一等奖。

图 1‑11 "小蚂蚁儿童歌舞剧"社团创编校园歌舞剧

三、完善期:"音乐创意学习中心"的课程改革与教学优化

依据学校发展规划,2015 年开始在"未来学习中心"的基础上再建"音乐创意学习中心"。两者相比,"音乐创意学习中心"更为关注五育融合,根据学生的培养目标和办学特色创建音乐课程。同时,也更为关注从课程出发,进行空间重构和环境设计。

学校在"爱音乐、会表演、能创编"的音乐教育目标下,将"以发展音乐素养为根本,培育放眼世界,具创新精神的现代中国人"确定为"音乐创意学习中心"的课程目标。拟通过"1+X"与"1 * X"两个课程群实现"乐"融五育。

"1+X"课程群中的"1"指音乐本体,即国家规定的基础型课程。"X"是指围绕本体的学校音乐教育的多个拓展课程。"1 * X"的"1"是指学校特色课程"小蚂蚁儿童歌舞剧","X"是指各学科具有的儿童歌舞剧的教育元素,通过课程整合而形成的课程群。

充分挖掘不同学科中的儿童歌舞剧元素。如:根据语文教材中的《斯巴达克》创编舞台剧;结合数学课程中《找规律》一课进一步感受节拍;组织学生在科技课中用树叶、纸等制作简易乐器,在美术课中设计服装,制作道具等。

第四节 音乐创意学习中心的空间设计

空间是室内环境艺术的设计语言,空间艺术则是意境的升华,空间的内在本质是人,因此"以人为本"是空间设计的核心,以人的生理需要为基础,以促进人的审美、价值、文化、意义需要是设计的根本目的所在。[①] 无论是室内环境还是室外布局,"音乐创意学习中心"都一方面注重整体的美感、光感与舒适度,另一方面利用先进的信息化设备和高科技产品满足学生多样化的学习需求。

---

① 何洪娟. 浅谈室内环境艺术设计[J]. 大科技,2015(20):266.

一、"音乐之声"：感受艺术熏陶的园地

"音乐之声"鉴赏大厅的设计灵感来源于经典的留声机造型。将这个造型翻转方向倒置在空间上方进行吊装，同时利用建筑顶部开圆孔并抬高，将自然光从上方引入室内，形成聚光器效果。

进入这个区域，会触发多媒体系统启动，自动播放音乐并投影相关画面，孩子们可以从多方位用信息化的手段来感受"音乐之声"的艺术魅力。

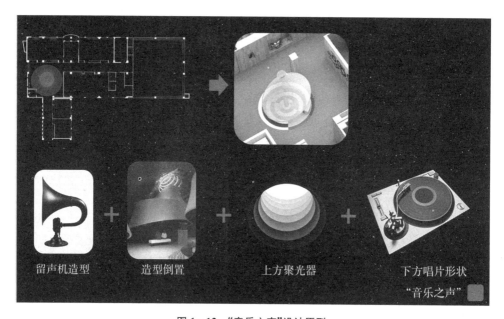

图 1-12 "音乐之声"设计原型

这个由聚光器、留声机和控制装置组成的"音乐之声"主题装置，不但具有有震撼力的艺术造型，更是一个具有实际视听功能的大型的多媒体互动平台。

二、"音乐之廊"：展示学生风采的平台

"音乐之廊"是信息化多媒体学习区。学校为音轨长廊设计了 4 种不同功能，使原本单一的交通空间增加了信息查询、知识学习、艺术体验和展示储藏等诸多功能，也创造性地改变了走廊的传统印象和用法。

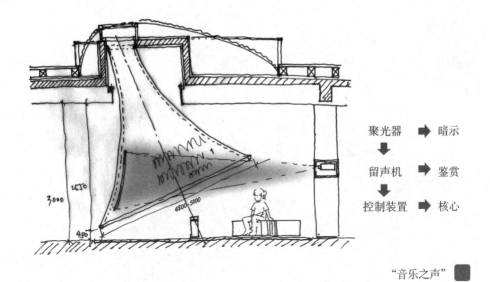

聚光器 ➡ 暗示

留声机 ➡ 鉴赏

控制装置 ➡ 核心

"音乐之声" ■

图 1-13 "音乐之声"多媒体互动大厅具视听鉴赏功能

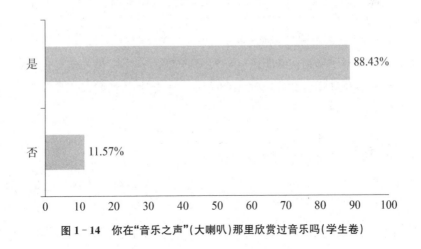

图 1-14 你在"音乐之声"(大喇叭)那里欣赏过音乐吗(学生卷)

"音乐之廊"有以下四种形态：

形态一：廊道内安装的触摸屏具有空间导览、课程查询功能；

形态二：每个教室相邻的走廊墙面上，有一个可以展示实物橱窗和透明玻璃互动触摸屏，并配有耳机，可以观看互动；

形态三：廊道墙面上内嵌卡座，配置了耳机和 ipad 播放器，学生可以坐在里面安静地聆听旋律，音乐可以自由选择，可以是经典名曲、学生或老师的作品，或者是孩子

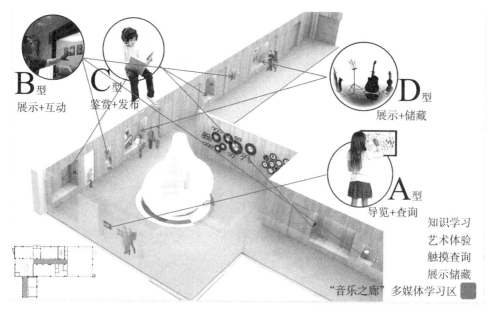

B型
展示+互动

C型
鉴赏+发布

D型
展示+储藏

A型
导览+查询

知识学习
艺术体验
触摸查询
展示储藏
"音乐之廊" 多媒体学习区

图1-15 "音乐之廊"多媒体学习区功能设计

和家长一起完成的家庭作业。因此,这里也是一个很好的音乐作品发布廊;

形态四:大型展示橱窗内按照需求陈列实物展品,并配以相关图文介绍来传递相关的、系统性的音乐知识。此外,这个橱窗解决了一定的收纳问题。音乐之廊隐喻着艺术教学专业上的深度。

三、"音乐之盒":提升音乐素养的空间

"音乐创意学习中心"共有6个"音乐之盒",即6间功能教室。这6间教室分别是:

声乐教室,它同时也是一个多功能的摄录工作室,附带一间控制室;

器乐教室,它同时也兼具了声乐教室的功能;

形体教室,这间形体教室又是一个小组排练室;

两个特色课程教室,引入了"第三方教育"的概念,如:朱宗庆打击乐和民乐工作室、吴身宝吉他工作室。同时,这两间教室还兼具了综合练习室的功能,可以作为小组或个人进行针对性课程和练习的空间。

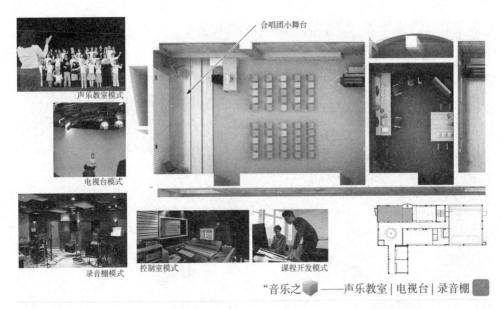

图 1-16　声乐教室

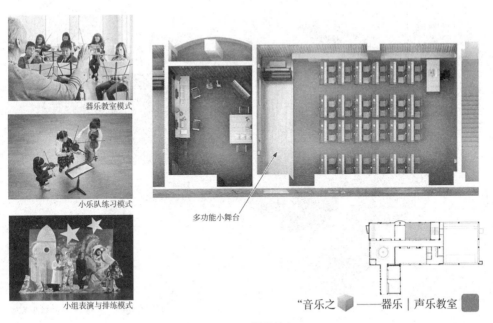

图 1-17　器乐教室

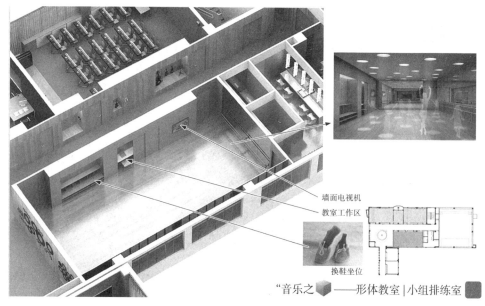

墙面电视机
教室工作区
换鞋坐位
"音乐之⬛——形体教室|小组排练室

图 1‑18 形体教室

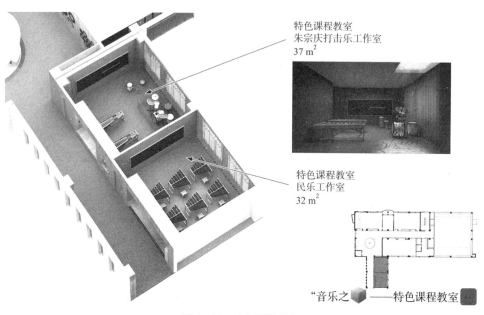

特色课程教室
朱宗庆打击乐工作室
37 m²

特色课程教室
民乐工作室
32 m²

"音乐之⬛——特色课程教室

图 1‑19 特色课程教室

课题组设计了相关问卷调查音乐教室的使用情况,超过四分之三的学生表示经常去音乐教室学习,说明在音乐课程中"音乐盒子"的利用率较高。

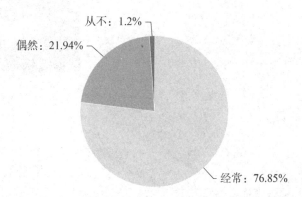

图1-20 你去"音乐创意学习中心"的音乐教室学习的频率(学生卷)

"音乐创意学习中心"的常务主任、音乐学科中学高级教师薛少军对音乐中心的建设成效表达了自己的看法。

> 现有的音乐教学环境是将教学楼中某几个教室作为音乐专用教室,或是层面独立,或是与其他学科共有层面,艺术的浸润式体验环境很难形成,而将所有的音乐活动场所和空间集中在一个中心,能够最大化整合学校音乐教育资源,烘托音乐教育的环境氛围、扩大音乐教育的体验内容、为丰富的音乐活动提供展示实践空间。

——薛少军

"小蚂蚁剧场",使用面积320平米,层高9.5米,可以同时容纳300人左右。剧场内拥有目前上海市公办中小学中最先进的LED显示屏,箱体由高8个×宽14个显示屏组成,屏幕分辨率为2688点×1536点,品牌选择强力巨彩,箱体采用工艺材质的压铸铝;诺瓦V900视频处理器2台和VP200拼接处理器为LED显示屏的工作提供了强有力的保障。

剧场内充分体现人文关怀,设有更衣室和化妆间,安装有绿色环保的新风通风设备和中央空调。控制室内调音、调光、转播等功能一应俱全,除了为天一小学"小蚂蚁"提供展示的舞台,也为请进优秀艺术团队演出提供了一个专业化的场所,更为

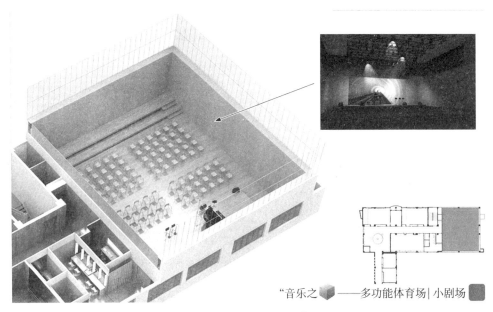

"音乐之 🔲 ——多功能体育场 | 小剧场 🔳

图 1‑21 "小蚂蚁剧场"

区域各级交流展示活动提供了一个良好舒适的空间,"小蚂蚁剧场"成为名副其实的多功能场所。

2021 年 3 月 9 日,在六个"音乐之盒"的基础上,学校应学生学习的需求和课程实施的需要,启用了第七个"音乐盒子"——电子琴教室。

在天一小学教师研修室,有市教委教研室徐淀芳主任、长宁区教育局基教办朱淑敏主任、长教院沈子兴主任等领导莅临,届时在天一小学吕华琼校长、沈涓书记、音乐中心行政分管领导、全体课程老师及红绿领巾代表的见证下,卡西欧(中国)贸易有限公司张军副总经理与我校吕华琼校长签署了电子琴课程教学合作项目书。吕华琼校长代表学校向与会者介绍了建立"音乐创意学习中心"是学校探索公办教育国际化办学,加大和重视音乐教育,学校发展的必然需求。

市教委教研室徐淀芳主任在见证了整个签约仪式和电子琴课程启动仪式后,感慨地说:"《国家基础教育课程改革纲要》提出在强调当今教育在教师和学生关系的基础上,更要有效地利用学生与环境、与资源的相互作用,使更多的孩子受益。"徐主任肯定了天一小学"音乐创意学习中心"已建立的"1+X"与"1 *

X"课程结构、框架特色的研究起点及营造的学习环境氛围,有其独特的探路价值。

——摘自上海市长宁区天山第一小学公众号

"音乐创意学习中心"将充分发掘社会资源,深化课程建设,让学生理解音乐、表现音乐,培养创造力,最终达成育人目标。

不同生活接触,就不能为生活创作。不锻炼自己的人格,无由产生伟大的作品。

——聂耳

第二章　以"乐"润德,敦行养性修品

教育归根结底是为了人的向上向善发展,因此许多人将教育活动的全过程,视为是在进行一种德育活动。"德育"一词内涵丰富,在不同地区有着不同的目标和内容。"在社会主义中国包括思想教育、政治教育和道德教育。在西方,一般指伦理道德教育以及有关的价值观教育。"①随着时代的发展,依托不同的学科教学,对学校内的学科德育提出了更多的期待与更高的要求。"立德树人"自党的十八大起便被确立为国家教育的根本任务。作为中小学教育的主阵地,学科教育有必要统整学科教学与学科德育,实现育人价值和科学价值的统一。②

音乐是一门感情艺术,音乐教育在中小学学科教育中有着极为重要的育人价值。天山第一小学在"乐动人心"的一系列创新创意实践中,形成"小蚂蚁 大理想 大智慧"校园文化品牌,探索出将德性思想与素养浸润学生心田的新路径。

第一节　德育与音乐教育的互融共生

德育教育旨在对青少年在道德认知、道德意志、道德情感以及道德行为上进行培养。在每一位孩子心灵深处激活私德与公德、修身与爱国等的强烈共鸣,以此规范行

---

① 顾明远.教育大辞典[M].上海:上海教育出版社,1998:249.
② 周彬.论指向立德树人的教学论建构[J].湖南师范大学教育科学学报,2019,18(3):82—87.

为、砥砺心智,最终成为无愧于自身、有助于他人、有益于社会的合格公民。

听音识曲,向善尚美。音乐教育往往寓思想价值引领和品德示范教育于音乐艺术之中,作为艺术教育的重要渠道,对于学生学会审美、陶冶性情、温润心灵、全面发展有着不可替代的作用。

一、挖掘德育的意蕴内涵
(一)"德育"及其内涵

早在 18 世纪,德国思想家康德就将遵守法律、培养自律的人这一项活动,叫做教导道德。十九世纪中叶,英国学者斯宾塞在《教育论》一书中,将学校教学清楚地界定为"智育""品德"和"体育运动"。从其根源来看,中国现代学校教育的发展史,开始于清末"废科举,兴学校"。清末民初,由于"废科举,兴新学",西洋教学思想已开始进入中国。1897 年,南洋公学自编教材大纲中就产生了受其影响的"品德智力运动"。教育家蔡元培在 1902 年《教师学习条例》中指出,教学的主旨在于"使被教者传布普及之科学知识,陶铸民族文明之性格"。1904 年,王子维在阐述叔本华思想时,正式明确提出了今天人们所熟知的德、智、体、美四育。1912 年,蔡元培在《关于新教学之建议》一文中,指出今后教学方向为"军国教育、实利主义、公民伦理教学、人生观教学及审美教学"等五项。他的教学主张中,已包含今天人们所广泛重视的品德、智育、运动与美育。

"德育"这个概念在中国产生较为晚,但是"思想道德"一词及进行德育的发展史则相当久远。"道"在国内文化教育中也具有独特的内涵。《礼记》中说"大道之行也,天地为公",这里的"道"包含正义、方向、途径之意,通常引申为事情的道义、原则、法律或是本源,泛指人类对社会世间、生命及其社会经济价值的规律性认识;而"德"指人在的行为符合社会行动规则,做事也合乎事情的客观规律。中国先秦古籍中,"德"是"道"的对应词,"道"对"德"的升华。[①] 但是,在先秦古书中,德与道其实是很难分离的,只是彼此相对的同一个字。

中西方的古代德育,基本属于道理规范教育,内容涵盖广泛的道德教化和宗教教化。在西方早期历史和文化中,道德是关于道理、规范的一种教育,是一种道德、宗教

---

① 张志勇.关于德育三个基本问题的思考[J].中国德育,2017(6):50—54.

的教化。到了近代,随着西方人的科学技术意识和现代社会认知意识越来越清醒,人们也已开始分清道义、政治、法制和信仰,进而逐渐将传统道德从更广泛的道德范围中分离开来,使其成为独立的社会意识形态。与西洋思想不同,我国迄今尚未实现社会意识的最明确分化阶段,"道德"仍包含着所有的社会意识形态,因此德育内容也相当广泛,涉及品德的、思维的、政治的、法制的、心理品质的、价值观的内容等。

(二) 立德树人:对教育实质意义的重新认识

"立德"最早见于战国时期的《左传·襄公二十四年》:"太上有立德,其次有立功,其次有立言,虽久不废,此之谓不朽。"春秋鲁国大夫叔孙豹将"立德、立功、立言"称为人生的"三不朽"。其中,"立德"即树立高尚道德;"立功"即为国为民建立功绩;"立言"即提出自己的真知灼见。后代文人普遍认为,"三立"体现了儒家最高的人生理想,蕴含着为人、处事、成业的朴素道理。"树人"则出自西汉编修的《管子·权修》:"一年之计,莫如树谷;十年之计,莫如树木;终身之计,莫如树人。"这里的"树人",意在让国民形成礼义廉耻的道德品质,属于治国安邦的范畴。显然,古人所讲的"立德"与"树人"都属于国民道德修养的范畴,不同于今人所讲的国民教育[①]。

培养什么人,如何培养人,历来是党和国家关于教育的根本问题。党的十八大以来,以习近平同志为核心的党中央,要求全面贯彻党的教育方针,坚持教育为社会主义现代化建设服务、为人民服务,把立德树人作为教育的根本任务,着力培养德、智、体、美、劳全面发展的社会主义建设者和接班人。习近平同志着眼全局,把握关键,立意深远,深刻回答了培养什么样的人、怎么培养人、为谁培养人等一系列重大问题,是中国特色社会主义教育理论的精髓,是推进我国教育现代化的指导思想和行动指南。

1. 立德树人是党的教育方针的重大发展

党的教育方针从过去一直重视"发展",到党的十八大把立德树人列为教育的根本任务,将"立德树人"放在"发展"上来,这是对党的教育的重要发展,是对党的品德理论创新的最新成就。它有着这样三个层次的深刻含义。

一是立德树人阐述了育人的本质,是对育人本质的新理解。作为人类社会现象的教育,其本质就是在培育人,这也是古往今来国内外的一致认知。中共的十

---

① 张志勇.张志勇 2018 年青岛学术年会报告——立德树人与学校教育结构变革[A].中国教育发展战略学会教育教学创新专业委员会.2020 全国教育教学创新与发展高端论坛会议论文集(卷四)[C].中国教育发展战略学会教育教学创新专业委员会:中国教育发展战略学会教育教学创新专业委员会,2020:2.

八大将立德树人当作了素质教育的基本任务,无疑是人们对素质教育为何塑造人这一实质的全新理解。

二是通过立德树人阐述了品德在人的全面发展和素质教育中的重要战略地位,并明确推进人的品德健康发展是品德的重要任务。康德指出,高等教育的实质意义在于把人变成人,即高等教育正是将一种"自然人"转变为"社会人"的步骤,或者说,高等教育正是推动人的社会性发展的步骤。根据党的十八大公报指出的立德树人的需要,教育工作在推动人的社会性发展的过程中,最基本的任务是推动人的社会属性进一步发展,即品德基础属性的进一步发展,这就是人之于是为人(区分于动物)的根本属性。

三是以立德树人阐述了品德发展和人的全面成长中间的辩证关联,凸显了品德健康发展是人的全面成长的基础保证。中华人民共和国自建立至今,党的教育就始终强调素质培养,要促进中国人的全面发展。党的十八大至今,习近平总书记有关立德树人和培养目标人才的系列论述,既突出重视了社会主义道德发展对人的全面发展的积极推动和保证作用,也反映了中国共产党对德育规律的深入理解。

党的二十大报告指出:要办好人民满意的教育,全面贯彻党的教育方针,落实立德树人根本任务,培养德智体美劳全面发展的社会主义建设者和接班人,加快建设高质量教育体系,发展素质教育,促进教育公平。要深入开展社会主义核心价值观宣传教育,深化爱国主义、集体主义、社会主义教育,着力培养担当民族复兴大任的时代新人。

2. 立德树人是人才成长的根本规律

作为中华传统文化的主流,儒家历来强调修身齐家治国平天下。正如儒家经典《大学》所强调的:"自天子以至于庶人,壹是皆以修身为本。"①我国历史上有不少深刻揭示德与才的关系的评述。北宋史学家、文学家司马光强调:"才者,德之资也;德者,才之帅也""才德全尽谓之圣人,才德兼亡谓之愚人,德胜才谓之君子,才胜德谓之小人。"司马光深刻阐述了德与才相生相辅、辩证统一的关系,即才是德的基础,德是才的灵魂,并提出了德才兼备的人才观。古今中外,无数杰出人物的成长史告诉我们:有大德才有大智慧。

---

① 张志勇.立德树人是党的教育方针的重大理论创新[J].教育研究,2019,40(3):19—22.

作为教育系统,应该把育人贯穿在一个人的终身教育中,包括学前教育、义务教育、高中教育、职业教育、高等教育、再教育等。针对强国战略的大目标,建议每个教育阶段、每个教育主体都要承接相应的战略目标,帮助受教育者树立正确的价值观导向,培养善于合作、敢于创新、勇于创业的人才,懂得"先人后己",懂得只有贡献才能得到回报,而不是单纯地进行"文凭制造"。

人无德不立,国无德不兴。近代教育家蔡元培先生也说过:"若无德,则虽体魄智力发达,适足助其为恶。"道德之于个人、之于社会,都具有基础性意义,做人做事第一位的是崇德修身。一个人只有明大德、守公德、严私德,其才方能用得其所。修德,既要立意高远,又要立足平实。要立志报效祖国、服务人民,这是大德,养大德者方可成大业。同时,还得从做好小事、管好小节开始起步。[①] "德"是每个人成长成才的前提和基础,一个人的"才"只有与"德"相匹配,以"德"为引领,才能真正成为国家和人民需要的栋梁之材。

我们之所以说立德树人是人才成长的根本规律,是因为德行培育可以培养人的志向、自律意识与自我管理能力,提高学生学习和生活的自觉性,进而促进学生的学习和全面发展。在这种意义上,我们说"没有德育就没有教育","德育就是教育质量的主要内涵,搞不好,就是教育最大的失败。德育也是对儿童和青少年学生影响最深远的教育,它可以延伸到学生的一生,贯穿学生生活的方方面面。同时,我们必须十分清醒地看到,德育是当前深化教育改革最重要的领域,也是进一步提高教育质量的突破口"。[②]

二、探寻德育与音乐教育的关联

(一)音乐学科课程的基本特点

1. 人文性

音乐有着深厚的民族文化底蕴和丰富历史内容,以其自身艺术魅力深远影响了人类历史的发展。声乐教学中的艺术与声乐教学活动,都融入了各种文化背景下作曲家、演奏家、传播者以及参与者的思想感情和人文风貌,是全球各个族群人格、情感与精神的表达,有着强烈而深远的人文性。

---

① 习近平. 青年要自觉践行社会主义核心价值观——在北京大学师生座谈会上的讲话[EB/OL]. http://www.xinhuanet.com/politics/2014-05/05/c_1110528066.htm.
② 谢维和. 非志无以成学—立德树人的逻辑与实践研究之三[J]. 人民教育,2017(9):42—44.

首先,不同国家和民族有着不同的居住环境和生产生活方式,形成了不同的性格、情感和精神,因而所呈现出的音乐作品便极具民族性。在音乐课程的教学中,我们应该让学生通过具体音乐作品和音乐实践活动,更好地理解和表现不同民族的文化特点和民族精神。为此,我们在音乐课堂教学和音乐课外活动中,安排了大量以我国各民族传统音乐文化和反映当前社会生活为内容的作品。以交响序曲《御风万里》为例,这首作品包含了汉、蒙、藏、哈萨克等多民族的民歌曲调,集多种音乐文化于一身。

其次,音乐艺术也是伴随着中国经济社会发展而持续发展的,它和一定时代的社会生产力紧密相连,具有典型的时代特征,在不同的历史时期逐步形成了极具时代特点的音乐体裁和风格。例如,歌曲《花非花》《游子吟》《游击队歌》《保卫黄河》等,我们在课堂上可以通过欣赏、演唱、演奏这些不同时期的具有代表性的音乐作品,分析其时代背景,帮助学生理解音乐的时代特征,达到育人目标。

再次,音乐课程肩负着传承人类优秀文化的功能。在漫长的历史长河中,这些音乐文化成果已成为人类发展的宝贵财富。无论是中国音乐史还是欧洲音乐史中,各个时期的音乐家们都将音乐文化相互继承、相互发展、共同推进。在我们的音乐课堂教学和课外活动中,既有古代音乐文化的经典之作《阳关三叠》《高山流水》《苏武牧羊》等,也有充满着新时代特征的中外流行音乐《萤火虫》《我们是冠军》等,更有国粹京剧与各种地方戏曲等。这些都体现出了音乐从古至今的传承性。

2. 审美性

"以美树人"的教学思路,和中华民族的教育、文学等优良传统一脉相承,是培养德、智、体、美、劳全面发展的社会主义建设者和接班人的教育方向的有机构成。音乐教育作为美育的重要部分,它的"寓教于美""寓教于乐"和"寓教于悦"的"渗透式"形式特点和"间接性""渗透性""陶冶性"等独有的教育规律,体现了音乐学科特有的育人价值。通过训练和增强学习者的感知美、展示美、欣赏美、创造美的能力,从而陶冶情操,发挥个性,启发智力,养成健康人格,形成良好的人文素养和道德品质。例如高中音乐教材"走近大师梅兰芳"一课,教师在教学过程中通过聆听、对比、学唱等方式,采用"真声—小嗓—润腔—尾音"这样层层递进的教学方法,带领学生了解梅派的音色、行腔、润腔以及尾音的特色,体验梅派唱腔之美,进而感受到中华民族的传统审美观——"中和之美"。

3. 实践性

音乐作品的非语意性、非模仿性、非一致性、非具象性、非静态性等特点,决定了学生的音乐课程重点呈现在"情态性""感悟性""动态性"的发展过程当中,音乐学习者往往需要通过亲自参加音乐作品实验活动,才能获得音乐作品的直接经验和丰富的情感感受,从而掌握与音乐作品相关专业知识与技巧,并运用丰富的想象力领悟音乐内涵。学生在音乐学习中能够充分体验到学习的过程性、独立性、参与性、合作性及创造性,自身的形象思维、创新意识等实践能力得到培养与锻炼,并为成为具有自我学习能力与社会实践能力的践行者、开拓者奠定基础。如在小学阶段学习《洗手绢》《劳动最光荣》等歌曲时,通过律动和加入打击乐器为歌曲伴奏等形式,让学生在感受、表现、创造音乐美的同时,潜移默化地养成热爱劳动的良好品质。

4. 创造性

歌曲的整体表现,是由韵律、旋律、快慢、力量、调式、曲式、和音、配器等组合而成的,任何一个种类的歌曲都是以这种音乐要素来表达歌曲形式的。音乐教育自身的美学特性,也决定了声乐教学有着"寓教于(活)动"的特色。在声乐教育中,学生不仅要参与音乐实践活动,领会音乐教育的内涵,歌唱(奏)艺术作品,更要开展声乐创(编)作,以进一步增强创造意识和提高声乐实验能力。

例如,在小学低段的音乐课程中安排大量的自由选择合适的打击乐器和节奏,采用小组合作的方式为所学歌曲进行伴奏等练习;还有根据主题或图示,用打击乐器、自制乐器、人声等编创符合某主题或图示的乐曲的练习。老师将关于旋律、节奏、和声等音乐基本要素的掌握渗透到学生进行独立探究的音乐教学活动之中,大大激发了学生学习趣味,同时激励学生创造性地进行艺术表达。沟通、协作、研究对于学员的创新思想培养,以及培育富有实践才能的创新型人才有着非常重大的意义。

(二) 充分理解"以乐育人"

1. 科学把握音乐学科课程的德育价值

音乐学科还需要树立起对人、对大自然、对社会一切美好事物的爱护之情。通过培育学生对生活中美的理解和追求,包括对自然和社会中美好事物的感受,培育健康生活的审美趣味,让其从真、善、美中得到高雅文化审美艺术情操的熏陶;培育爱国情感,加强集体主义和奉献精神,形成良好的行为习惯和包容谅解、彼此尊重、共同协作的基本意识,进一步加强集体主义奉献精神;重视人的创造性劳动,重视文化艺术,热爱中华民族音乐文化,学习世界其他民族音乐文化。

音乐学科承载着非常重要的德育重任。道德与审美的关系密不可分,孔子的六艺教学,"礼"与"乐"是不分家的一对孪生姊妹,"乐"是"礼"的载体,"礼"是"乐"的重要表现内容,这种表现形式一直传承至今。有人把音乐比作一个巨大的情感智库,喜、怒、哀、乐、悲、欢、离、合都会通过音乐的旋律展现出来。

可见,音乐的道德情感功能是其他学科不可替代的。还有人形象地把音乐比作道德教育中神圣的调节器。电影《放牛班的春天》就是一个典型的故事。电影讲述的是德国指挥家皮埃尔小时候上辅育院的故事:一群从小失去父母关爱、心理自卑、社会地位低下、个性孤傲的孩子们,被后来到校任教的克莱门特·马修用音乐改变了他们的人生,用合唱重新唤醒了孩子们的心灵,这是"以乐育人"的最好例证。

2. 寓德育于音乐课程教学之中

音乐的魅力在于开发学生精神享受的通道。在具体教学中,其建构过程在于激发学生自身的潜能和发现学生的"最近发展区",使学生在审美过程中潜移默化地净化心灵。音乐课程以提高审美能力为主,以学习技巧表达为次;以情绪情感表达为主,以学习表达的形式为次;以体悟思想与抒发感受为主,以作品创作的方法为次,这是必须遵循的原则,切不可本末倒置。

课堂建构不能忽视学生自身具有的艺术天赋,应把技巧和学生的艺术直觉结合起来思考。要通过情境设置,让学生体会音乐的和谐之美、节奏之美、无形之美;要在协作与交流的过程中,引导学生认识美、体验美、创造美,形成正确的意义建构。"随风潜入夜,润物细无声",学生在发现美、享受美和创造美的过程中,其精神境界将不断提升,道德发展自然会水到渠成。

音乐教学活动,可采取"声、舞、器、剧"综合性的活动。音乐是以培养表现力为重点的学科,表现的形式主要有声乐、舞蹈、器乐、戏剧。学校可以根据不同年龄段孩子的特点和学校硬件条件和师资力量的实际情况,围绕以上四种形式展开音乐活动。

三、德育与音乐教育相结合的意义

(一)提供审美体验,陶冶高尚情操

在开展音乐知识与基本技能教学的同时,将对音乐艺术作品的审美感受有机融合。也因此,在指导音乐学习者开展倾听、表演和创作等音乐实践教学活动的过程中,要充分重视音乐的自然本体,从音乐要素出发,从音乐的构成、主题、风格、格调等中去体验音乐作品的内涵美、构成美、形态美,从而逐步提高审美能力。经过合唱歌曲等实践活动,学生们能够保持着轻松自由的精神状态进行演唱,感受歌曲的意境。如《妈妈的吻》《好大一棵树》等曲目,都是学生最喜爱的,而学生们在演唱好这些曲目的同时,积极健康的情绪也就随之形成了。

在完成声乐知识与基本技能掌握的同时,还要将有关声乐艺术的不同领域历史人文知识有机融合。好的音乐创作能够逐渐滋润学习者的内心,陶冶学员的品德情操。比如,学员非常喜爱《七子之歌》,但因为不了解音乐的内涵和当时的历史背景,所以在演唱过程中无法很好地将思想情感融于其中。面对这个情况,教师应该布置学员收集《七子之歌》创作背景的有关资料。经过大量资料收集与剖析,学员们逐渐明白了当时的历史背景,感受闻一多先生用分隔的母子关系来形容祖国与澳门之间的用意,感受当时澳门人民远离祖国的悲愤之情、悲痛之感,同时也更能感受澳门在回归后的那种落叶归根的真实情感,这样当学员在吟唱时,就能够完全表达出对这首歌的真实情感。唱好歌声并不是最终目的,发掘歌声中蕴藏的真实含义才是根本宗旨。学员们只有从歌声中认识历史背景,并体会到生命的真谛,音乐教育的育人价值才能得到充分体现。所以,通过对音乐的感受、分析,以及开展多样化的音乐实验教学活动,可以促使音乐学习者认识力量、速度、旋律、音调、节奏、调式、和音、肢体等在音乐作品中的表达与效果,并尽可能从多角度地给学习者带来审美感受,从而陶冶学习者高雅的音乐情操。

我组织策划了"重阳节唱首歌儿送长辈"的中国传统节日文化活动,有几十位学生积极响应参加,上传了给长辈歌唱的视频。我相信当长辈们听到:"高高飘扬的国旗下,心中的梦想一天天生长。快乐成长,不负时光,我们是明天的希望!"从自己的小辈口中唱出时,他们会感受到国家的力量、生命的力量、希望的力量在延续。在之后的三年级展示活动时,当学生们喊出"请党放心,强国有我"的口号时,我想,学生们也一样会感受到其中的情感和分量,从而激发他们树立远大的理想,为把祖国建设成富强、民主、文明、和谐的社会主义国家而努力学习。

而我,也将继续致力于用音乐和一切创新的、符合新时代特征的方式,设计传统节日活动,为学校开展中国传统节日教育提供可复制、可推广的模式。通过家校合作开展传统节日活动,增进学生与家人的情感交流,丰富学生的精神世界,满足学生的精神需求,增强学生的精神力量,让学生及家庭在欢乐祥和的节日气氛中充分享受社会文明进步的成果,弘扬民族文化。

——语文教师　班主任工作室主持人潘健智

(二) 发展创造潜能,提升创新能力

音乐作品的产生本身就是一个作曲家创作的过程,学生在聆听、欣赏、演唱、演奏、表现音乐作品的过程中,必然会不自觉地对作品进行"二度""三度"创作。同样,由于音乐本质中所具有的"不确定性",人们在欣赏和表现同一首作品时,会有不同的心理感受以及不同的联想与想象,这也让学生在音乐课堂中的想象力和创造潜能得以发展,使得音乐学科在培养学生创造能力方面具有独特的优势。所以在学校的高一下和二年级教材中,更多地运用律动的方式,以适当的表情和简洁的动作,表达歌曲的情感;在整个小学和初高中阶段,进行即兴形式的作曲、编创简单旋律和旋律创作的歌曲教学活动;在整个中学阶段,学生通过掌握歌曲制作所必备的歌曲基础理论知识,并尝试为歌词作曲,通过为旋律配上简易伴奏,或运用各类不同的材料完成对某一主题的命题写作等教学活动,发掘学生音乐听觉才能,并培养对音乐创作的浓厚兴趣,在实践中挖掘创造性思维,提高表现能力、创造能力。

学生小鞠,在音乐创编的过程中,找到了那个充满自信,创意无限,勇敢表率的自我。同学们感觉她除了学习,还是一个音乐小达人;父母觉得她除了乖巧,更多了一份奔放。在我眼中,短短数月,通过这个音乐创意项目,她如同脱胎换骨般,从性格到个性都发生了转变。创意项目非但没有耽误她的学业,可以说,因为那份喜欢,反而让她的目标更明确了。懂得合理规划时间,懂得独乐乐不如众乐乐。音乐创意,点燃了小鞠内心深处的那颗火种,让我看到了她未来的无限可能。

——语文教师　教师发展部主任　林灵

(三) 传承民族文化,理解多元文化

音乐是人类文化的重要组成部分,其在增强民族情感和凝聚力等方面有着极其重要的作用。对于传统音乐文化的传承,音乐课程起到了至关重要的作用。

音乐教育的实施过程是传承人类文化的过程。在教学实践中,我们将大量的包括民歌、器乐曲、戏剧等优美的民族音乐融入其中,并采用欣赏、合唱、弹奏、演唱等多种

形式传授给学生。因此,在中小学教材中通过教唱我国民族传统节日歌曲,学唱京剧段子,了解笛子、二胡、琵琶艺术等我国传统民族乐器,有助于学习者全面掌握我国民族音乐传统文化,并加深其对中国传统文化的感情,进而提升民族荣誉感和民族自信。

在实施中,将音乐社团活动、学校特色建设等作为传承传统音乐文化的重要手段。通过建立民俗歌谣协会和青少年京剧协会、开展民族乐派知识讲座、开展民俗演唱会和运用民俗歌曲资料开展采风活动,搜集和学唱当地优美的民俗歌谣和民间艺术歌曲,引领中小学生感受歌曲中的民族风格和思想情感,热爱、继承和发扬民族音乐的独特意蕴。在传统的教学基础上,指导学习者采用倾听、鉴赏、表演等多种形式掌握世界各国、各民族的优美音乐文学经典作品,理解并尊重世界多元文化,顺应当代音乐发展潮流。

抗击新冠疫情居家学习的时候,我看到日本捐赠给中国的抗疫物资,和中国捐赠给世界各国的抗疫物资,上面都有非常唯美的古诗词,像"山川异域,风月同天""青山一道同云雨,明月何曾是两乡",在感动的同时,我很想把这些美丽的诗词编写成古风歌曲,表达自己的心声——"青青子衿,悠悠我心。岂曰无衣,与子同裳。辽河雪融,富山花开;同气连枝,共盼春来……"

——学生 黄雪润

(四)促进人际交往,加强情感沟通

教学的另一个主要功能就是使学生学会为人处世,包括人与人之间的情感沟通和人际交往——人与人之间的互相沟通、平等交谈、和睦共处、相互尊重、共同合作等。音乐是人与人之间进行情感沟通交流的特殊媒介,其特殊的本质决定了音乐比语言的交流更能深入人心。同样,音乐课程由于内容的安排以及学科的特点,在培养学生人际交往、情感沟通和共同合作等方面有着得天独厚的优势。

目前,音乐课堂教学主要是以班级为单位进行。集体参与是课堂教学的主要活动形式,如音乐课程中表现领域里的演唱包含齐唱、重唱、合唱等形式,这些形式必须通过集体中的每一个人相互交流与合作才能完整地表现出作品的情绪和感情。这些音乐实践活动,有助于培育学习者和别人之间充分沟通、密切合作、宽容理解、彼此尊敬、共同协作的基本意识。声乐课程本身就有着强烈的教育德育功效,将通过诸多音乐要

素(速度、力度、节奏等)的改变以对学生音乐情感所产生的影响为主线并贯穿始终,学生们在参加合唱、创编音乐等各类器乐教学活动的过程中,由小至大,由近至远,由浅入深,依次渐进,入情、入理、入脑、入心,润物无声,水到渠成,为学生身心的全面发展打下了扎实的基础。

　　德育不是单独的说教。作为学生家长,我能真切感受到"天一"对学生的德育教育不是停留在口头上、口号中。在倡导五育并举的背景下,学校以"音乐创意学习中心"为平台,鼓励并组织学生参与各种音乐活动。让学生在体验、发现、创造、表现和享受音乐美的过程中寓理于情,以情动人;入情入理,以理育人。上学期学校举办的歌曲演唱,就是一次把德育教育渗透其中的音乐实践活动。

　　现在的孩子大多都是独生子,似乎自私、娇生惯养、害怕困难是他们的代名词。不过,为了把《少年中国说》这首歌曲唱好,班级里的每个孩子都在努力练习。那段时间,孩子回家经常和我说班里的同学为了唱好这首歌曲,每天都练得热火朝天:你忘了歌词,我提醒你;我忘了这句的旋律了,他来帮助我。我不由得为他们高兴。他们既锻炼了自己,也融入了集体,感受到集体的力量,从而也愿为其付出自己的一份力量。没有刻板的说教,无形中就锻炼了孩子们的合作精神,增强了孩子们的集体观念。

——学生鲁昕妍的妈妈

第二节　学校德育工作的情况概述

　　习近平总书记强调,"青少年阶段是人生的'拔节孕穗期',最需要精心引导和栽培"。教育为本、德育为先,用科学有效的方法加强德育工作,沟通学校生活和家庭生活、社会生活,全力筑牢青少年的思想道德基础,是每所学校应该承担的责任。在这一方面,天一小学形成了较为完备的整体规划和落实方法。

一、整体理念与设计思路

(一)明确指导思想

以习近平新时代中国特色社会主义思想为指导,遵循"联通儿童与世界"的办学理念,坚持立德树人根本任务,落实《中小学德育工作指南》,把培育和践行社会主义核心价值观、弘扬中华优秀传统文化、革命文化、社会主义先进文化融入教育全过程,紧跟时代步伐、搜索社会热点,不断丰富德育活动内容和形式,以学生喜闻乐见、富有童趣的教育方式,创新德育实施途径。借助"小蚂蚁"校本特色育人评价体系,包括"七彩阳光天天蚁"个体德育基础性评价,"七彩阳光添翼蚁"个体德育发展性评价,"七彩阳光智慧屋"集体德育评价,凸显天一小学校本德育特色内涵,彰显"小蚂蚁精神",进一步优化与完善"小蚂蚁"校园文化建设,提出了校本德育教育的育人目标,即践行"小蚂蚁精神",发展生活能力、学习能力、做人能力和审美情趣,成为具有家国情怀和国际视野的现代中国人。

(二)加强队伍建设

1. 班主任队伍建设

学校以"练就'三功'"作为加强班主任队伍建设的发展目标,即"育人有功底、下功夫、积功德"。同时,将教师节定为"班主任节",通过评选"十佳班主任"的方式,树立身边的育德典型。

一是夯实班主任基础理论,提升班主任科研能力。学校每月一次"工作坊"夯实班主任基础理论。组织班主任老师通过专家讲座、案例分析等形式进行相应内容的学习,提升班主任教育管理的专业高度和深度,将德育应知应会内化于日常的班级管理中。我们还结合本校班主任的管理特点与优劣势,开展专题研讨,各有侧重地设计班主任工作坊的研修内容,包括如何进行伤害事故的预防及应对、班级温馨教室创建和家校联通艺术分享等。

二是隔月开展"生活坊",丰富工作坊学习内容,提高班主任幸福正念。学校通过丰富课程形式,艺术熏陶涵养品质,文化浸润提升人文素养。如,组织一次音乐疗愈、参观一次艺术展览、观看一部电影等,让班主任走出校园,让专题培训成为放松身心、愉悦身心的体验空间,提升幸福感,传递正能量。

学校还坚持做好班主任"传帮带",让班主任队伍成为孵化优秀德育工作者的摇篮。学校立足校情,延续优势,借助优秀班主任潘健智主持的"区班主任工作室"的平台,外聘专家诊断突破重难点、内扶骨干教师分享经验、涉外研修寻访沪上知名学校的德育特色,一对一结对启动"青蓝计划",带领青年班主任开展德育课题研究,深入理论学习,提升育德专业素养。

2. 家长队伍建设

构建家—校—社共育网络,继续发挥好校级、年级、班级家委会的职能作用,让其成为学校的参谋,以学校、家庭、社会紧密的共融互联,实现有效的三结合教育,做好家校共育。

充分发挥校级家委会这支队伍的教育力量,做到层级任务清、职责分工明的自动化服务和参与度。由校级主任部、信息宣传部、资源开发部、组织管理部、安全保障部组成的校级家委会,和学校内部治理四大职能部门:课程教学部、学生成长部、教师发展部和学校服务部,紧密对接,互通联系,全面实施并有效落实家校共育新模式。

邀请家长深度参与学校德育,开展"蚁爸进课堂"和"蚁妈进食堂"主题教育。"蚁爸进课堂",让"爸爸"的教育角色最大化发挥作用,周五的主题班团队会活动中,邀请班里的爸爸们走进课堂,通过不同的教育体验,丰富学生逻辑思维和创造力的培养,让天一小学的"小蚂蚁"换个角度体验课堂。开展"蚁妈进食堂"活动,让家长在了解学生午餐情况的同时,一同对孩子进行食育教育,并将校内食育课堂延展至校外家庭,实现家庭教育和学校教育的无缝衔接,时时、处处、人人,皆可德育。

3. 少先队建设

发挥好学校少先队工作委员会的功能性,定期召开学校少先队工作委员会会议,少先队大队部计划拟定少先队干部培训计划,搭建、创设各种平台,开展少先队干部的学习、培训、实践。结合区红领巾理事会理事的评选工作和校"星级蚂蚁队长"的评选工作,通过大、中、小队干部任职工作给少先队员提供一个服务集体、服务他人的机会,对于健全少先队组织建设,促进少年儿童健康成长有着重要的意义。

发挥少先队组织阵地作用,通过升旗仪式、红领巾广播,鼓励队员践行文明就餐、节约粮食、热爱劳动,传播新时代少先队员的新风尚。组织队长培训、队员以十分钟队会、少先队活动课的形式了解国家大事。

少先队大队委员结合三个天一小学队长核心素养进行相关内容的培训:如队干部工作技能技巧方面(如何组织一次主题队会、如何策划十分钟团队会等),如加一加、减一减创新思维意识的培训,如如何团结队员金点子案例分享等。通过队长培训和实际工作中的锻炼,结合学校"金蚂蚁队长"的评选工作,以老带新梯队建设的方式,帮助新上任的大队委员更快地适应少先队工作,逐步完善少先队组织的"自转"功能。通过搭建、创设各种平台,开展少先队干部的学习、培训、实践。通过形式多样的培训,培养队干部的责任意识、服务意识、创新意识、担当意识、主人翁意识等,从而提高工作能力。

(三) 构建立体格局

德育体系的建设是一个系统性的工程,要把学科课堂教学、校本拓展课程、校内主题活动和校外实践活动综合起来,形成大德育网络;要求每一位教师成为德育工作者,按学生品德成长情况客观地实施相应的教育;把学校教育、家庭教育和社会教育三方面更好地结合起来,形成更优的育人环境。

二、分类介绍与实施路径

(一) 课程育人——德育融入教育教学全过程

以"大中小德育一体化"建设德育目标制定成果与学校小蚂蚁培养目标为参考,在国家课程的实施中,充分挖掘学科中的显性与隐性德育内容。并开发富有特色的"小蚂蚁 大理想 大智慧"校本德育课程,将"小蚂蚁"文化教育更好地融入到学校各领域,从而更好地彰显学校小蚂蚁品牌,凝聚"小蚂蚁精神";将"优秀中华传统文化""法治教育"等融入到学校教育中,从活动的过程性实施到评价的落实,加强学校德育教育体系建设。

学科教学是中小学教育的主阵地,课程育人很大程度是看各门学科的教学之中,教师有没有充分挖掘德育元素,实现育人价值和科学价值的统一。通过一组问卷调研,反映出教师们对于"立德树人"理念的了解与实施情况。

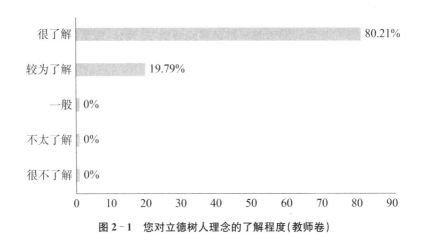

图 2-1　您对立德树人理念的了解程度(教师卷)

立德树人自党的十八大以来被确立为教育的根本任务,对于这一比较宏观抽象的理念,一线教学的教师们是否了解和理解成为落实与否的关键。问卷结果显示,80%

以上的教师对此十分了解,这种意识也成为教学实施转化的前提。

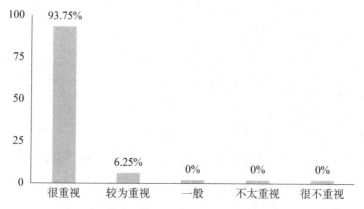
图 2−2　您对学科教学中践行"立德树人"理念的重视程度(教师卷)

超过90%的教师认为在学科教学中渗透对学生道德品质的涵育是十分重要的,科学的认知是付诸行动的第一步。

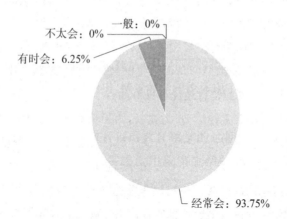
图 2−3　在教学设计中是否会考虑到德育目标的确定与落实(教师卷)

教学目标决定着教与学的方向、内容、结果,超过90%的教师经常会专门单列德育目标,注重学生情感态度价值观的培育塑造。

教学之中,需要有效资源的辅助,才能在学科知识能力传授培育的同时,潜移默化地对学生思想观念、道德品质、家国情怀等进行培养。超过80%的教师经常会围绕德育专门查找资料,有意识地拓展延伸教学材料。

总的来说,从上述调研结果可以看到,天一小学的教师们并不将学科教学单纯等

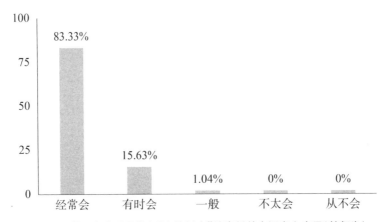

图 2 - 4 是否会主动寻找与"立德树人"的资料并在课堂上应用(教师卷)

同于教授知识,绝大部分老师能够将育人理念渗透到教学过程之中,且有意识地将德育目标落实到各个教学环节之中,并充分搜集、利用、开发相关资源进行扩展。

(二)文化育人——从优化环境到文化植入

借助学校硬件设施修缮,引导学生爱护美丽的校园环境从爱护它的一草一木开始。创建"温馨教室":我为小家添新绿;爱护校园行动:设计温馨礼仪小贴士,潜移默化影响学生行为规范。通过评选"校园课间铃声""小蚂蚁校歌"传唱等,显性"小蚂蚁"文化标识、挖掘"小蚂蚁"精神内涵,从而强化植入"小蚂蚁"校园文化。

(三)活动育人——创新德育途径育良好品行

以"小蚂蚁系列活动"(主题活动)为途径,为了培养学生学会做人,根据不同年级学生成长的年龄段特点,学校通过"编、演、唱、跳、读、创"的形式,制订了分年级实施的方案,以体现教育的丰富性、层次性,形成循序渐进的系列教育。如设计"小蚂蚁朗读者"——二年级古诗词诵读比赛、"小蚂蚁秀歌艺"——三年级红十月歌咏比赛、"小蚂蚁故事会"——四年级红色故事课本剧比赛、"小蚂蚁舞艺秀"——五年级集体舞比赛。

(四)实践育人——增强责任感有益身心

劳动实践方面,通过"我是家务小能手",倡议学生积极参与家庭生活,自己的事自己做之外,还能帮助家人做力所能及的家务活;规则教育方面,对学生加强"主人翁"意识的培养,通过温馨教室的创建、爱护校园行动的践行,对学生进行行为规范教育、集体主义精神的培养,将德育教育贯穿于学生在校的学习生活中;社会服务方面,组织"小蚂蚁"们走出校门进行多种社会角色体验活动、走访武警兵营、参观消防博物馆、禁毒博物馆、进社区敬老院参加志愿者服务等。

(五)管理育人——实现德育教育无处不在

校长主管学生成长部的具体工作。学校成立天一小学少先队工作委员会,校长担任主任,书记、校家委会委员担任副主任,德育教导分管少先队具体工作,新学期的双辅导员机制(少先队辅导员和苗苗儿童辅导员)又为天一小学少先队注入更多的活力。学校又将热爱少年儿童,热心少年儿童工作的家长志愿者、社区志愿者等各界人士吸纳进来共同携手天一小学"小蚂蚁",不断夯实组织教育阵地、健全德育教育管理网络。

(六)协同育人——凝聚学校文化建设力量

充分发挥家长学校及家委会的功能,发挥好校级、年级及班级家委会的作用,在学校各项活动中起到无缝隙沟通的桥梁作用。加强家委会在学校管理工作中的参与度,最大化发挥校级家委会的作用,做到层级任务清、职责分工明的自动化服务与参与度。扎实推进"蚁爸""蚁妈"走进两堂工程和家校社共育3+3项目,营造家校社协同共育生态。

三、保障举措与评价体系

(一)"七彩阳光天天蚁"育人评估体系

通过搭建一系列德育教育平台,结合学校校园蚂蚁文化,让学生以少先队活动为载体,以"小蚂蚁精神"为主题教育内容,进行体验式感悟教育,从而培养学生成为一个有责任心有自信心的人。

图 2-5 "七彩阳光天天蚁"概念图

学生们经过自己的努力,通过"奖点奖章+++"评价闯关,将获得七枚奖章,最终得到获得"七彩阳光天天蚁"徽章。

图 2-6 "七彩阳光天天蚁"徽章

获得"七彩阳光天天蚁"徽章的学生可以享受以下特权中的一项(自主选择)。

● 可以选择学校的偶像老师一起午餐;

● 可以享受一天的无作业日;

● 可以到大队部兼职一个星期的大队干事;

● 可以免费畅游上海科技馆一次;

● 可以借阅未来学习中心图书回家阅读;

● 可以选择和自己最好的伙伴成为同桌一周。

（二）"七彩阳光天天蚁"奖点＋奖章

评价目的：

通过班主任老师、科任老师、家长等不同评价人,对学生一学期的表现进行过程性评价,以学生喜闻乐见的表现形式"七彩阳光天天蚁"奖点＋奖章("奖点奖章＋＋＋")的评价闯关方式予以激励。

第一关:"七彩阳光天天蚁"奖点,通过阶段性汇总并进行自主兑换,让学生能够自主选择喜欢的小奖品;

第二关:"七彩阳光天天蚁"奖章,当奖点汇总到规定的数量后,可在收获园中获得"七彩主题奖章";

最终,集满"七彩阳光天天蚁"贴纸后,将由大队部颁发"七彩智慧小达人"荣誉称号并获得徽章,从而激励学生在得到全面综合的评价及个性发展。

评价时间：

每月一汇总一兑换,也可以中间不兑换,累积到学期末统一按照奖点进行兑换奖品。

评价方法：

遵循小学生的年龄特点,制订"七彩蚂蚁奖点评价",区分不同类学科、不同类部门的奖点兑换券、分为"赤色感恩"奖点券、"橙色合作"奖点券、"黄色规范"奖点券、"绿色诚信"奖点券、"青色创新"奖点券、"蓝色稳健"奖点券、"紫色才艺"奖点券。(每张奖点券相当于10个点数),根据评价老师的需要进行评价,每月汇总自主兑换一次奖品。

表 2－1 "七彩蚂蚁奖点"内容标准

➤ 第一关:"七彩阳光天天蚁"奖点

七彩主题名称	七彩奖点内容标准	七彩奖点券	七彩奖点券部门
感恩蚁	待人文明有礼(双手递物、微笑打招呼、文明礼貌用语、和同学友好相处)	赤色券 (10个奖点)	班主任
合作蚁	在各项小队活动中,表现出色,能与小伙伴合作完成各项任务。	橙色券 (10个奖点)	班主任
规范蚁	严格遵守学校行为规范中的各项内容,是同学们的好榜样!	橙色券 (10个奖点)	班主任、科任老师

七彩主题名称	七彩奖点内容标准	七彩奖点券	七彩奖点券部门
诚信蚁	协助老师开展各项工作、履行队长誓言。说了就能努力做到。	绿色券（10个奖点）	大队辅导员、班主任图书室负责老师
创智蚁	热爱科学技术与自然常识的学科，是同学们和老师公认的科创小能人，并为班级或学校争得荣誉。	青色券（10个奖点）	科技、自然常识老师
劳健蚁	热爱运动、强身健体，是同学们和老师公认的体育蚂蚁小超人，并为班级或学校争得荣誉。	蓝色券（10个奖点）	大队辅导员、班主任、家长、体育老师、卫生老师
才艺蚁	在音乐或美术等方面有突出表现，或参加学校、市、区的比赛获得好成绩。	紫色券（10个奖点）	音乐、美术、书法老师

表2-2　"七彩蚂蚁奖点"评价表

➤ 第二关："七彩阳光天天蚁"奖章

荣誉称号	评价内容	评价标准	颁发人
文明礼仪小标兵	待人文明有礼(双手递物、微笑打招呼、文明礼貌用语、和同学友好相处)。	赤色感恩奖章（40个奖点）	
互助合作小能手	在各项小队活动中，表现出色，能与小伙伴合作完成各项任务。	橙色合作奖章（40个奖点）	
行为规范小标兵	严格遵守学校行为规范中的各项内容，是同学们的好榜样！	黄色规范奖章（40个奖点）	
诚信小达人	协助老师开展各项工作、履行队长誓言。说了就要努力做。	绿色诚信奖章（100个奖点）	班主任老师
创新小达人	热爱科学技术与自然常识的学科，是同学们和老师公认的科创小能人，并为班级或学校争得荣誉。	青色创新奖章（100个奖点）	
阳光小达人	热爱运动、强身健体，是同学们和老师公认的体育蚂蚁小超人，并为班级或学校争得荣誉。	蓝色稳健奖章（100个奖点）	
才艺小达人	在音乐或美术等方面有突出表现，或参加学校、市、区的比赛获得好成绩。	紫色才艺奖章（100个奖点）	

➢ 最终:"七彩阳光天天蚁"徽章

荣誉称号	评价内容	评价标准	颁发部门
七彩智慧小超人	通过班级小伙伴们的共同努力,在"学生手册收获园"内集满了"七彩阳光天天蚁"奖章,即可获得"七彩智慧小超人"荣誉称号。	颁发"七彩阳光天天蚁"徽章	少先队大队部

(三)"七彩阳光智慧屋"的评价标准

每个教室的门口都建了一个"小蚂蚁智慧屋","小蚂蚁智慧屋"是用来盛放"七彩阳光智慧球"的,智慧球一共有七种颜色,分别是:"赤色感恩球""橙色合作球""黄色规范球""绿色诚信球""青色创新球""蓝色稳健球""紫色才艺球"。在评价时,我们有集体加分内容,也有个人加分内容。人人都是班级的主人,人人都可以为自己班级的智慧屋争获一枚"智慧球"。

评价时间:每月评价一次

评价方法:集齐七种颜色的智慧球,便可以换一枚"七彩阳光智慧球",学期结束,哪个班级的七彩阳光智慧球的数量最多,哪个班级便可获得最高荣誉奖。

评价内容及标准:

表 2‑4　"七彩阳光智慧屋"评价表

智慧球名称	评价主题	集体加分内容	个人加分内容	统计部门
赤色感恩 ●	感恩长辈懂礼貌	见到长辈热情有礼貌。	见到长辈热情有礼貌。	学生成长部
橙色合作 ●	团结伙伴护弟妹	班级伙伴之间不打闹,互帮互助班风好,在友谊班服务过程中表现突出。	获市、区当代小先生、美德少年(友爱同学奖等)。	学生成长部
黄色规范 ●	遵守规则讲文明	获得一周行为规范满分的班级、强化对课间文明休息这一项内容。"明德尚法法制基地"。(团队比赛)	市、区个人评优。"明德尚法法制基地"(个人比赛)。	学生成长部党支部班主任
绿色诚信 ●	言行一致讲诚信	遵守对教师的承诺、遵守对学校的承诺。	遵守对伙伴的承诺、遵守对自己的承诺。	学生成长部班主任

智慧球名称	评价主题	集体加分内容	个人加分内容	统计部门
青色创新 ●	能出点子会创新	科技节班级获奖。	参加市、区科技类比赛获奖。	科技组
蓝色稳健 ●	阳光体育强健身	运动会班级获奖。	参加市、区体育类比赛获奖。	学生成长部体育组
紫色才艺 ●	陶冶情操展才艺	艺术节班级表现突出。	参加市、区艺术类比赛获奖。	艺术组

第三节　"音创融合"渗透德育养成的探索

习近平总书记强调,要深化教育改革,推进素质教育,创新教育方法,要更新教育理念,创新培养模式。自党的十八大以来,天山第一小学围绕培养什么人、怎样培养人、为谁培养人这一根本问题,积极开拓创新教育形式,加快开展教育现代化。在全校范围内展开主题教育,围绕"音创融合,引领未来"的理念,以新形式、新手段、新视点、新内涵培养学生政治素养、文化意识,秉持着"做好音乐教育工作,有利于立德树人,让祖国青年一代身心都健康成长"的精神,在德育创新领域取得积极成效,真正落实"以音润德、以德滋音、以人格育人格"。

一、音与政通,厚植家国情怀:以"蚁行天下"红色研学为例

所谓"红色基因",是指"中国共产党在长期争取民族独立、实现人民解放和建设社会主义的革命进程中凝结而成的精神内核"。[1] 探寻红色基因,追寻历史痕迹,在建党一百周年之际,天山第一小学积极开展多样的"红色活动",继续"蚁行天下",让同学们随着党的脚步,学党、爱党、向党看齐,在实践中接受红色文化的熏陶,在娱乐中感受中国共产党的辉煌历史。在"蚁行天下"红色研学的活动中,天山第一小学不仅继承了寓教于乐、实践探索的传统,还采取了更加丰富的形式,让孩子们快乐地学党史、明经典、溯源头。

---

[1] 李达. 传承红色基因提高育人品质[J]. 中学政治教学参考,2021(17):17.

红色歌曲是记录广大劳动人民和无数共产党员艰苦奋斗、浴血抗争,记录中国从积贫积弱的封建社会发展建设成今天崭新的社会主义国家的生动史料,具有鲜明的时代特征和强大的精神号召力,是社会主义文化的重要组成部分。即便时过境迁,社会主义中国已经发生了翻天覆地的变化,但在吟唱红色歌曲时,我们仍然可以从那激昂奋进的旋律、简单质朴的歌词、撼人心魄的气势中感受到振奋人心的力量,感受到革命先辈和质朴的劳动人民前仆后继、视死如归的勇气,感受到他们对建设新中国、建设伟大社会主义国家的美好期待。在教育教学活动中结合红色歌曲元素,无论是对气氛渲染还是情境引入或是主题彰显,都将起到画龙点睛的作用。

近年来,正是基于红色文化资源独特的育人价值,无论是党和政府层面,还是地方各部门、各高校都非常重视红色文化资源育人的理论研究和实践探索,形成了诸多具有影响力的成果①。天山第一小学积极响应党和国家的号召,充分开展红色教育活动,将红色基因的传承融入教学实践之中,传唱红色歌曲、吟诵红色诗歌,让同学们切身感受革命精神。

(一) 红色源头,梦想启航——党团员学"四史"

2020 年 7 月 1 日,在建党 99 周年这一重要时刻,天山第一小学的党团员们纷纷为党送上自己最真挚的祝福。党支部带领大家走出学校,走出长宁,来到黄浦区这一"红色的源头",跟着老一辈的艺术家们一起走进经典,感受红色文化。活动围绕党史,回顾了党的光荣传统、宝贵经验和伟大成就,让党团员们深入学习了"四史"。南京路上好八连的首任指导员发自肺腑的感言,拉近了我们和老八连的距离,激励我们牢记使命,砥砺前行;艺术家们慷慨激昂的红歌拨动心弦,让我们仿佛回到党诞生之日,听到石库门中的誓言,思绪万千⋯⋯

回首百年,一代代共产主义战士在炮火硝烟中、在建设年代里,用无畏的牺牲、无私的奉献,践行着入党那一刻的庄严誓词;艺术家们声情并茂的诗朗诵,讲述着党领导下中国创造的一个又一个"中国传奇"。在艺术的熏陶中,党团员们汲取了精神养料,坚定了各自在教育事业上的梦想。

---

① 肖发生,张泰城.近年来高校红色文化资源育人的理论与实践[J],红色文化资源研究,2017(1):205.

（二）"小蚂蚁"暑期嘉年华——学四史

新中国成立 70 周年之际,天山第一小学的同学们利用暑假的时间,积极开展爱国、爱党的实践活动,踏寻红色经典、追寻红色记忆、探寻红色基因。

图 2-7　上海四行仓库抗日纪念馆

同学们在家长的陪同下,前往各类红色景区进行参观学习,在此过程逐渐了解中国共产党历史与新中国历史发展过程,更加坚定了对党组织的信仰与拥护,培养起主动学习"四史"的好习惯。同学们在暑期嘉年华过程中都有不同的感受,对党和国家有了更加深刻的认识,深受鼓舞与震撼。

关于"小蚂蚁红色研学"活动,对学生进行了一系列问卷调查,反馈情况如下。

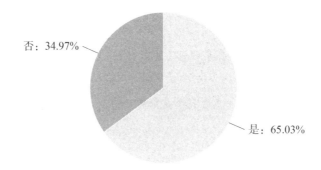

否:34.97%

是:65.03%

图 2-8　你是否参加过由学生成长部组织的"小蚂蚁"研学活动(学生卷)

超过 60％ 的学生参与过由学生成长部组织的"小蚂蚁"研学活动,受众覆盖面较广,让更多的学生能够走出教室和学校,在更广阔的城市与社会之中感受红色文化的魅力。

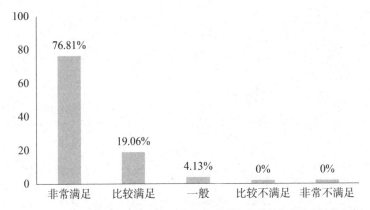

图 2-9 参加研学前,我能够主动搜集一些所选目的地的相关资料(学生卷)

为了将研学活动的教育作用最大程度发挥出来,最理想的状态是学生能在行前自主完成一定的积累储备,带着问题和思考再去现场参访。能够有超过 90％ 的学生行前搜集一些所选目的地的相关资料,这对于小学生独立自主学习能力的培养、探究思考意识的形成,以及研学旅行成效的发挥,都是大有裨益的。

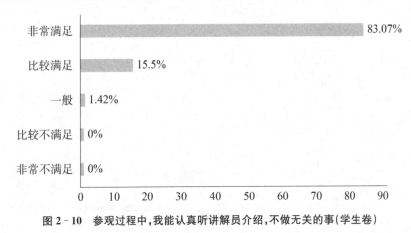

图 2-10 参观过程中,我能认真听讲解员介绍,不做无关的事(学生卷)

受身心发展水平程度影响,小学阶段的学生自控力较弱,上课走神、做小动作等情况时有发生。但研学旅行很大程度上激发了学生的学习兴趣,使得他们更投入,沉浸在探究之中,超过95%的学生表示能够认真听讲解员介绍,不做无关的事。

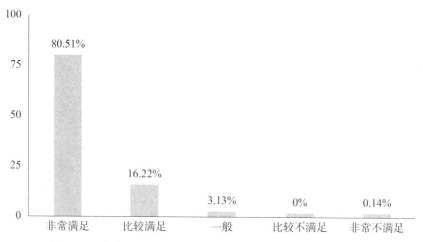

图 2-11　参访过程中,我能够主动记录自己感兴趣的内容(学生卷)

不同于旅游式的走马观花,研学旅行作为一项实践教学样态,需要配以教学活动环节来达到教学目的,做笔记、拍摄照片视频等方式就是其中的一些学习形式。超过95%的学生表示自己能够在参访的过程中主动记录自己感兴趣的内容。

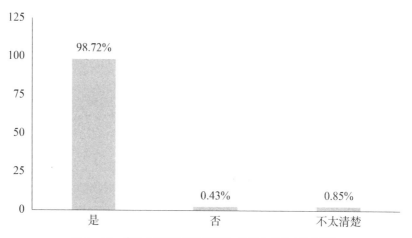

图 2-12　我认为研学活动有意义,希望去体验(学生卷)

而在活动整体评价方面,其意义几乎得到了百分之百学生的肯定,孩子们表示乐意参与研学旅行。

总之,通过上述问题我们可以看到,"小蚂蚁红色研学"活动深受小学生们的喜爱,绝大多数孩子不仅对这一活动感到好奇和感兴趣,而且能够主动在行前搜集相关资料、在过程中仔细体验、记录和学习,更加显著地发挥了学生们自身的主观能动性。而通过这种沉浸式地参访、游览、听讲、反思,红色文化更加立体和生动地浸润在孩子们心间。

二、同音共律,培养社会关注:以"童心抗疫"空中升旗仪式为例

教育部提出"停课不停学"后,各级各类学校积极响应,形成了一场覆盖全国的信息化教学行动。[①] 天山第一小学为了让每一个学生充分享受教育的权利,响应国家的号召,让学生们身在家中,心走进校园,走向社会。

学校充分发挥互联网的优势,在云端开展教育教学综合实践活动,将升旗仪式搬到线上,让每个队员即使在疫情中也能感受到红领巾的光荣,感受到星星火炬的引领,加强对队形和生命的教育。在特殊时期,运用特殊的形式,家校共同携手,助力学生健康快乐成长,让每一位学生敬畏生命,热爱生命,让队员胸前的领巾可以更加飞扬。通

图 2 - 13　童心抗疫,新闻报道

---

① 王丽华,金慧颖."互联网+"时代小学语文综合实践活动课程设计与实施——基于疫情期间线上教学的思考与实践[J].语文建设,2020(10):9.

过这种线上的手段,既能最大限度保障学生们的生命健康,又能让学生在家中感受到学校的温暖和党的关怀。在升旗仪式的讲话中,师生们分享抗疫经验,倡导科学健康防疫,鼓励"人人做好防疫小卫士",形成了一道"童心抗疫"的坚实壁垒。天一小学通过这种全新的手段,在特殊时期用特殊的方式开展升旗仪式,得到了家长和社会各界广泛的好评。

上海市长宁区天山第一小学"空中升旗仪式"活动方案

（一）活动对象

全校少先队员、一年级学生、全校老师

（二）活动时间

每周一上午 8:00

（三）活动安排

1. 确定每周升旗仪式主题

2. 安排升旗手、辅导员老师发言

安排:提前一周安排线下一周的升旗手,从二到五年级队员中进行挑选并确定、修改发言稿。提前一周邀请党团员准备国旗下讲话的发言稿。

3. 协调信息部门每周一准点发布线上升旗仪式

4. 通知辅导员、少先队员和一年级学生通过"晓黑板"参与线上升旗仪式

5. 升旗仪式结束

（四）活动流程

1. 主持人发言

2. 升旗手发言

3. 辅导员进行国旗下的讲话

4. 升国旗、奏国歌

5. 全体师生高唱国歌

6. 展示疫情生活

图 2-14　线上升旗仪式

　　此外,天一小学还特别注重引导学生依托学校的音乐教学特色和教学资源,将音乐作为一个重要载体,除了具有悦耳动听的旋律,能愉悦身心,还将其作为输出观念、传递信息、表明态度的渠道,增强新时代青少年的社会责任感,成为走在时代前列的奋斗者、开拓者、奉献者。学生们自发地创作战疫歌曲,与全国乃至全世界一起携手攻坚、迎难而上;演唱、改编、传播正能量歌曲,带动家人、社区等一起心向暖阳,为营造良好的社会氛围加油助力。

三、正声雅音,浸濡传统文化:以"传统节日"班主任工作室为例

　　中小学优秀传统文化教育目标一体化,是党和政府的要求,是由优秀传统文化的特点和学生在不同时期身心和认知发展的规律决定的。[1] 在骨干班主任潘健智老师领衔的区级课题《家校协同开展小学生中华传统节日活动的设计和实践研究》引领下,借助"长宁区潘健智班主任工作室"这个平台,带动天一教育集团的班主任组建研究团

---

[1] 明成满,赵辉. 中小学中华优秀传统文化教育目标一体化研究[J]. 基础教育,2021(4):52.

队,带领学生开展各类传统节日活动,让传统文化在家长和学生的内心深处真正扎根。

音乐是一个民族文化的重要组成部分,也是文化传承的重要载体。文化传承的过程也就是音乐发展的过程。作为文化的一个部分,音乐从来就不是孤立存在的。从起源来看,早期的音乐是与诗歌、舞蹈等其他文化结合在一起的。从发展历史看,音乐与政治、经济、历史、文化都有密切联系,特别是与文化的关系更为密切。音乐不仅仅被人们用来娱乐或者审美,还具有社会和历史意义的文化现象,是人类文化传承的重要组成部分。因此,想要丰富学生的精神世界、加深学生对传统文化的认知理解,音乐教育是一个重要途径,要让学生在音乐教育过程中可以享受到传统文化知识的滋养,提高自己对传统文化的了解和认识水平。

在疫情特殊时期,如何组织好同学们过好春节和元宵节是大家研讨的主题。古典文化距离孩子的生活较远,学习起来会比当代教学材料枯燥。[①] 为此,实验班的老师们,在线上一起商量研讨,根据每一个节日特有的习俗及孩子的年龄特点,通过民族歌曲演唱、民族乐器演奏、传统习俗实践、文化知识普及等形式开展相应的活动。老师们根据疫情的严峻性,及时调整了原来已经设计好的活动方案。参加课题研究的老师们积极配合,利用休息时间,在特殊时期组织同学们开展活动,让同学们度过了难忘而有意义的春节和元宵节。传统节日的开展,把人与家庭、人与人、人与社会的情感凝聚在一起,浓浓的传统节日氛围让天一小学人更深刻地意识到自己是中国人。

(一) 春节展开的活动

春节开展的活动有:唱儿歌,说习俗,妙趣窗花贺新年,小小贺卡送祝福;发微信,录视频,画年夜饭菜单,接福纳祥迎新年;剪窗花,配菜单,接福纳祥迎新年;写春联,贴福字,许下心愿寄新年;大扫除,买年货,除尘布新展新颜,干干净净共创"年味家"。

以下这份"小蚂蚁"寒假生活嘉年华预告,开启了"小蚂蚁"迎新纳祥传承文化的预热行动。

"一年一度的春节就要到了,春节是我国最盛大、最热闹的传统节日,蕴含着丰富的传统文化内涵,新年的习俗也逐渐形成了一种"年"文化,请"小蚂蚁"们用在学校学习、掌握的劳动技能用双手创"年味",帮着爸爸妈妈一起在劳动实践中寻觅年的味道,相信通过你们的劳动,一定能让春节更有仪式感。当然,为了迎合

---

① 柳玉国.优秀传统文化教育要唤起儿童的共鸣[J].人民教育,2021(6):71.

春节的喜庆氛围,大家也可以发挥自己的想象,带着家人一起动手为家里创造一份独有的"年味",活动倡议如下:

1. 廿四掸蓬壅(大扫除)

2. 三十黄昏做除夜(和父母一起做年夜饭)

3. 正月初一嬉爽快(写对联、写福字、贴福字)

你们的劳动和创意,一定能给家里带来一个别样喜庆的新年!"

(二) 元宵节展开的活动

老师们结合元宵节特有的习俗,结合学校"知勤俭"的"蚂蚁"文化理念,根据学生的年龄特点,开展了看元宵节晚会,踩自制的高跷,在红包上写谜语一起猜,用红包做灯笼,用彩纸折莲花灯,包汤圆、煮汤圆、吃汤团,制作 PPT 回顾小学五年元宵节里开展的活动等,让同学们和家人一起欢度元宵,感受元宵节与众不同的诗意与浪漫。

四、静候佳音,走向成长成熟:以各年级系列"仪式教育"活动为例

仪式具有丰富、深刻的意蕴,是一个用感性手段作为意义符号的象征体系。它往往借助展演的形式,让参与者认可其所倡导的道德和价值观念。[①] "仪式教育"学生是走向新阶段、新起点的必要环节。通过开展"仪式教育",能够让学生告别上一阶段的学习生活,并以全新的面貌开始新的征程。在此过程中,对学生进行正确的教育、引导,帮助学生总结上一阶段的成果并鼓励学生积极迎接下一阶段的挑战,让学生对自身发展的不同时期有深刻的认识。这一过程既需要老师们的努力,也需要学生们的积极参与。天山第一小学在各个年级积极展开"仪式教育",并赋予教育新的内涵,采取不同的形式,以丰富的内容帮助学生成长成熟,成为学校教育的一大特色,对学生们的成长与发展有积极的作用。学生在"仪式教育"中认识到自己的优点与不足,在老师们的鼓舞下以饱满的姿态迎接下一阶段的学习与生活,在"仪式教育"中始终保持昂扬自信的精神面貌与乐观开朗的精神姿态,成为天山第一小学一道靓丽的风景。

值得一提的是,天山第一小学的音乐教育规避了当前中小学普遍存在的"校园音乐类活动覆盖面有限,一些音乐基础不好的学生参与度低;活动形式大于内容,诠释经

[①] 黄晓敏. 仪式教育及其路径选择[J]. 中学政治教学参考,2020(21):67.

典时,重表演,轻背后故事"等问题。切实让音乐承担起培根铸魂的使命,尽可能地为每一位学生提供接触音乐、学习音乐、感受音乐之美的机会。在音乐课程、演出、比赛、表演、重大活动、传统现代节日之中,每一名学生从踏入校园开始,就不断地接受着音乐的熏陶,每一个孩子的茁壮成长都离不开音乐的浇灌。可以说,是音乐陪伴了天山第一小学孩子们一年级至五年级的全部求学生涯。

(一) 一年级入学仪式

天山第一小学积极开展一年级新生入学仪式活动,活动旨在给一年级新生营造温馨的大家庭氛围,表达对新生入学的热烈欢迎,让新入学的同学们初步了解自己的学校,激发热爱学校的感情,让他们在天一小学这个大家庭里愉快地学习、生活。

图 2-15 一年级入学仪式

活动过程中,新生与老师精神饱满,领导发言语重心长,大家在欢乐的氛围中了解到学校的基本情况,对未来的生活有了更加清晰的认识,更加憧憬在天山第一小学未来的学习生活,最后,入学仪式在和谐快乐的氛围中圆满结束。

(二) 二年级入队仪式

天一小学少先队仪式教育活动以政治启蒙为根本,引导少年儿童在追求一个个小目标的过程中接受政治启蒙和价值观塑造,从源头培养少先队员的光荣感和组织归属感。

我们带领新队员们来到宋庆龄陵园,在庄严肃穆的氛围下举行"传承红色基因,争做时代新人"二年级入队仪式,新队员们在宋庆龄奶奶像前佩戴上鲜艳的红领巾,以标准的姿势在队旗下敬礼,红色梦想就此生根发芽。全体队员在队旗下庄严宣誓,铿锵有力的誓词,坚定了队员们勤奋学习、积极进取、努力为红领巾增光添彩的决心。学校党支部、学校少工委纷纷来祝贺,为新成立的中队授旗,家长辅导员也对新入队的队员们提出希望。相信新队员们定会在星星火炬的指引下牢记党的教诲,树立崇高理想,传承红色基因,争做新时代好少年。

图 2-16 二年级入队仪式

(三)三年级十岁生日会

天山第一小学始终坚持以学生为中心,相信学生,发现每个学生的独特与精彩,激发他们的潜能与个性。为此,天山第一小学的老师们记录下孩子们成长中的重要里程碑,举办"十岁生日会",记录学生成长成熟的过程。

在十岁生日会过程中,学生们展示了自己不同的才艺,老师们鼓励学生在成长过程中要扬长补短,虚心学习,乐观生活,并向同学们送上了祝福。家长感谢班主任与老师们对学生的栽培与关怀,并通过观摩生日会,建立了家校之间的信任。

(四)四年级课本剧表演

天山第一小学根据不同年龄阶段的学习特征,精心设计各类主题活动。针对四年级的学生,天山第一小学的教师们将学科知识融合中国传统文化与传统经典,在学科知识中挖掘革命精神,传承红色基因,结合不同学科的课程内容与教学内容,开展相关主题的课本剧表演。

图 2–17　十岁生日会

图 2–18　课本剧表演

　　以课本剧表演的形式,可以让学生们在表演中加深对课程内容的理解,以实践的方式将课本知识外化为行为,增强对课程知识的记忆,寓教于乐。课本剧表演赢得了学生与老师们的广泛好评,起到良好的教学效果,成为天山第一小学教育特色之一。

(五) 五年级毕业典礼

毕业典礼是天山第一小学"仪式教育"的特色之一。毕业典礼围绕相关主题,师生与家长一起回顾五年的学习生活,在领略毕业生风采的同时展望着未来美好的前景。

在典礼过程中,毕业生代表为老师送去鲜花,向老师们表达敬意与感激;毕业生与家长代表发言,回顾在天山第一小学成长学习的经历,向学校领导、老师们表示最深切的祝福,并祝福同学们都能拥有光明美好的未来。

图 2-19　五年级毕业典礼

通过毕业典礼的活动,学生总结了五年的学习生活,感受到天山第一小学浓厚的学习氛围与人情味,激发他们对未来学习生活的憧憬与信心,让他们在今后的学习中带着天一小学老师们与同学们的祝福,一路向前,具有十分重要的教育意义。

智慧应当给人以享受文化财富和审美财富的幸福。真正的智育指引人去认识生活的全部复杂性和丰富性。

——[苏]苏霍姆林斯基

第三章　以"乐"启智，寓教于乐

　　苏联著名教育家苏霍姆林斯基指出："在影响年轻人心灵的手段中，音乐占据着重要地位，音乐是思维有力的源泉，没有音乐教育就不能有符合要求的智力的发展。"①在提高青少年的音乐素养基础上，音乐可以培养青少年的理解力、观察力、记忆力、想象力、创造力。天一小学依托"音乐创意学习中心"这一平台，培养学生的思维能力与创新能力，用音乐促进学生的智力发展。

第一节　音乐在智育中的价值

　　音乐从发源之初就与人联系在一起，对人、集体、社会的影响无处不在。当今深化教育改革，促进学生全面发展是教育研究的核心问题。培养身心健康、品格高尚的人成为教育的重中之重，音乐教育在智育中的价值也不断显现。

一、适应课程改革，关注学生主体

　　随着现代技术日益发展，社会各领域不断推陈出新，课堂教学也不断地适应着大环境，不断地超越和创新。新课程标准指出："努力建设开放而有活力的课程"，并阐释："课程应植根于现实，面向世界，面向未来。应拓宽学习和运用的领域，注重跨学科

---

① 向阳光.音乐文化与素质教育[M].北京：大众文艺出版社，2008：20.

的学习和现代化科技手段的运用,使学生在不同内容和方法的相互交叉、渗透和整合中开阔视野,提高学习效率,初步获得现代社会所需要的实践能力。"①因此,为了营造生机勃勃的课堂,让课堂不仅具备工具理性,更饱含人文内涵和情感性,老师需要不断地从其他领域和艺术门类中寻找可供课程利用的因素。

叶澜教授认为课堂教学应关注学生的学习能力的培养,以及学生学习中的非智力因素等。她指出,需要从更高层面,即生命的层面,用动态生成的理念构建新的课堂教学观。充满生命活力的课堂,这样一种动态生成的课堂,对教师的智慧和能力提出了挑战:当学生精神不振时,你能否使他们振作?当学生过度兴奋时,你能否使他们平静?当学生茫无头绪时,你能否给他们以启迪?当学生没有信心时,你能否唤起他们的力量?这一系列的问题,激励教师们在实践中不断探索教学的新思路和新办法。而叶澜教授也在最后提出,这样的课堂不仅与科学有关,而且与哲学、艺术有关。②

无论是开放的课程理念,还是生命的教学理念,音乐作为一种艺术、一种资源或者一种辅助方式应用到其他学科课堂中,无疑可以帮助以上课程理念和目标的实现。总之,新的课程理念使音乐融入其他学科教学成为了必然,教学中运用音乐也适应了不断革新的课程理念。

二、丰富学科课堂,提高教学质量

在以往的教学工作中,通常都是采用老师个人讲解、师生问答的方式,形式较为单调。而将音乐引入课堂,活跃了课堂氛围,使教学更加丰富多彩。另外,课堂采用合理配乐与老师讲解相结合的方式,更加能够激发学生的思维和情感共鸣,帮助学生快速融入教学环境中,更容易达成教学目标。

学科教学中的音乐运用,给学生创造了自主学习、思考的平台。通过配乐朗读、音乐欣赏等,把课堂的主体交给学生,让学生真正得到语言能力的提升,真正在独立思考和创造、想象方面得到发展。一堂课是不是好课,是否有效,关键在于学生是否得到发展,学生是否融入课堂,并有所收获。把音乐运用于课堂中,学生"听"得更认真了,"读"得更动听了,"说"得更自信了,"写"得更流畅了,促进了高效课堂的实现。

---

① 教育部. 全日制义务教育语文课程标准[EB/OL]. http://www. moe. gov. cn/srcsite/A26/s8001/201112/t20111228_167340. html. 2011 - 12 - 28/2021 - 06 - 17.
② 叶澜. 回归突破"生命·实践"教育学论纲[M]. 上海:华东师范大学出版社,2015:37.

三、激发学习兴趣,提升综合素养

音乐运用于教学对学生也有重要的影响。从短期来看,可以提升学生的学习兴趣,吸引学生课堂的注意力等。从长远来看,这一举措,对于学生的情感、态度、价值观、人格培养及全面发展也有着重要的意义。

例如,语文课程标准指出:"语文教学应激发学生的学习兴趣,注重培养学生自主学习的意识和习惯,为学生创设良好的自主学习情境,尊重学生的个体差异,鼓励学生选择适合自己的学习方式。"①小学生知识经验有限,小学阶段语言的学习越是需要配合直观的方法并注重情景的营造,越是能产生更好的效果。同时这个阶段的孩子又充满好奇心和想象力,刚开始系统地学习语文,逐渐开始建立自己对于母语的初步认知。语文学习有趣吗? 语文是一堆生字和课文? 语文课做什么? 这些问题一开始都会影响孩子对语文的认知,直接影响语文学习兴趣的建立,最终可能影响学生的语文素养。

正如美国诗人惠特曼写道:"有一个孩子每天向前走去,他看见最初的东西,他就变成那东西,那东西就变成了他的一部分……"②学习始于好奇,所以一开始语文课就应当做到让学生感受到母语是美的,是充满趣味和活力的,而每个孩子天生便具有追求美,追求幸福快乐的原始动力。语文课如果是一场美的盛宴,是一次心灵的碰撞,是一次愉快的旅程,谁会不喜欢呢?

语文课堂如此,其他课堂中音乐的运用也是可以启发独立思考、丰富情感和审美体验,引导学生追求真善美的东西。不论低年级还是高年级,不论短期还是长期,音乐在教学中的运用对于学生是有积极意义的。

第二节 基于"音乐创意学习中心"的课程概况

为了践行"联通儿童与世界"的办学理念,学校依托"音乐创意学习中心"这一以音乐为特色的平台,开发出众多课程,形成了独具特色的课程群,在课程开发与建设中取得了累累硕果。

---

① 教育部. 全日制义务教育语文课程标准[EB/OL]. http://www. moe. gov. cn/srcsite/A26/s8001/201112/t20111228_167340.html. 2011－12－28/2021－06－17.
② 惠特曼. 惠特曼诗选[M]. 李视岐,译注. 太原:北岳文艺出版社,1988:145.

一、基于"音乐创意学习中心"的课程体系

(一)课程理念

依托学校"联通儿童与世界"的办学理念,学校"音乐创意学习中心"确立了"以发展音乐素养为根本,培育放眼世界、具创新精神的现代中国人"的课程目标。

1. 爱音乐

重视学生音乐兴趣和音乐欣赏的培养,通过创设环境、改进方法,让学生在玩中爱上音乐。

2. 会表演

重视学生的音乐实践活动,让学生在学校"一体两翼"的课程群中学习、训练,设计不同层次、环境、课程,并保证每个学生都有充分表演的机会,在音乐实践中学会表演。

3. 能创编

重视学生结合校园、家庭、社会生活创编童谣、歌舞短剧,指导学生学会欣赏自然界的音乐,用植物的叶子、生活用品制作乐器或演奏,创编表达真实情感的音乐。

(二)课程建设目标

1. 丰富学校音乐课程,形成"1+X"与"1＊X"两个课程群

加强以音乐为本体的学校课程群建设,做好做强学校音乐特色品牌课程"小蚂蚁儿童歌舞剧"与各学科融合的课程群建设。

2. 促进音乐教学形式转变

改变过去的音乐课过于强调音乐本位,由较多的专业知识传授和技能训练组成的模式,回归核心素养,引导学生培养兴趣、提高审美能力。充分营造音乐环境,发挥信息技术在音乐教学中的促进作用,让教学形式更加丰富,满足更多学生的音乐欣赏和音乐实践需求。

3. 音乐学习方式发生根本性改革,提升学生音乐素养

不断建设、调整、丰富和完善学校已有的音乐教学环境、课程,通过"音乐创意学习中心"的环境设置和"1+X""1＊X"两个课程群的建设来培养和满足学生对音乐学习的兴趣,提高艺术的审美力,丰富音乐实践活动的形式、感悟和体验。

4. 音乐团队建设得到极大加强,提高教师音乐水平

为了健全和完善"音乐创意学习中心""1+X"与"1＊X"两个课程群,学校努力打造了三支队伍。一是形成一支热爱音乐、了解艺术,在学科教学中渗透艺术教育,结合学科特点有机整合歌舞剧的知识能力,能用艺术教育影响和培育学生的成长的教师队

伍;二是形成一支能够组织、指导、编排学生学习儿童歌舞剧的专业音乐教师队伍;三是形成一支稳定的、由专业人员组成的、能够直接指导和训练学生学习儿童歌舞剧的客席专家教师队伍。

(三)课程框架

天山第一小学的音乐教育主要空间是"音乐创意学习中心",其课程框架是"一体两翼",即"1+X"与"1 * X"两个课程群。

"1+X"课程群中的"1"指音乐本体,"X"是指围绕音乐本体的学校音乐教育的多个课程。

"1 * X"课程群的"1"是指天山第一小学的音乐品牌课程"小蚂蚁儿童歌舞剧","X"是指语数英等各学科的音乐和儿童歌舞剧的元素,通过课程整合而形成的课程群。

"1+X"课程群是学校音乐教育的主体课程,重在落实小学音乐课程目标要求;"1 * X"课程群是"一体"的一个部分,重在满足学生音乐个性化学习,体现德育教育艺术化,形成学校音乐课程的特色和品牌。两个课程群既是相互融合的更是相互促进的。

课题组针对"音乐创意学习中心"的课程设计了相关问卷。调查结果显示,98.96%的教师表示,"音乐创意学习中心"课程满足学生个性化学习需求,说明中心的课程遵循多元化的原则,有助于学生的全面发展。

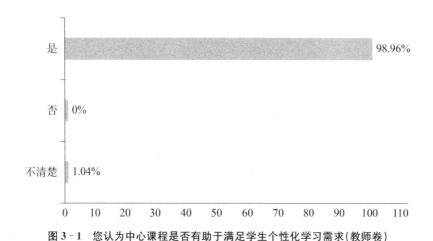

图 3-1　您认为中心课程是否有助于满足学生个性化学习需求(教师卷)

（四）课程设计与开发

1. "1＋X"课程群

以小学音乐课标的课程定位,围绕学生的音乐学习兴趣、艺术审美力和"听、动、唱、演、赏、创"的艺术实践,对音乐课程进行以校为本的开发;对学校已有的"小小歌唱家""小小舞蹈家""小小故事家""小小音乐鉴赏家""小小戏剧家""小蚂蚁儿童歌舞剧"等活动,围绕课程标准的要求,进行教学内容和方法的调整。

2. "1 * X"课程群

在学校音乐课程、音乐教师的要求下,语数英美等学科挖掘各自学科中的"小蚂蚁儿童歌舞剧"元素,进行深度融合。如:语文学科的《怎么表演课本剧》、数学学科的《找规律》、英文儿歌、童谣、体育课的"韵律操"、美术课的"设计服装""制作舞台道具"等。

题为"你喜欢'音乐创意学习中心'开设的课程(包括京剧、手风琴等)吗"的问卷结果显示,超过 95％的学生表示喜欢"音乐创意学习中心"开设的课程,说明课程的开发充分基于学生的兴趣与爱好。

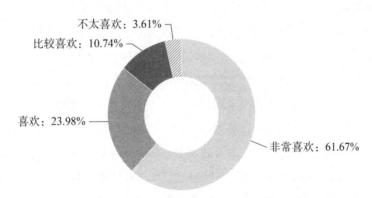

图 3－2　你喜欢中心开设的课程(包括京剧、手风琴等)吗(学生卷)

（五）课程实施创意

依据大卫·库伯(David kolb)的学习圈理论的基本观点,即:学习的起点或知识的获取首先是来自人们的经验,"音乐创意学习中心"用多种方式让学生通过直接经验或间接经验来感受、感知艺术的魅力。学生可以在"音乐创意学习中心"的"音乐之声""音乐之廊""音乐之盒"中,通过看一看、演一演、编一编、说一说、画一画、唱一唱、跳一跳、做一做、奏一奏、吹一吹、拉一拉、秀一秀等不同的创意方式,激发学生学习的多样性和灵动性。

"音乐创意学习中心"的课程实施方式是多样的。依据学习圈理论,学生通过对音乐的外在感知和内在思考,其音乐学习经验得到了不断的领悟和改进,他们的音乐知识也在此过程中不断地循环增长。

鞠家一同学家长肯定了"音乐创意学习中心"的课程实施效果:

> 在天一小学的"音乐创意学习中心"设立后,我们都感到非常幸运,在就读的学校里就能有这样场地和师资,给孩子提供学习和体验的机会。她积极报名,参加了"音乐创意学习中心"的多项课程和体验活动。在老师的带领下,借助中心的多媒体平台设施和信息化设备,进一步增长了音乐方面的知识,接触到了更多的乐器,为她的音乐之路打开了一扇奇妙之窗。

> ——鞠家一同学家长

二、基于"音乐创意学习中心"的特色拓展课程

学校在制订未来五年发展规划中确立了"联通儿童与世界"的办学理念。围绕办学理念确立了学校的办学目标是"在未来五年里将建成一所师生生命成长、快乐学习的园地,积极探索并打造课程品牌、教学品位,彰显鲜明文化特色和教育国际化品质的学校"。在"阳光生长,智慧前行"的校训的指引下,学校全面贯彻落实党和国家的教育方针、上海市中长期教育改革和发展规划纲要以及上海市基础教育工作会议精神,深入实施素质教育,深化教育教学改革,以切实减轻学生过重的课业负担,促进学生身心健康发展为目标,把"阳光与智慧"教育融入学校拓展课程教育教学的全过程。

自2009年长宁区教育局提出了"快乐拓展日"课程活动之后,天一小学以"Bright,给孩子一个快乐童年"为行动口号,开展了一系列以"优化课程、减负增效、快乐成长"为主题的快乐拓展日活动。并且在几年的实践探究中开发了各类拓展型课程,为学生提供了更多系统化、多元化的课程。学校选择将每周三作为无作业日,即周三快乐拓展日。当日不安排任何形式的作业,特别是每周三下午尝试语、数、英学科之外的非基础性课程的多元课程,用愉快轻松多样的教学形式、符合学生生理心理特点的教学内容,吸引每一个孩子,让学生在玩中学、学中乐,尽最大努力减轻学生负担,缓解"恐学"情绪,发展学生个性。

在主题式、体验式、探究式的阳光课程学习活动中,学校开设各类适合孩子的课程,让他们通过网络报名自主选择,在减轻学生过重课业负担的同时,促进学生快乐学

习,快乐成长,并逐步融入其它的学习日活动中。

(一) 课程目标

1. 学生培养目标

（1）培养学生通过网络自主选课选择自己喜欢的课程,在教师引导下自主学习,开发学生各种潜能,激发学生的学习兴趣。

（2）培养学生探究和创新意识,与他人、团队合作精神,坚持不懈、持之以恒的学习态度。

（3）培养学生运用所学到的各类知识解决实际问题,并学会简单地描述、表达、交流、展示。

2. 教师培养目标

（1）激发教师利用自身特长,开发各类适合教师自身、学生特点的课程与教材。

（2）通过各类培训、专家指导、行政监督,提升教师综合素养。

（3）归纳总结各课程的特色文本编写,课程特色成果收集整理,制作特色课程绘本。

图 3-3　学校书法特色课程

(二) 课程类别

学校围绕"联通儿童与世界"办学理念,以培养学生的学习力、创造力、协作能力为目标,开设了"Bright,给孩子一个快乐童年"的校园主题实践活动,编制各类课程计划,开发了多元课程资源,优化课程结构。

通过各类"快乐拓展"课程系列活动,转变教与学的方式,有效地拓展课程资源。在体现"阳光智慧"主题式校园实践活动和自主拓展型课程中,学校有效地设计各课程方案,使学生体验在快乐中学习,并在常态化的课程计划中增强师资,提高教师和学生的综合素养,从而促进学生个性化发展。学校坚持"学生发展为本",教学面向全体学生,关注学生个体的健康发展,让天一小学的每一个孩子都能根据自己的爱好自主选择选修课程。教学注重学科素养的培养。体验式的实践活动课程主要分为以下两类。

1. 校园主题式阳光基础课程

校园主题实践活动课程,将社会实践活动与拓展型课程(德育主题教育课)整合起来,走出校园,放宽视野,参与实践,体验快乐活动。学做人与德育教育、行为规范教育相整合,在参观体验过程中,组织学生乘坐地铁,体验不同场合不同礼仪的实际运用,在实践活动中教会学生讲文明守规范,做一个讲文明有责任的社会人。

2. 周三快乐拓展日活动课程

在"快乐拓展日"下午开设了许多拓展型课程,为学生的个性充分发展提供了基本条件和创设了多种途径。让学生通过自主性拓展课程的学习,拓展人文、科技、艺术、体育、语言五大类学科的基础知识,提高基本技能,形成选择学习、自我规划和自主学习的能力;使学生掌握收集、处理和运用信息的能力,运用知识解决问题的能力,表达、交流和合作的能力;发展学生的兴趣爱好,为其终身可持续发展奠定个性化的基础。

图 3-4 手风琴拓展课程

课题组设计了相关问卷调查学生对拓展课程的喜爱度。调查结果显示,84.07%的学生表示非常喜欢学校的"快乐拓展日"课程,说明拓展课程的设计充分基于学生的兴趣,满足学生的个性发展需求。

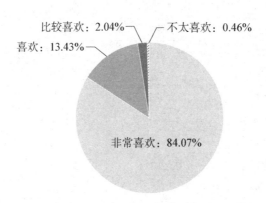

图 3-5 你喜欢每周三下午"快乐拓展日"课程吗(学生卷)

(三) 课程安排

学校根据现有的师资情况,在每周三下午自主开设了近 40 门课程:

表 3-1 2023 学年度第一学期天一小学拓展课程安排

年级	类别	课程	教师	教室安排
一年级课程	科技	拼图	张丹宁	一1班
	科技	梦想中的生活乐园	王梅	一2班
	体锻	小骑士击剑	外聘/邵君旖	一3班
	体锻	黑白世界	高凌云	一4班
	体锻	国际象棋	外聘/刘琳琳	一5班
	艺术	创意泥塑	孙波	一6班
	艺术	玩唱诗词	李晨	一7班
二年级课程	体锻	篮球小达人	李伟	二1班+操场
	人文	小小点心师	吴德钊/戴锦	四6班
	人文	小蚂蚁大师团	陈中珣	二2班
	人文	小小故事家	袁瑛	二5班
	体锻	探索足球奥秘	王嘉麒	二4班+操场

年级	类别	课程	教师	教室安排
	艺术	电子琴	陆霖	三楼电子琴教室
	艺术	小小歌唱家	宗琪雨	合唱教室
	艺术	漫画童年	张诗玥	二3班
三年级课程	科技	创客星球	夏蓟蔚	二7班
	体锻	武术	黄志涛	三5＋操场
	体锻	心语星愿	李芸	二6班
	艺术	小小号	外聘/赵臻	四4班＋地下室
	艺术	小小鼓	董陈	四5班＋地下室
	体锻	排球抛抛乐	高佳妮	三1＋排球场
	体锻	乒乓	孔伟冠	三2＋乒乓球室
	艺术	电脑绘画社	郑莉	项目活动室
	艺术	小小舞蹈家	郭颖	舞蹈房
四年级	艺术	创意想象画	高静娴	三3班
	体锻	足球小先生	陆剑锋	三6班＋操场
	艺术	小蚂蚁阳光乐享屋	邢灵燕	演播室戏剧教室
	艺术（劳动）	服装设计	外聘/顾勤洁	美术室1
	艺术（劳动）	木质机械	外聘/顾忆慧	四1班
	人文（劳动）	图书管理	沈亦骏	共享书院
	艺术	海派书法	张懿	书法室
	科技（劳动）	趣味种植小达人	朱雪瑾	P3实验室＋种植园
五年级课程	艺术	创意速写	吕宁	三7班
	艺术	葫芦丝	外聘/薛少军	4楼徽室
	艺术（劳动）	十字绣	韩惟瑜	四7班
	科技（艺术）	奇幻装备	外聘/乐可玮	美术室2
	科技	车辆的奥秘	王译	五6班
	科技	机器人制作	赵宇滨	四2班
	科技	模动时代	王诚	四3班
	体锻	棋牌游戏	施威	五5班
一至五年级	体锻	国际象棋	外聘	三4班

（四）课程原则

1. 选择性原则

通过多元课程的开设,让学生有更多的选择空间,满足学生更多的兴趣学习需要。

2. 激励性原则

（1）全面综合考虑将参与负责指导纳入教师绩效工资,鼓励教师多劳多得,优绩优酬。

（2）通过学校微信公众号、定期展演等形式激励教师与学生在课程实施过程中充分发挥主动性。

3. 整合性原则

广泛争取家长、社会、社区资源的支持,为学生提供更加丰富、更加适合学生成长的活动课程。

4. 广泛受益原则

全校学生全覆盖,学生自主报名,通过五年的选修课程,使学生在艺术、科技、劳动等不同领域获得长足的进步。

5. 溢出效应原则

学校快乐＋的特色课程,要进一步产生溢出效应,能够为快乐＋校际共同体的课程分享提供支持,使区域内更多的学生实现"乐＋学习"。

图 3－6　拓展课程"西郊农民画"

（五）课程评价

1. 过程性评价

（1）由专门负责科研的领导教师不定期在不通知的情况下听课、评课，予以指导评价。

（2）通过中期课程微视频、作品展示等方式丰富过程性评价。

2. 学期末课程特色展示评价

在每学期开始由课程教师提出课程特色汇报方案，期中进行自我调整，期末选择适合自己课程特色的展示方式汇报自己的课程成果。

3. 学生问卷调查

期末采取学生问卷调查，了解学生对课程的适应度、喜欢度，并及时判断出每门课程的可实施度，便于课程教学部对所有课程进行筛选调整。

图 3-7　足球拓展课程

（六）课程管理

1. 学校课程管理小组

学校课程管理小组对课程实施进行管理。通过听课、听取学生的反馈意见、检查课程开发与建设的情况、教学目标的达成程度和教学安排等手段给教师作出一定的评价。

图 3 - 8　拓展课程"小骑士击剑"

2．教师管理与培训

（1）拓展型课程教师开学初递交本课程实施方案，方案中需告知本课程展示、汇报形式，学校根据教师方案安排展示、交流；

（2）每月一次拓展型课程教师例会，交流实施心得或好的做法；针对实施中存在的问题进行指导等。

3．评价管理机制

（1）教师评价

对教师评价主要依据计划完成记录、备课情况、学生反馈效果、工作态度等。通过问卷调查、座谈、个别调查等方法了解学生对教师的评价，并以此了解学生的需求，以不断提高拓展型课程的质量，使之更加适应学生发展的需要。

（2）学生评价

对学生的评价主要依据授课教师的记录数据，包括学生出勤情况、学生参与热情、团队合作意识、能力锻炼、学习体会以及测试等第。另外从学生学习小组的记录评价每个学生，包括团结合作精神、独立处理问题的能力、学习态度和学习效果等方面。

4．课程管理相关资料积累

（1）每学期结束前，各任课老师上交 1 份案例、课程实施教案、课程实施有关照片、学生评价情况表等。

（2）学校对拓展型课程进行学生问卷调查。

第三节　基于"音乐创意学习中心"的学科融合

为顺应公办学校国际化教育的学校定位，"音乐创意学习中心"尝试超越学科边界，走出单科独进式的封闭学习系统，打破各学科之间的藩篱，探索学科融合的教学模式。

一、音乐与语文的融合

当前，"大语文"教学观逐步得到教师们的普遍认可，语文的学科本位主义逐渐被打破，语文课堂与其他学科之间的融合渗透得到了进一步的重视。小学语文与音乐学科都强调对语言文字的审美体验，在低年级的汉字音节、中年级的语气语调、高年级的语句情感基调的训练中，音乐元素的融入能有效地营造语文课堂的情感氛围，对学生的语文阅读、欣赏与情感体验大有裨益。天一小学致力于推进语文与音乐的跨学科整合，以期提高学生的语文学习效率，让其在音乐的衬托下感受语文之美。

（一）以音乐导入教学，营造情境氛围

教学活动依赖于一定的情境氛围。情境教学创始人李吉林说过："音乐是一种抒情性极强的艺术形式。它通过乐曲中力度的强弱、旋律的起伏变化，以及节奏的抑扬顿挫，用直感的方式，使人获得比其他艺术形式更为直接、更为丰富、更为生动的感受。"[①]课前的两三分钟的教学导入，铺垫了整节课堂的氛围基调，或欢快明朗，或婉转低沉，或情绪高亢，学生在音乐的烘托下迅速进入课堂情境氛围，更好地与课文、与作品对话。

通过导入与课文主题相近的歌曲，吸引学生的注意力，从听觉和视觉两个方面给予学生美好的感官刺激，让其很快就进入了课文情境之中，为更好地学习课文作了铺垫。在导入的音乐素材选择上，需要注意两方面：一是内容主题的贴近性。歌曲中所歌唱的事物应与课文中所描述的内容相同或相近，如以《小燕子》作为课文《燕子》的导入音乐，恰到好处，歌曲中所歌唱的燕子与课文中的燕子相互呼应。二是情感氛围的协调性。歌曲的意境、歌曲的思想情感应与课文的意境和思想情感相互衬托，营造美好的意境。如语文三年级上册《大自然的声音》这篇课文中，以自然的声音为意境，清静、悦耳，其自然之物语与音乐课本中《森林的歌声》不谋而合，将后者作为音乐导入素

---

① 严翠萍.浅谈音乐与小学低年级语文教学的整合应用[J].基础教育参考,2018(1):76—77.

材,营造了适切的课堂氛围。

　　《秋天》是部编版小学语文一年级上册的一篇写景散文。秋景如诗如画,教学中若有音乐的加持必定给人更美的享受。我首先想到了理查德·克莱德曼的经典曲目《秋日私语》。在引入这篇课文时,我制作了微视频。在播放《秋日私语》这首曲子和一系列秋景图时,我向学生娓娓道来:秋天是多彩的季节!看,金黄的银杏树叶,火红的枫叶,给大地增添了色彩。秋天也是收获的季节,一望无际的稻田,硕果累累的果树,给人们送上了一幅幅美丽的秋景图……随着温馨烂漫的音乐声在教室里回旋,孩子们躁动的心也随着音乐变得平静,目不转睛地沉浸在其中。美妙的音乐、秋景图片的视觉冲击、教师的语言引导,使学生仿佛一下子就来到了秋天的田野,置身于美丽的秋日中,感知了秋天的美好,使他们迅速融入到《秋天》的学习中。

　　　　　　　　　　——语文教师　盛玲玲《浅谈音乐与小学低年级语文教学的融合》

(二) 以音乐衬托阅读,强化朗诵体验

　　增强学生的朗读体验是保证阅读教学效果的前提和基础,也是教学难点。传统的阅读教学组织形式枯燥乏味,学生兴致不高,将音乐适时适当地融入到阅读教学中,给了学生更好的阅读体验。

　　1. 在音乐衬托下激发阅读兴趣

　　阅读是小学语文课堂教学的主要内容以及重要组织形式,传统的阅读方式很难调动学生的阅读兴致,要想让学生喜欢读,就要创新阅读方式,就要让阅读符合小学生的兴趣爱好和学习心理。比如二年级《树之歌》:"杨树高,榕树壮,梧桐树叶像手掌。枫树秋天叶儿红,松柏四季披绿装。……金桂开花满院香。"这首儿歌极具韵律感,教师根据音乐教材中音乐游戏《唱唱拍拍》进行音乐韵律节奏游戏,看哪个小组能够根据教师打击的节奏型来读《树之歌》。将音乐游戏融入阅读教学,学生跟着教师用手拍打桌子,再根据节拍唱读课文,感觉趣味无穷。一个个小组跃跃欲试,趣味横生。此外,在教师示范朗读,学生示范阅读的过程中,教师用与课文内容相匹配的背景乐进行配乐,营造了别有情趣的朗读环境,学生在背景乐下的朗读感觉更加悦耳动听,阅读兴趣高涨。

　　2. 在音乐帮助下提高阅读记忆

　　古诗背诵让很多小学生感到十分苦恼,机械的阅读和记忆,学生感觉枯燥乏味,记忆效果也不尽如人意。所谓"诗歌"者,意思是诗即是歌,用歌来唱诗。古人以歌唱的方式吟诗,诗与歌本是一家,中国古代诗歌一开始便与音乐结下了不解之缘。《尚书》中有言:"诗言志,歌咏言,声依永,律和声。"[①]在古诗词阅读教学中融入歌唱教学方法,以古诗新唱的方式以唱代读,学生倍感新奇同时又朗朗上口、记忆犹新。语文教材中,很多诗歌适合歌唱,其中很多被改编成现代歌曲,教师采用歌唱教学法进行诗歌诵读,能加强学生的记忆。如《长相思》《乡村四月》《春夜喜雨》等诗,网络上有以本诗改编的歌曲,在课堂上进行播放学唱,很快就实现了对本诗的识记。对于网络上没有现成改编演唱版本的古诗,语文教师与学校音乐教师进行协同备课,进行原创性改编。学生在课后吟唱,更进一步强化了对诗歌的记忆。

(三) 以音乐辅助鉴赏,促进审美感受

语文与音乐都注重审美,阅读中美妙的语句、动听的旋律、错落有致的语调都具有音乐的美感。在课文意境的塑造过程中,音乐具有独特而神奇的作用。语文课堂中的审美教育,就是让学生在情感化诵读过程中,体会文本的意境,抓住文本的语言美、意境美和情感美。音乐具有神奇的功效,通过旋律的烘托、意境的渲染,营造美的课堂情境,帮助学生更好地品味课文,走进课文,感受文本之美。[②] 如五年级下册《高山流水》这篇文言文的阅读教学,教师在教学之前让学生闭目养神,播放《高山流水》这首乐曲,在动人的乐曲中,学生感觉或置身于巍峨高山之巅,俯瞰宇宙之浩渺;或置身于幽静峡谷,倾听清泉之淅沥,仿佛看到云深之处的伯牙与钟子期鼓琴拨弦,知音难遇。以倾听音乐之美,产生通感,继而体会课文意境之美,身临其境而久久不能自拔。在倾听音乐之后,教师问学生:"你听到了什么,看到了什么?"学生尽情抒发自己的感受:"仿佛听到了世外高人在仙境般的深山溪流边,抚着琴,唱着歌。""仿佛自己长了一对翅膀,跟随着琴声,飞越大河和高山⋯⋯"

(四) 以音乐渲染情感,突出思想情感

感人心者莫先乎情,情动而辞发。语文的阅读教学,要让学生领会和理解课文中蕴含的思想情感,受到教育与启发。环境具有重要的育人功能,课堂情境对学生的情感体验具有重要作用。运用情绪饱满的音乐,来刺激学生的听觉,强化学生的听觉感受,产生与音乐情绪相衬的情绪,更好地与课文的主题思想交融,让学生产生代入感与

---

① 游明. 师生互动唱响诗词教学——用古诗新唱法进行诗词教学[J]. 素质教育,2013(3):11.
② 陆晓燕. 汲音乐之泉,浇语文之花——小学语文与音乐学科有效整合的实践与探索[J]. 考试周刊,2010(45):52—53.

文本对话,这有利于加强学生对课文的主题思想的理解和感受,更好地发挥其立德树人的德育价值。①

如《少年中国说》这篇课文,气势雄浑,情感激荡,表达了对祖国的热爱、对中国少年的殷切希望以及对祖国富强的坚定信念。课文用大量的排比、比喻以及对偶的修辞,具有雄浑的气势以及热烈的情感。用《钢铁洪流进行曲》作为课文的配乐,高亢而热烈的背景乐一下将雄浑的气势、真挚的情感激荡起来。学生在诵读的过程中,不自觉地拔高了音调、沸腾了热血,每一个字、每一句话都发自内心,都融入了自己的真情实感,为少年中国之壮美、与天不老的信念而高歌。"美哉,我少年中国,与天不老! 壮哉,我中国少年,与国无疆!"学生在高亢的齐读中,内心受到强烈的震撼,为身为一名中国少年而自豪。

《七律·长征》这首红色革命诗歌充满着革命浪漫主义情感,充满着对红军战士的敬畏与歌颂之情。将歌曲《红军不怕远征难》引入本诗的教学,情绪高亢、热情歌颂的曲调,渲染出情感化的课堂氛围,学生的内心无不被歌曲所牵引和震撼。透过歌曲画面,学生感受到红军长征过程中翻雪山、过草地的千辛万苦,面对敌人的围追堵截以及恶劣自然环境的考验后,英雄的红军依然岿然不动,依然保持着革命的乐观,这是多么伟大的队伍,这是多么壮美的情感! 在音乐的烘托下,学生感受到诗歌的思想情感,内心激发起对英雄的红军的热爱、对共产党的热爱、对伟大祖国的热爱。

图 3-9 语文公开课

---

① 蔡丽金.构筑小学语文词语朗读格式的绘画美与音乐美[J].福建教育学院学报,2017(8):51—52.

语文与音乐具有天然的互补性和兼容性。天一小学的语文教师将音乐元素巧妙地渗透融入语文课堂中进行情境创设和氛围营造,让学生在音乐的陪伴下更好地学习语言文字,感受语文之美,尝试进行语文与音乐教研组的共同备课,倾听音乐教师的意见与指导,优化语文的备课与教学设计,让语文课堂中跳动动人的音符,在语文课堂中开满音乐之花。

二、音乐与数学的融合

音乐是一种艺术,它蕴含丰富的情感,可以使人亢奋,激起斗志,也可以开拓思维,探索未知。数学充满了理性的思维,但是程序化的思想中也包含着大量的逻辑艺术。将音乐元素融入数学教学,不仅可以让学生产生耳目一新之感,更能触发学生的思维,引发学生无尽的想象。

(一)音乐与数学的结合,开发学生的数学思维

小学阶段的学习,主要以开发学生的智力与认知能力为主。而这个阶段的学生,年龄小、缺乏自律性,因此难以对枯燥的课堂保持兴趣。为了改变学生的这种被动学习状态,天一小学通过引入音乐辅助教学的方式来改变现状。

1. 利用音乐辅助教学提升学生知识的感悟能力

音乐是一种艺术,它具有感性的特点,包含着强烈的情感。音乐与数学表面上看似毫无关联,其实它们有着千丝万缕的联系。与音乐相比,数学也是一种艺术,但不同于音乐的是,它更多的是逻辑思维方面的艺术。通过严谨的推算,环环相扣的逻辑来得到最终的结论。但是数学与音乐的相同点在于,它们都是一种思想,探索的过程都需要进行创造性的感悟。而音乐是可以激起学生思维的钥匙,通过不断变化的音符与旋律,将杂乱无章的数学思维变得条理清晰。①

2. 音乐的使用使学生积极思考,开发思维

音乐常常让人联想到创造,艺术性的思维包含的往往是大量的感情。而隐藏在优美旋律背后的,却是近乎苛刻的严谨。音符经过有序排列与组合,最终才能形成优美的音乐,而其中微小的差别都将严重影响曲子的旋律。这与数学何其相似——严谨却不失创造性,感性却伴随着井井有条。结合音乐进行数学教育,可以很好地开发学生思维,通过不断活跃思维,来进行数学的创造。

---

① 黄祥豪. 新课程背景下小学数学快乐教学的策略[J]. 华夏教师,2015(9):74—75.

课题组设计了题为"您认为音乐创意学习中心能否培养学生的创新精神"的问卷题目,96.88%的教师认同音乐创意学习中心可以培养学生的创新精神。

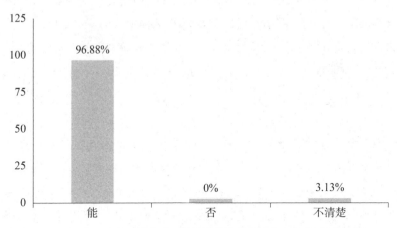

图 3 - 10　您认为音乐创意学习中心能否培养学生的创新精神(教师卷)

3. 利用音乐的可塑性与联动性完善知识构建

在课堂教学中,教师常常形容学习的内容为知识点,是非常形象且具体的。学生所学习的每一个知识点都是孤立的,难以在大脑中形成有效的知识网络,从而导致在应用知识的过程中,难以有效地调用思维。而这种情况就是学生没有构成完善的知识网络体系。但是音乐的发散性与感悟性,可以激发起小学生对知识的联想,帮助他们构建起相应的知识网络,使他们对数学知识掌握得更为牢固。[①]

(二) 利用音乐进行教学,促进学生各方面能力全面发展

数学的学习,不仅仅是智力方面的开发,同时还有各方面能力的培养。思维能力的养成与数学素养的提升都关系到今后学生在数学学习道路上的成长。

1. 音乐的应用为学生营造有利的心理环境

数学的学习往往伴随着复杂的逻辑思考,在思想不断地跟进过程中,很多学生难免会产生畏难的心理。除此之外,小学生正处于活泼好动的年纪,对任何事物都具有好奇心,因此想让他们集中注意力听讲是一件非常困难的事情,而音乐可以缓解他们躁动的情绪,营造一个和谐的学习环境,同时还可以减轻学生的学习压力,使他们保持良好的学习状态。

---

① 林碧珍. 小学数学名师抽象问题的艺术化教学[M]. 重庆:西南师范大学出版社,2010:87.

2. 利用音乐来提升学生的学习兴趣

学习是一件充满挑战的事情,很多小学生刚步入校门,对学习存在一定的紧张情绪。这种情绪会严重影响学生的学习动力,因此学习时还是要开发学生的兴趣。数学教学结合音乐来进行,可以吸引学生的注意力,弥补教学中的不足之处。

通过音乐激发学生的灵感,从而可以让学生更好地理解数学中抽象的知识。让数学变得有魅力、有意思,由此可以培养学生的数学兴趣,有了兴趣,学习自然就有了动力。

在小学学习中,学生在对有些新的教学概念、法则缺乏认识或难以理解时,或者是对抽象的和某些易混淆的数学知识难掌握的情况下,很容易对课堂失去兴趣。而将音乐元素融入数学教学,不仅可以让学生产生耳目一新之感,激发他们的学习兴趣、集中他们的注意力,更能触发学生的思维,引发学生无尽的想象。

在《大于、小于、等于》这一课中,借助生活经验,学生能够正确说出 3 大于 2 或者 2 小于 3,但是在书写时,">""<"会混淆,借助儿歌《大于、小于、等于》:"大口朝大数,尖尖朝小数。大口朝左大于号,3>2。大口朝右小于号,2<3。两边相等用等号,2=2。"帮助学生很快能形象地抓住这两个符号的特点,学会运用符号来表示两个数的大小关系。

——数学教师　高凌云

3. 通过音乐来培养学生的坚韧意志

音乐是对一个人进行思想激励的最好方式之一,慷慨激昂的音乐可以让人精神振奋,重燃斗志。数学的学习,往往都会伴随着很多失败和探索,这些过程都会对学生的信心与意志产生影响,而音乐则是消除这种影响的最好良药。

音乐与数学的结合,是一种奇妙的结合,艺术与理性的交织带给学生的不仅仅是成绩的提高,除数学之外的各方面素质也将随着欣赏音乐而提高。虽然艺术与数学是不同领域,但是其中却又有着千丝万缕的联系。

三、音乐与英语的融合

目前小学阶段的英语教学的主要问题在于强调英语语言的书面应用的过程中,对于英语语言的本质应用没有完全落实,长时间的积累导致了学生对于真实语用的挑战

图 3 - 11 趣味数学课

缺乏真实的经历。天一小学在英语教学课堂中引入音乐元素,可以提高学生的注意力,渲染轻松、快乐的教学氛围,为学生创设一个良好的学习环境,充分调动学生对英语语言这门课程的兴趣,让学生在真实的情境中感受到英语语言的美妙。

(一) 借助音乐催化学生情感

在英语教学中,为学生留下足够的时间进行朗读,能够充分调动学生的多种感官,让学生充分理解感知英语语言的灵动,因为朗读本身就是把课本中生硬的书面语言转化成有声语言的第二次创造活动。[①] 音乐主要是运用节奏、旋律来表达人类情感的,英语教学过程中语言类教材的押韵、节奏等就巧妙地借鉴了音乐的技巧,有时温柔、有时刚强,伴随着优美的音乐旋律,学生更容易投入课文朗读中去。如果只是枯燥单调的朗读很容易让学生感到厌倦,而导入音乐可以让英语课堂充满情趣、充满诗情画意,

---

① 韩赵东.英文歌曲与英语语言学习[J].济南职业学院学报,2010,4(2):21—24.

进而提高学生的学习兴趣。学生有了兴趣,自然而然会对英语这门学科倾注很大的学习热情,他们从内心深处愿意用心朗读课文,充分投入自己的情感去读,在朗读的过程中,自然领会到英语文章的整体风格、文章的主体思想,以及说话人的感情。在运用音乐时,要进行精心的选择,有些英语文章课文非常的大气磅礴,读起来好像滔滔江河;有些文章却非常柔婉含蓄,读起来好像微风细雨,天一小学的英语教师会选择和课文的节奏、旋律、风格以及情感基调相吻合的音乐感染学生,让学生充分领悟课文的内涵。在音乐声中,学生仿佛目睹了主人公的真实生存状态,从而激发其追求美好情感的勇气、更会促使学生不断地思考人生、思考社会。

(二)用音乐放飞学生的语言想象力

语言的感知是需要想象和练习的,心、情、言、声、义元素是感染学生对语言学习的关键因素。音乐实际上和语言相同,二者都具有非常广阔的想象空间与情感空间,基本上能够突破一切时空限制,放飞人们的思绪。在英语课文中,必须站在学生的角度去思考英语语言的感知。①

在英语课堂教学中,教师让学生尝试着进行音乐作文的写作,比如用钢琴曲《蓝色狂想曲》作为音乐写作材料,让学生回忆自己所有的情感体验,然后用自己的英语语言表达出这首音乐的内在寓意。实践证明学生们具有丰富的想象力,有些学生把它想象成大海风景图、在蔚蓝色的大海中有鱼儿、有洁白的帆船,还有飞翔在高空中的海鸥,动静结合、无限美丽的海上风光仿佛就在眼前。还有的学生把它想象成为一幅天空风云图,运用了大量的英语形容词来描绘晴朗的天空中云朵的不同形状与变化色彩。通过音乐作文的写作,不仅可以挖掘出学生潜藏在心灵深处的审美因子,还可以大大提高其英语语言的素养。在英语课堂的尾声,教师不时地播放相应的音乐,比如:播放英文歌曲,拉近和学生之间的心灵距离,让学生感受到集体的温暖,从而对班级产生深深的归属感、荣誉感。

(三)把握时机实现音乐与英语的融合

除了引导学生的知识摄入与合理接受问题,对于教师的教材敏锐感亦不容忽视;好的教育素材不仅能引导学生的学习兴趣,甚至还将直接影响到学生学习习惯的养成。② 因此在采集相关素材之前,教师们对学生前阶段的实际情况作全面调查和了解,对症下药,以确保在课堂上播放英语歌曲的可行性。

---

① 董菊. 多元智能理论指导下的英语教学[J]. 黑龙江教育学院学报,2009(1):4—5.
② 万伟. 插上音乐的翅膀——浅谈英语课堂音乐的融入[J]. 中国校外教育,2012,4(7):121—122.

内容多样、题材广泛的英文歌曲,尤其是流行的一部分更是集中反映了与时代紧密相连的主题。比如友谊、亲情、时尚、爱情等,这些只要是具有正面能量的素材,在针对英语教学上完全是具备"英雄用武之地"的。学生可以在这样或那样一些具备时代承载性和主题较鲜明的英语歌曲中被引发热点的共鸣和心智与情感需求。

(四) 用音乐拓展学生的视野

人们都知道,一首歌曲如果在循环播放下,久而久之自然也就能在熟悉的节拍下循着旋律随之哼唱。所以同理,一首或者多首英文歌曲在课堂这样特定的环境下被不断地播放,久而久之产生的熟悉感将对学生英语听力和语感水平都有着积极推动的作用。

英语歌曲营造学习的生活环境,许多人认为在中国的教育模式下学习英语远不如亲身亲历于外国生活环境下来得容易。这是为什么呢? 原因就只有一个,潜移默化。

图 3 - 12　英语戏剧

这是一种无知无觉,不具声响的自然改变模式。置身在一个新鲜的事物或环境中,人的行为或做事习惯与方式都会自然而然地随着现状而逐渐发生变化。那么以英文歌曲来营造语言环境,对学生而言,将知识的传授以无形之中的灌输和自然而然的养成,亦是一种"语言生活"创建。①

四、音乐与道法的融合

道德与法治课程与音乐的学科融合,是指在道德与法治教学中,打破其与音乐的学科界限,有机渗透音乐知识,更好地促进学生道德与法治水平提升的活动。新课程

---

① 王芳. 让英语教学插上音乐的翅膀[J]. 文教资料,2010,4(9):65—66.

改革非常重视学科融合。道德与法治教材本身就渗透了语文、数学、历史、地理、音乐等多个学科的知识。这非常有利于实施学科融合教学。

新课改理念要求将道德与法治课程与相关学科紧密结合,从中捕捉、挖掘鲜活的素材,充实本课程的教学过程。在道德与法治教学中,适时、适当地引用与教材内容相关的音乐知识,可激发学生兴趣,活跃课堂气氛,充实学习内容,让学生快乐学习、享受学习,对提高教学效果起到事半功倍的作用。

(一)音乐引路,激发学习兴趣,增强学习动力

我国古代教育家孔子说过,"知之者不如好之者,好之者不如乐之者。"瑞士儿童心理学家皮亚杰也说过,"所有智力方面的工作,都要依赖于兴趣。"强烈的学习兴趣和积极的思维活动是课堂教学成功的关键,而独特的、富有启发性和感染力的新课导入,可有效激发学生的学习兴趣。所以,在道德与法治课堂教学中,教师应当在了解学生心理特点、深入钻研教学内容、准确把握教学目标的基础上,精心设计新课导入方法,通过启发性的语言或先声夺人、引人入胜的活动来激发学生的学习欲望。必要时,可通过音乐欣赏、视频展示、课本剧表演等学科融合活动营造学习氛围,激发学习兴趣,导入新课学习。《父母多爱我》(三年级上册)引导学生回味、体验父母对自己深深的、无私的爱,培养学生的感恩意识、报恩意识。

教学中,天一小学的老师以一曲《世上只有妈妈好》导入。熟悉的旋律和歌词,一下子引起了学生的注意。他们先是打起节拍,接着便齐声高唱。一曲放完,老师问大家:"这是哪首歌呢?"大家异口同声:"这是《世上只有妈妈好》。"老师又提问:"听了这首歌,你们想到了什么呢?"他们争先恐后地回答:"听了这首歌,我想到了自己的妈妈!""听了这首歌,我想到了有妈的孩子真幸福!"……老师顺势导入:"大家说得对! 其实,不管是妈妈还是爸爸,他们都很爱我们! 今天,我们就来学习《父母多爱我》吧!"并板书:10. 父母多爱我。这样的新课导入,一下子吊起了学生的胃口,激发了他们的学习兴趣,真可谓是先声夺人、水到渠成。

(二)音乐助力,渲染学习气氛,强化学生感知

道德与法治课具有说理性、逻辑性强的优点,又存在活泼不足、偏于说教的缺点。这一缺点,往往使得课堂教学显得呆板、沉闷,不利于营造生动活泼的学习环境,不利于激发学生的学习积极性。而音乐学科独特的灵动性和超强的感染力,则可以弥补道德与法治课的上述缺点，使学生可以更加积极主动地参与到课堂活动中。所以，在道德与法治课堂教学中，应相继引入音乐知识，实现道德与法治教学与音乐学科的融合，以活跃课堂学习氛围，帮助学生产生思维活力，强化课堂感知，深化情感体验。

《走近我们的老师》(三年级上册)引导学生了解教师工作的辛苦，引导他们正确对待教师表扬与批评，培养他们热爱教师、尊敬教师的情感。教学中，在学习了"我和老师的故事"后，老师请两位同学分别讲了发生在自己和教师之间的故事，然后启发大家："两位同学所讲的故事，很好地表现了他们对老师的无限热爱和无比尊敬。现在，请大家用一首歌来表达自己对老师的深情吧！大家选哪一首呢?"大多数学生选择了《我爱米兰》。于是，老师请大家齐唱这首歌。

悠扬、嘹亮的歌声在教室里响起，并在校园里久久地回荡。歌中那动人的旋律、深情的歌词，使课堂学习气氛得到很好的烘托和渲染，学生对教师的感情也得到了进一步深化，他们学习的劲头也更足了。

(三) 音乐烘托，升华学生情感，优化教学效果

课堂总结是课堂教学的重要环节，它通过师生共同总结，回顾课堂学习内容、学习方法和情感体验，从多角度、多层次促进学生形成良好的道德品质，有画龙点睛的作用。成功的课堂总结，有利于实现书本知识与生活知识的融会贯通，有利于实现知识与能力的适时转化，有利于实现知识提升与情感升华的共同达成。在道德与法治课堂教学中，老师通过歌曲演唱、播放背景音乐等形式，配合进行课堂总结，可启迪学生智慧，强化审美感知，陶冶高尚情操，更好地提升学生的情感体验。

《中华民族一家亲》(五年级上册)介绍了我们伟大祖国是由56个兄弟民族组成的大家庭，每个民族互相尊重、守望相助，谁也离不开谁。课前，老师请音乐教师利用音乐课教唱了歌曲《爱我中华》。课堂总结时，老师启发同学们："我们刚学过一首歌唱祖国、歌颂民族团结互助大家庭的歌曲，大家知道是哪首歌吗?"大家异口同声回答："这首歌是《爱我中华》!""是的！现在，就请大家一起来高歌一曲吧!"老师话音刚落，铿锵有力、嘹亮雄壮的歌声应声而起："五十六个民族，五十六枝花，五十六族兄弟姐妹是一家。五十六种语言，汇成一句话，爱我中华！爱我中华！爱我中华!"这一课的学习就在学生这声情并茂、高亢悠扬的歌声中圆满结束了。通过本节课的学习,培养了学生的多民族国家意识和民族团结互助精神。

奥苏贝尔提倡有意义的学习,即在新知识与学习者认知结构中已有的适当概念之间建立非人为的实质性联系。高效、高质量的学科融合学习,必定是这种有意义的学习。在小学道德与法治教学中,运用学生已有的音乐知识开拓思维、丰富体验、升华情感,是优化课堂教学、提升学生道德与法治水平的需要,是培养学生审美能力的需要,更是促进学生形成良好的人生观、世界观和价值观的需要。

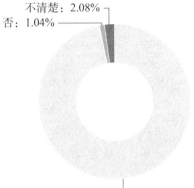

不清楚:2.08%
否:1.04%
是:96.88%

图 3 - 13　在语数英中融入音乐元素是否有助于改善教学效果(教师卷)

课题组针对学科融合教学情况设计了相关问卷。问卷结果显示,96.88%的教师认为在语、数、英等课程中融入音乐元素有助于改善教学效果,说明"乐"融五育的教学改革已在天一小学初显成效。

第四节　基于"音乐创意学习中心"的教学评价

近十几年来,我国的课程改革取得了很大的进展,教学评价体制也得到了相应的发展。教学评价是涉及课程改革全局的重要问题。建立科学合理的评价体制既是课程不可缺少的组成部分,又是促进课程发展的必要保障。天一小学顺应时代的要求,根据学校的实际情况,积极建立和完善了具有本校特色的教学评价方式。

一、"音乐创意学习中心"的教学评价方式

评价在课程教学中具有促进和导向功能,"音乐创意学习中心"的课程评价方式多种多样,根据评价对象的不同,可分为教师评价、学生评价、专家评价和家长评价。

(一)教师评价

教师评价是"音乐创意学习中心"课程评价中的一个至关重要的组成部分。著名的课程评价专家拉尔夫·泰勒(Ralph W. Tyler)认为,教师在教学中发挥了主导作用,

在评价中同样应该占据主导地位。[1] 教师最清楚课程在落实过程中所出现的偏差与问题,因此,教师通过参与课程评价,可为课程改进提出切实可行的建议,从而推动课程的发展与完善。

"音乐创意学习中心"课程的教师评价主要包括两个方面:教师自评和教师互评。

1. 教师自主式评价

课程的教师自主式评价,简单地说,就是课程的任课教师根据课程的上课情况,对课程进行评价。"音乐创意学习中心"课程的教师自评主要是通过课间追记、课后反思、撰写教案和量表评价等方式进行的。

2. 教师交互式评价

教师对所任课程的自评能解决部分问题。但是,一名教师教授一门课程,作为课程教学的"当局者",不一定能及时发现课程教学中存在的所有问题,从而进行相应的改进。因此,教师间相互听课,相互评价成为弥补教师课程自我评价不足与缺憾的重要手段。

"音乐创意学习中心"不同课程的任课教师经常开展公开课,让其他教师通过听课提出课程存在的问题与不足,参与到自己课程的建设与改进中来。其他教师的意见与建议往往具有启发性。教师之间进行交互式的课程评价,不仅对课程的完善大有裨益,而且还能促进老师间的交流沟通,提高教师的专业素质,促进教师的专业发展。

(二)学生评价

如果说教师在课程教学中发挥着主导作用,那么学生毫无疑问处在了课程教学中的中心地位。不仅课程的实施离不开学生,从本质上说,教育的一切最终都要回归于学生。离开学生,教育就失去了存在的价值和存在的必要。同样,课程的评价也离不开学生。学生是课程评价的一个重要组成部分,离开学生的课程评价不是完善的课程评价,评价结果也会缺乏全面性。

"音乐创意学习中心"的教师们非常重视学生对课程评价的作用,学生是课程教学的对象,他们对课程的看法和评价可以从一个全新的角度反映课程实施的状况,对于学校和教师进一步改进课程的实施具有重要的意义。

"音乐创意学习中心"的好多课程都积极鼓励学生参与到课程评价中来,让学生把自己参与课程的感受、想法、意见、建议等写下来。学生的这些意见、建议、想法乃至他

---

[1] 泰勒.课程与教学的基本原理[M].施良方,译.北京:人民教育出版社,1994:173.

们的主观感受都会成为课程改进、发展和不断完善的助力。

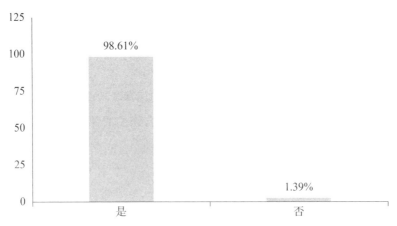

图3－14　你觉得"音乐创意学习中心"会帮助你学习和成长吗（学生卷）

　　课题组设计了相关问卷，调查学生对"音乐创意学习中心"的课程评价，98.61%的学生表示"音乐创意学习中心"有助于学习和成长，体现了"音乐创意学习中心"的建设成效。

（三）专家评价

　　"音乐创意学习中心"的课程实施采取了多元化的评价方式，其中，专家评价是重要的一环。

　　参与"音乐创意学习中心"公开课听课的不仅有本学校的教师，还经常有学校邀请来的专家。他们根据听取的公开课，对所听课程作出全面的评价，最后还会根据学校和教师的实际情况提出众多切实可行的意见或建议。相关方面的专家具有专业的理论知识，在课程实施的评价中往往能指出很多切实存在的问题，并根据出现的种种问题提出相应的解决方案。

（四）家长评价

　　在"音乐创意学习中心"，参与课程评价的除了教师、学生和专家外，学生家长也积极参与各类课程的评价。

　　不论是基础课程，还是拓展课程都得到了广大家长的认可与赞扬，学生家长针对具体的课程提出很多极具价值的意见与建议，他们的这些看法将会成为"音乐创意学习中心"各类课程进一步发展与完善的重要依据。

　　古语云："偏听则暗，兼听则明。""音乐创意学习中心"分别从教师、学生、课程专家、家长等不同角度入手来对课程进行全面综合的评价,形成了一种多元化的评价主体,使课程的评价结果更加客观,为课程进一步发展完善奠定了坚实的基础。

评价是教学环节的重要组成部分,多元化的课程评价是"音乐创意学习中心"课程评价的最大特色。天一小学实施多元的课程评价,其根本目的在于促进学生发展,突出课程评价的导向功能、诊断功能、激励功能和促进功能。

二、"音乐创意学习中心"的教学评价特色

(一)建立全面发展的评价观

在天一小学的"音乐创意学习中心",评价不只是检查学生知识、技能的掌握情况,还关注学生掌握知识、技能的过程与方法以及学生的情感态度与价值观的形成。

"音乐创意学习中心"的课程评价不再是为了选择和甄别,而是为了发挥评价的激励作用,关注学生成长与进步的状况,并通过分析指导,改进课程实施的计划,以促进学生的发展。从这个意义上来讲,评价是为学生的发展服务,而不是学生的发展为评价的需要服务。因此,天一小学的课程评价归根结底是为了促进学生全面健康发展,实践学校"BRIGHT"的育人理念。

在学校音乐创意学习中心空间重构的背景下,探索教学评价从知识评价向综合素养评价转变,将"学科+生活+拓展+特色课程"融合。以三年级上册第三单元《劳动最光荣》唱歌一课为例:

> 本节课的目标是学会演唱歌曲并感受歌曲中小动物们劳动时忙碌的欢乐情景,抒发对劳动者的赞美之情。在教学过程中,先是情景导入,结合学校的品德与生活、综合实践主题活动"在劳动中尚美,在实践中成人"的护墙活动,运用信息技术制作出学生劳动时的视频,让学生回顾此次劳动活动并说一说自己劳动时的感受,在表扬自己和赞美他人的过程中学会歌曲中的难点歌词"劳动的快乐说不尽""劳动的创造最光荣"。同时,懂得劳动的重要性。在这里着重体现学校德育"七彩阳光天天夸"的共育评价以及学生自主评价。接着设计了一项脑力劳动活动,以闯关的形式,在听一听、唱一唱、辨一辨、创一创、演一演五个环节中学习歌曲。在听一听的环节中,歌曲旋律学习的过程以提问的形式设置三个问题,让学生熟悉歌曲前半段歌词以及体会歌曲中小动物们劳动时忙碌的欢乐情景和欢快情绪,在这里着重体现形成性评价;在唱一唱的环节中,用听唱法唱歌曲前半段歌词;在

辨一辨的环节中,发挥课堂中手风琴特长和打击乐特长学生的能力,在找出旋律特点后,分成四或五组进行小组讨论,自学后半段旋律。手风琴打破了钢琴笨重的弊端,走进学生的身边,对学生演唱音高有很大的帮助。打击乐器卡宏和非洲鼓都能很好地辅助节奏的学习。在"未来音乐创意学习中心"开设的特色课程和拓展课程中就有打击乐课程和手风琴课程。我是这两门课程的负责人,2018年我校成为上海市音乐家协会手风琴教学基地,手风琴乐团分别获得2019、2021"上海之春"音乐节银奖、金奖。将这些教学运用到课堂中去,让学生在拓展课中学习到的本领有展示的舞台,学生不仅获得拓展课专业老师的肯定,同时在音乐课堂中也获得老师和同学的赞美和对自我的肯定。以审美为核心,以学生为主体,创设一种轻松、和谐的学习氛围,在这里着重体现学校影响力评价与项目式学习课程评价;在创一创环节中,发挥学生的自主性,结合生活,模拟劳动情景为歌曲创编表演。在演一演环节中,设定了"商场""公园""农场""学校"四大场景,用肢体动作表演情景。在歌曲中体会劳动的乐趣,这里着重体现教师评价;最后通过完整地表演歌曲,在唱和律动中抒发劳动最光荣的情感。这里着重体现终结性评价。

——宗琪雨《"音乐创意学习中心"的教学评价》

整节课既体现学生自主评价,也有教师评价;既有形成性评价,终结性评价,又有"七彩天天蚁"的共育评价;更有学校影响力评价与项目式学习课程的评价。通过探索综合素养评价,从而推动与促进学生的潜能发展。

(二)建立多元化的评价指标

天一小学强调多元化的评价指标。课程实施的过程、学生学习的方法、情感态度和价值观的形成都纳入了课程评价的范围。

在"音乐创意学习中心",学校对课程的实施建立了多元的评价内容,对评价的标准进行明确合理的界定,依据评价的内容,对课程从不同的维度进行评价,并基于多维评价最终做出一个综合的、合理的评价。美育教育注重情境性评价,尤其凸显展示性评价,比如教室门口的电子互动屏会滚动播放学生制作的创意铃声,"未来音乐创意学习中心"的音乐长廊中会将学生艺术节、暑期铃声创编、参与美育活动的精彩瞬间通过照片、视频的方式进行展示等。

(三) 建立互动的、多元的评价主体

在"音乐创意学习中心",课程评价的主体主要有教师、学生、专家学者,除此之外学生家长、学校本身也会对学校的课程进行评价,所以说"音乐创意学习中心"课程评价的主体是多元的。

不同的评价主体间会进行信息的互动与沟通,如专家与教师之间,专家通过听取天一小学教师的公开课,对课程实施提出自己的意见或建议,教师会根据专家的意见或建议改进课程实施中的不足与缺陷。于是,不同的课程评价主体之间就建立起了一种交流互动的机制。

(四) 建立多元化的评价方法

评价方法是指根据评价对象、评价类型和实际需要,为了实现评价的目标而采用的评价的方式、途径和手段。评价方法要解决的是怎样去实施评价的问题。[①]

在"音乐创意学习中心"的课程评价中所采用的主要方法有观察、记录、讨论、作业、评级、档案、自我评价等,各种方法都有它的特点、作用、适用范围和使用策略。

① 董梅.浅谈新课程下多元评价[J].课程教育研究,2014(4):179.

发展体育运动,增强人民体质。体育于吾人占第一之位置。体育之效,在于强筋骨,增知识,调感情,强意志。体育者,人类自养生之道,是身体平均发达,而有规则次序之可言者也。德志皆寄予体,无体是无德志也。

——毛泽东

第四章 以"乐"健体,赋能强身砺志

体育作为一项人类社会的基本活动形式,为丰富生活品质、提高身体素质、促进综合发展起到积极作用。体育精神倡导友谊第一、真诚相待、公平自由,可以激发人的意志品质、磨砺人格素养。体育教育是衡量一个团体精神风貌如何的重要标准,直接关系着成员的精神状态、人格塑造。习近平总书记曾说过:"体育承载着国家强盛、民族振兴的梦想",党的十八大以来,习近平总书记高度重视体育教育在整个教育领域的重要作用,将体育教育融合到"两个一百年"奋斗目标的谋略中,深化体育改革、更新体育理念、促进体育产业协调发展。

体育作为一种人类活动的重要形式,与艺术等精神活动形式有紧密联系。艺术作为人类情感与思想的表达,丰富了人们的精神世界,多样化的艺术形式也扩展了人们的生活趣味,成为人类社会不可或缺的重要部分。自古以来,体育与艺术就紧密结合在一起,共同塑造着人类文明的诸多方面。因此,艺术教育与体育教育在当今也备受重视,艺术以其独特的审美价值,对学生人格的养成、精神生活的丰富、道德修养的提升有积极促进作用。体育是综合国力和社会文明程度的重要体现,体育教育承载着增强学生体魄、提高学生精神风貌、促进学生身心发展的重要使命。

在如今素质教育的背景下,将体育教育与艺术教育相互融合并落实到具体的教学实践中,践行立德树人的重要途径。习近平总书记在党的二十大报告中指出："促进群众体育和竞技体育全面发展,加快建设体育强国。"这正是全面建设社会主义现代化国家的一个重要目标。同时,在"增进民生福祉,提高人民生活品质"部分,报告还提出："推进健康中国建设,把保障人民健康放在优先发展的战略地位。"

为此,天一小学充分贯彻落实党中央的主张,响应党的二十大报告中提出"要全面贯彻党的教育方针,落实立德树人根本任务,培养德智体美劳全面发展的社会主义建设者和接班人,加快建设高质量教育体系,发展素质教育,促进教育公平。"的主张,致力于开展体育教育与音乐教育的融合。

天一小学以"阳光体育、家校共育"为主题,结合学校"联通儿童与世界"的办学理念,实施天一家校共育运动计划,产生广泛的社会影响。与此同时,天一小学致力于打造情景式、互动式音乐课堂,深入发掘音乐教材中的体育资源,体现了体育教育与艺术教育的融合,打造出具有学校特色的新时代教育样态。

第一节 体育与艺术教育的共同诉求

改革开放以来,党和国家始终把提高全民族的素质作为关系社会主义现代化建设全局的一项根本任务。《中国学生发展核心素养总体框架》再次强调实践创新、审美情趣对学生成长发展的必要性。而2022年最新发布的《义务教育体育与健康课程标准》也提出"跨学科融合一直是学生提高运动能力、学习健康知识和传承中华优秀传统体育的重要方式和途径"。体育教育是提高学生创新意识、实践精神、劳动能力的关键环节;艺术教育是审美的重要组成部分,承载着增强道德修养、丰富精神内涵的重要作用。体育与艺术教育既是现代社会不可缺少的"必修课",也是贯彻素质教育的重要方式。将两者融入基础教育中,促进学生德智体美劳的全面发展,是当代教育发展的趋势,也是实现立德树人的必要方式。

一、重视体育的必要性

(一)体育教育的历史依据

体育作为一项人类活动,具有悠久的历史。早在古希腊时期,苏格拉底就提出体育的重要性,他认为"要使身体强健,你就必须使身体成为心灵的仆人,用劳力出汗来训练它。"①体育可以塑造健美和强壮的身形体,矫健的身体不仅是健康的体现,更是美和勇敢的彰显。体育锻炼可以强身健体,磨炼公民的胆魄与毅力,培养荣誉感,从而在外敌入侵时可以挺身而出,保卫城邦。

作为苏格拉底的学生,柏拉图在他的《理想国》中进一步阐述体育教育的重要性,他认为卫国者必须接受相应的体育训练与体育教育。在他构想的国度中,卫国者承担着保卫国家,抵御外敌的使命,健壮的身体是实现这一使命的坚实保障。与此同时,柏拉图认为,体育教育不局限于对身体的训练,还具有净化心灵,培养意志力,增强精神力量的作用。根据他对身体与灵魂的二分,健康的心灵才能保障健康的身体,而健康的身体又使灵魂不受尘世欲望的熏染,社会只有形成公平、正义的体育运动氛围,才能使体育训练发挥最大的效用。可见,柏拉图将体育教育置于关乎社会和谐稳定的重要位置。

到了近代,启蒙思想家卢梭从自然状态下的人的角度,提出体育对于人的塑造与理性的培养的重要作用。在他的重要著作《爱弥儿》中,卢梭指出"如果你想培养你的学生的智慧,就应当先培养他的智慧所支配的体力,不断地锻炼他的身体,使他健壮起来,以便他长得既聪慧又理性,能干活,能办事,能跑,能叫,能不停地活动,能凭他的精力做人,能凭他的理性做人。"②他认为体育教育必须尊重人的自由意志,给予人选择爱好的机会;体育教育必须调动多种感官知觉,全面而具体;体育教育要培养人的意志力与忍耐力,体育是对人格和道德的塑造;体育教育必须符合身心发展规律,注重精神与体力的平衡关系。同时期的教育家洛克也指出体育在教育体系中的重要作用,他将身体健康与国家繁荣、个人发展等联系起来,突出强调发展的前提条件,从而将体育思想发展和体育教育上升至更高层面,为他们的发展提出了必要的理由。

现代社会,体育的重要性不言而喻,许多教育思想家与理论家把体育教育置于学校教育的重要环节,强调学校与社会开展体育教育的必要性。实用主义哲学家杜威认为,体育与智育、德育是相互促进、相互作用、相辅相成的关系。体育不仅可以帮助强身健体、塑造强壮的体魄,同时在体育锻炼中,还有益于养成尊重他人、互相帮助的品格,使得个体变得更加坚毅、勇敢。他提出体育教育的社会化功能,倡导体育教育的公共化与社会化,要求学校充分重视体育课程与体育教学的设置与安排,将体育运动落到生活实处。

---

① 色诺芬.回忆苏格拉底[M].吴永泉,译.北京:商务印书馆,1984:49.
② 卢梭.爱弥儿[M].李平沤,译.北京:商务印书馆,1978:153.

著名中国教育家陶行知继承杜威的思想,提出知行合一的教育观,倡导体育课堂与体育运动的多样化与丰富性。20 世纪 80 年代,美国认知心理学家加德纳在《智力的结构》中提出多元智能理论,认为人的认识模式与思维方式是多元化的,都具有语言智能、数理逻辑智能、音乐智能、空间智能、身体运动智能、人际交往智能、自我认识智能、自然观察智能[①],这几种智能都处于相同的地位,并没有主次之分;每一种智能都拥有多种表现方式,通常是以复杂的组合方式进行运作的。[②] 因此,教育对个人智能的开发和培养具有重要作用。每一种智能可以通过恰当的教育和训练得到更高的发展水平,大多数人的智能可以发展到能充分胜任的标准。[③] 可见,当代科学的发展印证了体育教育在教育领域与实现个人发展领域的必要性与重要意义。

(二) 体育教育的当代价值

2018 年 9 月,在全国教育大会上,习近平总书记旗帜鲜明地指出:"努力构建德智体美劳全面发展的教育体系";2019 年发布的《体育强国建议纲要》进一步提出"更加注重学生全面发展,大力发展素质教育,促进德育、智育、体育、美育和劳动教育的有机融合",明确提出"五育"融合的教育发展目标;2020 年 10 月 15 日中共中央办公厅印发的《关于全面加强和改进新时代学校体育工作的意见》提出:学校体育是实现立德树人根本任务、提升学生综合素质的基础性工程。

将体育教育放在基础教育的重要环节加以考虑至关重要。在素质教育与"五育"融合的背景下,体育与美育、德育、智育密切结合,素质教育下的体育教学注重多元化教学,以促进良好师生关系的建立,进而提高学生的身体素质和心理素质,有助于完成培养学生终身体育意识的目标。就个人而言,体育无论对学生成长发展还是基本素质的提高都具有不可替代的作用,特别在中小学期间,将体育教育贯穿至常规教学环节中,更能充分调动学生的学习积极性与内在潜能,与智育、德育协同共进,促进学生的全面发展。就社会而言,中小学加强体育教育、上好体育课,做好体育课程和教材体系建设,是提高学生核心素养的必要条件。对于身心处于成长期的学生而言,体育教育对增强体质、健全人格、锤炼意志,促进德智体美劳全面发展具有不可替代的作用。

在新时代教育背景下,学校将体育工作摆在突出位置,既是立足时代需求、更新教育理念、深化教学改革的要求,更是实现多样化、现代化、高质量的学校教育体系的关

---

① 霍华德·加德纳.智能的结构[M].兰金,译.北京:光明日报出版社,1990:1—4.

② 赖增able.多元智能理论对初中体育教学改革的启示[J].广西大学学报(哲学社会科学版),2009(S1):31.

③ 周冲.多元智能理论视野下的化学教学策略研究[D].华中师范大学,2008:7.

键环节。与此同时,体育运动中承载的精神品质、传统文化因素更有助于精神文明建设的需要,在全社会形成爱好体育、尊重体育的风尚,带动整个社会积极向上发展。因此,为了培养全面发展的优秀人才,体育教学的创新势在必行。[①]

要想做好体育教育,学校教育工作者应加强宣传力度、凝聚家校共识、采取多样化的活动促进学生参加体育运动、热爱体育。体育教育作为素质教育的重要组成部分,具有多方面的意义。学生通过体育锻炼不仅可以磨炼意志品质、形成健全的人格,还能在运动中培养竞技精神、合作意识。学校应高度重视体育课程的开设,强化体育教学,将体育运动常态化,建立健全体育竞赛与人才培养体系。天一小学积极响应国家加强体育教育的号召,多年来坚持开展体育活动、优化体育教学模式、健全体育课程设置、扩大体育课堂范围,得到学生、家长、社会的广泛好评,形成了独具特色的体育教学模式。

二、体育与音乐教育的相通性

体育和音乐是人类生存和发展的两大基石,也是人类社会的两大精神财富。[②] 体育教育在素质教育中承担强健身体、增强体魄的作用,在体育锻炼时,学生的意志品质能得到锤炼,精神风貌能得到提升,因此,体育教学同样承担着对学生智育、德育、美育培养的任务。早在古希腊时期,柏拉图的《理想国》中就把体育教育与音乐教育作为培养护国者的必要条件,1986 年,《奥林匹克圣歌》在第一届现代奥运会的现场唱响,音乐与体育更在现代社会中结下了不解之缘。在人的全面发展过程中,音乐与体育是相互影响、相互贯通的,体育教育与音乐教育共同反映了立德树人的根本诉求。

体育与音乐都具有愉悦身心、促进健康的重要作用。音乐在体育教学中可以调动学生的激情,提高练习的兴趣;发展学生的节奏感与韵律感,促进学生的身心健康发展;促进学生能量的释放,提高生理机能,推迟疲劳的出现。[③] 具体来说,音乐能够借助物理刺激、化学刺激和心理刺激三种方式对人体施加良性作用,对大脑甚至整个神经系统进行改善,从而使不同器官系统之间的配合更加协调,促使人体处于较为良好的状态之中。[④] 体育运动则通过激活人的感官,协调身体与外界环境之间的关系,使

① 陈广智.素质教育背景下高校体育课改革探讨[J].当代体育科技,2019,9(27):73—75.
② 刘应,章蕾.音乐与体育在教学中的联合应用[J].当代体育科技,2013,3(4):40.
③ 孙辉,宋碧.浅谈音乐在体育教学中的应用[J].湖北师范学院学报(自然科学版),2011,31(1):116.
④ 康万英.新理论、新思维——将音乐引入高校体育教学[J].阴山学刊(自然科学版),2012(1):80.

身体处于激活状态之中。有效的体育运动可以使身体肌肉处于兴奋状态,由机体机能提升,促进血液流动速率,使筋骨得到舒展,增强自身免疫力。在身体层面上,体育与音乐教育都起到不可替代的作用,双方相辅相成,成为促进学生身心健康的两大"法宝"。在体育课堂教学中运用音乐,可以使学生在美妙的节奏中变得兴奋,促进其神经体液调节,改善内分泌系统,优化新陈代谢,调节血液循环,促进脾胃消化,对于身体健康有极大的好处。①

体育与音乐在质上都追求和谐美,运动中身体的协调与音乐中旋律的节奏使它们成为教育环节中不可分割的两部分。聆听音乐不仅要调动个体的听力,而且需要个体理解力和想象力的参与,听者在聆听音乐过程中要对每个声音的长短、强弱、快慢等进行感受和辨别,其节奏感将在此过程中逐渐增强。体育教育可以激发学生对音乐的感知能力,增强学生审美的敏感度与积极性,提高学生的节奏感、协调性,如果学生不具备良好的动力节奏感,则其协调性在完成体育动作过程中会大打折扣,各个动作完成的准确性将会大幅降低。②

与此同时,音乐的旋律直接牵动着练习者的情绪,影响着练习者的兴趣,也直接关系到活动效率。由于音乐本身具有强烈的节奏感,每一个节拍都能展现出强烈的动感,学生在音乐创设的正面情境下,身体始终处于激情高昂的状态中,对节奏的敏感程度更高,肌肉的协调能力更强。因此,在音乐的环境中进行体育锻炼,不仅可以提高学生的运动积极性,更能使学生对于体育运动中力量、节奏、身体控制力等方面的把握更加精准,有助于提高运动效率,完成高难度动作。在学校教育中,无论是日常跑操、广播操等活动,还是运动会等大型体育活动,积极高昂的配乐都是必不可少的,在富有节奏与韵律的音乐伴奏下,更能激发学生的内在潜力,使学生在听觉、动觉等方面得到充分调动,大大提升学生对体育运动的兴趣。

在第二次教学时,我首先播放了音乐动作视频,让学生先跟随音乐和视频进行模仿练习,将今天需要学习的动作片段反复播放,而令我没想到的是,有一半的学生在第三遍时就能大致动作跟上节奏了,而且都学习的很认真,注意力十分集中,没有同学相互讲话,这一点让我十分欣喜。在练习第五遍的时候所有同学都

① 拓万亮.音乐与色彩:高校体育课堂教学改革要素研究[J].体育科技文献通报,2021(6):66.
② 杨婷,孙晋海,张乾坤.性格色彩学在引导青少年参与体育活动中的作用研究[J].曲阜师范大学学报(自然科学版),2014(3):104—105.

能做到动作跟随音乐,在看到同学都能做到大致动作正确之后,我开始细扣动作,将口令和音乐结合,边放音乐,我边喊口令,带领学生进行动作的练习和反复巩固。我明显感受到了这一次的教学效果甚佳,所有学生都能学会本节课所教授的内容,并且能跟随音乐跳起来做到动作节奏正确。

——体育教师　高佳妮

2021年7月,国务院办公厅印发了《关于进一步减轻义务教育阶段学生作业负担和校外培训负担的意见》,8月市教委要求小学体育课增加到五课两操两活动,这一素质教育的组合拳要求学校在减轻学生作业负担的同时,增加每天的运动时间和质量,提高学生的身体素质,而30分钟的"课间大活动"则成为了"提质"的重要平台。

在此背景下,拥有34个教学班,1 300多名学生的天一小学,通过"两操"+X(X指民体、韵律、体能、健身跑)的模式,确保了全校学生都能在"课间大活动"时段充分的动起来。然而,在练习初期,我们发现重复单一的练习很快使学生失去了学习兴趣,大大降低了练习质量。对此,学校结合"乐融五育"的理念,将不同的音乐与各类运动相融合,在音乐的"催化下",学生的学练兴趣显著提高,"课间大活动"一度成为学生最为期待的学校活动。

学校根据不同的练习内容,选择与之匹配的音乐。如在健身操教学中,我们选择了节奏感较强、速度较快的《WE RUN TOGETHER》校歌。让学生跟着音乐的节拍进行练习,激发学生的参与性。在进行长跑项目和体能练习时,则选择活泼、轻快的《加油 OMG》和《加油鸭》,让学生能够超越自我,发挥出更好的水平。踢毽子练习时,则选择富有民族特色的乐曲,让民体与民乐相融合。

在体能练习环节,学校一改传统的由教师发令计时,学生完成练习的练习模式,而是借鉴了当下流行的"TABATA"体能练习,通过音乐节奏的变化,让学生自主进行动作变换,每组练习之间也采用平缓的音乐作为过渡,让学生放松休息。这一"新老师"的出现大大提高了学生的练习兴趣,在激情洋溢的乐曲中,学生顽强拼搏,坚持到最后一秒。

——体育组长　王诚

三、体育教学与音乐教育相结合的意义

教育改革和发展的根本任务是立德树人,关键在于人的发展。促进人的全面发展,要更加充分地发挥教育的重要作用。70 年来,我国逐渐确立了立德树人的根本任务,学生的德智体美劳发展得到扎实推进,个体的成长需求不断得到满足,教育的育人功能凸显。近年来,教育部更是主张着力构建全面发展素质教育新格局,体育教学与音乐教育作为素质教育的重要环节,越来越体现出相互结合、相互促进的趋势。

将音乐融入体育教学实践中,使体育教学成为一种以身体锻炼为内容,以健美为手段,以育人为目的,集体育、音乐、艺术之美于一体的教学方式。音乐通过营造环境氛围,给予学生感官上的刺激,增强体育运动过程中的律动性与节奏感,激发学生身体潜能,让学生在锻炼的过程中体验到音乐带来的美。音乐教育可以使人精神愉悦、心情放松,可以潜移默化地培养学生对艺术的敏感度与审美的鉴赏力,在音乐的熏陶下,学生既能锻炼身体素质,又能提高他们的文化修养与审美情趣,得到了身体与心灵的双重教育。

体育与音乐的结合,是激发学生运动热情的重要途径。从本质上说,体育不单纯是一种机体的行为活动,还是内在情绪的外在化体现。体育运动是意志力、精神力的体现,不同的运动项目承载着运动员对不同行为方式的理解与态度,这个过程本身就涉及一系列心理活动,在不同个体中就体现为不同的内在情感。体育运动包含竞技性、对抗性、合作性等多重因素,每一种因素都涉及身体与外界的交互,面对复杂多变的环境,人的内在感受被充分调动,进而通过感官动觉的方式体现在具体的体育项目中。

可见,体育运动离不开内在的情绪与情感①。音乐则直接与人的情感相关联,音乐作为一种乐音,拥有符合人类生理感受的物理属性,不同的音高、音色、音强都会激起有机体的不同反应。不但如此,人在欣赏音乐的过程中更能直接领会到它所传达的情感、情绪,音乐营造的氛围使人置身其中,精神得到了调动,情感也随着旋律而变化。因此,积极的音乐可以直接激发学生的体育热情,使学生处于积极的状态,不同的音乐旋律则代表不同的主题,紧张的音乐体现运动中的对抗与竞技、昂扬的音乐体现体育精神的包容与团结。因此,体育教育与音乐教育相互配合,对学生保持体育运动的激情,培养起竞争意识和拼搏精神②,在体育运动中领会体育精神具有重大意义。

---

① 柳林,王秀娟.论色彩在体育运动竞赛中的视觉效果[J].美与时代旬刊,2016(3):26—28.

② 张畅.试论高校体育教学与训练中色彩因素的运用[J].吉林工商学院学报,2015(5):122—123.

音乐与体育教育的融合,使学生的智慧与学习热情得到充分的开发,有助于满足学生的学习兴趣,提高学习效率。根据运动心理学理论,运动感知的产生决定运动知识的掌握,运动表象则根植于运动感知,而整个运动的概念建立在运动表象之上。[1] 在运动过程中,身体的多种感官与参与运动过程,感觉器官从外界环境中汲取有效的信息反馈给身体,身体接受指令传输至大脑中枢神经系统,大脑随机会以输出的形式反馈给身体的感觉器官,即时做出相应的行为以适应环境。在这个过程中,人的身体机能被大幅度调动,整个身体处于高度集中的状态,并且由于个体的差异与大脑对信息处理能力的熟练度,往往会造成部分信息内容的缺失与遗忘。

在这个过程中选用不同的音乐配合运动能够缓解紧张状态,使有机体在音乐的节奏与律动下处于良性循环的状态,感觉器官的知觉敏感度也会得到相应提升,人的注意力会更加全面且集中。如果学生长期在音乐与体育教育的融合中,进行各项活动,他们的身体敏感度、感官激活程度与注意力集中度会大幅度提升,不仅对于运动具有重要的帮助,更有助于学习各项科学与知识,使身体与大脑更容易集中在关键事物上,更加全面地接受来自外界的各种刺激与信息,体育锻炼不仅是一项身体运动,还是一种审美活动,更是对学习能力与意志品质的培养。

第二节　学校体育工作的概况

一、整体思路与实施情况

为贯彻落实习近平总书记关于教育、体育的重要论述和全国教育大会精神,自2015年以来,天一小学积极响应区教委精神,以"阳光体育、家校共育"为主题,结合学校"联通儿童与世界"的办学理念,实施天一家校共育运动计划,希望通过优化课程设置、开展亲子运动会、设计家庭锻炼卡等措施,建立学校、家庭、社会"三位一体"的家校运动共育模式,将体育课堂有效地延伸至课外,让学生从内心喜欢体育,主动走进体育的阳光里,使他们成为健康活泼、自信阳光的天一学子。

天一小学从课程建设入手,在各个年级开设了学生必修的校本课程,大大地提升了学校体育课堂教学的质量,不仅丰富了孩子们的课余生活,同时也充分发挥了社会

---

[1] 索烨.高校体育舞蹈教学运用音乐——表象教学法的实验研究[D].内蒙古师范大学,2010:14—17.

资源的育人作用。在此基础上,我校充分挖掘学校现有资源,通过组织创新、管理创新,为家长搭建各类参与学校活动的平台。与此同时,为了充分发挥家庭教育的育人功能,我校结合家长学校课程,从一年级开始,特别开设了身心健康的专题讲座,并教会家长如何配合学校完成家庭运动项目,使运动不再成为家庭教育的盲区。学校针对不同年级,设计了不同内容的"家庭锻炼卡",根据每个年级的考核项目确定每天的运动内容、成绩要求、活动次数、活动评价,家长根据要求指导并和学生一起完成运动,完成后做好自我及家长评价。通过四年的实施,天一小学家校共育之运动计划正朝着课程化实施的方向发展,家校共育工作正跟随着区域发展的脚步不断推进,不断完善,家校共育工作深入人心,造福学生。

二、常规活动和特色活动

2022 年最新发布的《义务教育体育与健康课程标准》对学生应学习和掌握的基本运动技能、体能、健康教育、专项运动技能、跨学科主题学习,作出了明确的提示和要求。《关于全面加强和改进新时代学校体育工作的意见》提出:学校体育是实现立德树人根本任务、提升学生综合素质的基础性工程的基本要求,天一小学积极落实中央相关规定,大力推进体育教育教学工作,开展学校常规体育活动,推动体育运动常态化。同时,天一小学积极响应区教委精神,结合学校"联通儿童与世界"的办学理念,从运动入手,充分发挥家庭育人功能,建立学校、家庭、社会"三位一体"的家校运动共育模式。多年来,已成功举办亲子运动会、广播操比赛、阳光晨锻、体育节等多项活动,形成独树一帜的体育教育模式。

(一)常规活动

1. 阳光校园晨锻活动

为提高学生身体素质,营造良好的校园体育运动环境,我校在全校开展"阳光晨锻"活动,充分利用晨间碎片时间倡导强健体魄、健康生活的理念。教师以志愿者的形式参与其中,每个锻炼日由两名体育教师负责发放锻炼器材和播放锻炼音乐,参与班级各有一名志愿者老师负责管理。同时,学校还邀请个别当天锻炼年级学生的家长,以家长志愿者的形式,共同参与锻炼和管理。这一活动在家长、学校和社会层面都取得了良好的反响。

2. 教工运动会

为了丰富教职工的校园文化生活,增强教研组、学校的凝聚力,增进教师之间的相互了解,促进人际之间的交流,释放教师工作压力,2017 年,天一小学成立活动领导小组,开展教职工趣味运动会。运动会活动形式多样,项目兼具趣味性与竞技性,教师之间通过彼此合作,共同参与比赛,既促进了教师之间的交流与沟通,增进了感情,更为学校营造了良好的教育教学氛围,得到领导与教师的一致好评。

3. 广播操比赛

为进一步提高学校"两操"质量,增强学生出操的仪式感与使命感,天一小学积极开展广播操比赛。比赛以"天一教育集团第一届体育节"为契机,以"优秀少年,成就卓越"为主题,同时结合学校"家校共育计划",通过竞赛平台,增进教师、父母与孩子之间感情,弘扬强身健体、奋发向上、彰显阳光与活力的天一精神。比赛评委由教师代表、家委会代表组成。通过广播操比赛,培养学生集体意识与体育合作精神,在增强体育锻炼的同时提高集体荣誉感与责任感。

4. 校园足球赛

为进一步加强学校体育教育,营造良好的运动氛围,培养学生体育竞技精神与团体合作意识,2018 年天一小学开展"小蚂蚁班足球赛"。学校统一组织,各足球队积极训练、备战,采取小组循环赛形式,以积分决定名次。比赛过程中,有专业的裁判与人员保障比赛公平性与竞技安全。在足球赛的过程中,学生们展现出强大竞技意识与团队意识,为天一小学带来了浓厚的体育竞技氛围。

(二) 特色活动

1. 天一教育集团体育节

为彰显上海长宁区天一教育集团成立以来集团化办学取得的阶段性成果,促进集团成员校之间阳光体育运动的优势和均衡发展,2018 年 9 月—2018 年 12 月,天一教育集团积极举办体育节活动,让"家校共育计划"充分融入体育节活动中。增进教师、父母与孩子之间感情,弘扬强身健体、奋发向上、团结协作的体育精神实质,促进集团成员各校在培育学生德、智、体、美等方面的全面发展。

2. "小蚂蚁"趣味亲子运动会

为了更好地贯彻《中共中央国务院关于加强青少年体育、增强青少年体质的意见》,结合学校"阳光体育,家校共育"的工作思路,以"家校携手——成就小蚂蚁七彩童年"为主题,天一小学结合不同年段学生的身心特点以及学校体育项目特色,举办"小蚂蚁"趣味亲子运动会。通过各类有趣的亲子游戏竞赛,搭建亲子运动平台,使学生在运动中学会如何团队合作,体验运动的魅力,受到社会广泛好评。

3. "蚁"趣促健——天一中高年级学生冬季运动会

为贯彻落实《中共中央国务院关于加强青少年体育、增强青少年体质的意见》文件精神及要求,凸显"小学体育兴趣化"特点,结合学校"小蚂蚁"育人文化特色,天一小学举办高年级学生冬季运动会。通过形式多样的运动项目,促进学生身心健康发展,彰显"会合作、守规则、爱运动"的小蚂蚁精神,充分彰显天一小学浓厚的体育教育氛围。

三、宣传渠道和社会反响

天一小学自 2015 年以来,积极推进"家校共育",根据《中国学生发展核心素养总体框架》中提出的关于学生健康生活基本素养的培养,结合当下教育实践与学生健康现状,提出以"健康意识"与"健身能力"为切入点,构建天一小学"家校共育计划之运动计划"的课程实施方案,实施小蚂蚁,"I"运动。

通过对"I"概念的界定,天一小学从阳光(Bright)、家庭(Family)、兴趣(Interesting)、国际(International)四个角度入手,通过家长学校的宣传、设计家庭锻炼卡、开放学校运动设施、举行亲子运动会等,搭建各类家校共育平台,充分发挥优秀家长潜力,形成了学校、家庭、社会三位一体的新型家校合作机制,取得了一定成效。

自计划实施以来,天一小学体育教育常态化得到显著提升,体育课程构建、专业素养训练、教师教学质量得到充分发展。学生与教师在课程实践中,逐渐养成了体育锻炼的习惯,更加关注体育运动本身,培养了热爱运动、敢于尝试、勇于竞技、乐于合作的体育意识。亲子运动会、体育节、广播操比赛、足球赛、阳光晨锻等活动参与度逐渐提升,学生运动积极性得到提升。学校的体育教师得到学生、家庭、社会的广泛认可,家校共育之运动计划正朝着课程化实施的方向发展,使学校师生的体育欣赏能力、科学健身观和终身体育锻炼意识逐渐形成。

第三节　音乐教材中的体育资源挖掘

音乐与体育作为素质教育的两个重要环节,对培养学生个人品质、人文素养、精神性格等方面具有重要作用。音乐教育以其人文性、审美性与实践性,成为美育教育与德育教育的重要组成部分。音乐以其独特的节奏感与韵律感,给予学生丰富的体验,在音乐课堂上,老师通过播放优质音乐作品,陶冶学生情操,使学生接受艺术的熏陶,体验到旋律与节奏带来的独特魅力,既能净化心灵,促进身心健康,还能启迪心智、放松大脑,提高学习的效率。

教育部明确表示要鼓励发展音乐艺术教育,使其成为全面提高学生素质必修课。当下,音乐课堂成为素质教育的重要舞台,是促进学生全面发展的必要场所。体育教学作为学生全面发展的重要环节,对强化学生运动意识、促进学生身体健康、培养学生体育精神、磨砺学生意志品质具有重要作用。体育运动丰富多样,对于体育资源的挖掘与利用,可以贯穿于不同学科的教学之中。音乐与体育具有天然的共通性,在音乐的节奏与旋律中进行体育活动,可以在音乐的熏染下全方位调动学生的精神状态与思维情绪,有利于身体参与体育运动。不同风格与主题的音乐配合不同的体育活动与体育游戏,既能让学生得到锻炼,又能增强学生的学习兴趣,使学生主动参与到音乐课堂所创设的环境氛围中,得到美育与体育的双重培养。

一、怎样呈现:内容与形式

天一小学致力于打造情景式、互动式音乐课堂,深入发掘音乐教材中的体育资源,在课堂内容呈现方面,注重学生的参与度与积极性,将教学与活动、课本与游戏融为一体,让学生在体育活动中欣赏音乐,在音乐实践中完成体育活动。

(一) 情境呈现式

在情境呈现式课堂中,教师根据教学主题与教材资源,创设出相关的场景。通过教学环节的设计将学生引入场景中,在具体的情境下体验教学内容。在具体实施中,场景需要符合学生的基本认知,贴近学生生活。在音乐课堂中,教师选取与主题相关的音乐,将学生带入具体的情景中,并调动学生参与互动,引导学生欣赏、跟唱、试唱。此过程中,可以配合相关的活动,让学生在实践与模仿中体验音乐之美。

在一年级第一学期第一个单元《上学》的教学中,天一小学教师通过情境呈现的方法,引入这个与学生生活息息相关的主题,让学生边模仿自己上学时的过程,边教学相关音乐内容。教师播放音乐,引导学生回答乐曲的情感基调。在唱一唱环节中,乐曲中有"敬个礼""问声好"等歌词,学生在跟唱到该部分时,做出相关动作,以肢体动作的方式呈现出乐曲内容。在乐曲《你的名字叫什么》的跟唱时,学生唱到了我叫×××时主动说出自己的名字。在玩一玩环节中,教师播放相关音乐,让学生跟着学"青蛙""大象"的动作,并最后在场景中模仿"蹦蹦跳跳上学"。

情境呈现式的课堂能使学生在情境中体验,在体验中实践,在实践中学习,达到体育活动与音乐课堂的统一。

(二)互动呈现式

在互动呈现式课堂中,教师更加注重与学生的互动。根据教学主题与教学内容,教师设计相关的教学环节与游戏环节,让学生积极参与其中。在此过程中,教师并不是旁观者,而是引导学生在游戏中体验到教学内容,使教学内容在游戏活动中自然而然地呈现出来,从而让学生有更加深刻的认识。

在三年级第一学期第二单元《欢乐歌》的活动与创编中的综合活动环节,教师引导学生为《快乐的歌》设计队形,边走边唱。学生先以教材中的队形,与自己的同学边走边唱,再以分组的形式设计新的队形,小组比赛。在此过程,教师要参与其中,帮助学生调整队形,设计队形,并引导学生在走队形的过程中完成唱歌任务。同样,在四年级第一学期第一单元《快乐的活动》与第二单元《美妙的旋律》中,教师同样引导学生在跳舞、体操、投篮等活动环节中边做边唱,不同的活动项目配合不同的音乐,教师需要参与到学生的游戏环节,接受学生的反馈并及时调节。

互动呈现式的课堂,学生不是被动地接收知识,教师也不是一味地输入知识,而是在游戏活动中生成知识。在体育活动中感受到音乐的旋律与律动,在游戏环节里领会音乐的主题与风格,使听与动有机结合。

(三)主题呈现式

在主题呈现式课堂中,教师以教学主题与教学内容为导向,课堂围绕主题内容展开。在教学过程中,教学设计与教学环节都应围绕主题展开,学生通过活动、游戏、体验、实践等方式参与课堂,不断强化对课堂主题与教学内容的理解。教师在此过程中应在教学中讲解,在讲解中引导,在引导中调动学生的积极性。

四年级第二学期第五单元《行进的脚步》，教学主题为欢快明亮的进行曲风格，其中涉及到的《检阅进行曲》和《行进到普勒多利亚》等曲目都具有统一的风格特征。在课堂中，教师先向学生讲述相关的音乐概念，此类音乐风格与体育有密切联系，教师引导学生在欣赏音乐的过程中联想相关体育场景，并设计相关活动环节，使学生在进行曲的节奏下参与其中，从而对主题有更加深刻的体验。在五年级第二学期第二单元《行进歌声》中，《少先队进行曲》和《少年运动员进行曲》的风格更加显著。

教师在讲解中逐一分析音乐所体现的少先队精神与运动精神，使学生联系自己，对体育运动与体育精神有更加丰富全面的认识。教师带领学生跟唱，学生在对主题有更加深刻的理解的基础上，更能感受到进行曲的风格特征，教师引导学生唱出精神气与活力。

二、如何教学：理念与方法

天一小学始终高度重视体育与音乐的关系，在教材使用与教学过程中努力将两者有机结合，在教材中发现并挖掘体育资源，使音乐课堂不仅是艺术的"殿堂"，更是体育运动的"操场"，学生们在音乐的环境下进行体育锻炼与体育游戏，课堂氛围活跃，师生气氛融洽，既促进同学与同学之间、同学与老师之间的交流互动，更调动了学生学习积极性。在课堂的呈现与教学的方法上，天一小学老师以《小学音乐课程新标准》为指导，以义务教育阶段以人为本的观点为核心理念，注重音乐的审美价值、学生的个性发展、学生的兴趣培养、音乐的实践、传统文化的弘扬等方面要求，从低年级到高年级，都从教材出发，以游戏与活动的形式，开展音乐课堂的教学。

（一）贯彻义务教育音乐课程标准相关理念

《义务教育音乐课程标准（2011 年版）》指出，音乐教学的课程理念需要以音乐审美为核心，以兴趣爱好为动力；强调音乐实践，鼓励音乐创造；突出音乐特点，强调学科综合；弘扬民族音乐，理解音乐文化多样性；面向全体学生，注重个性发展。

天一小学坚持贯彻义务教育提出的相关教学理念，在教学设计阶段，教师充分发掘音乐教材中的资源，设计丰富多样的活动与游戏环节调动学生的兴趣与课堂积极性，选取贴近学生生活的教学主题，使学生对音乐与生活的关系有更加深刻的感受；在音乐教学中，教师积极引导学生进行音乐实践，参与到音乐课堂的各个环节中，充分感受音乐艺术带来的独特魅力。与此同时,教师的角色从知识的灌输者转变为活动的引导者和参与者,主动参与课堂的各个环节,与学生一起进行活动与游戏,注重课堂的互动性,充分尊重学生在课堂中的主体地位,关注每一位学生的学习与发展情况。

天一小学的音乐教学资源丰富、教师基本功扎实、学科技能多样,可以根据同学的兴趣与需求采取不同的教学策略与教学措施。教师在课堂中不仅让学生充分体验音乐、享受音乐,更鼓励学生积极参与音乐创造、乐曲学习等活动,教师会教授学生简单的乐理知识与乐器技能,调动学生的兴趣,让学生主动参与到音乐实践的环节中来。学生通过自主学习、自主表演,更能在音乐课堂中获得体验感与成就感。不仅如此,学校教学强调学科之间的融合与协作,在音乐教材中发掘体育资源也是天一小学音乐课堂的一大特色。

丰富多样的体育活动配合不同主题与风格的音乐学习,使课堂更具活力。体育运动通过调动身体,使学生作为主体与环境互动,达到身心的协调统一;音乐旋律通过激发精神,营造氛围,使学生沉浸其中,提高运动的积极性。音乐与体育的有机结合,使课堂教学主题突破时空的限制,教学活动在音乐的情境下进行,让知识在学生的游戏与活动中生成,使课堂更具层次性,教学效果更加显著。如今,天一小学已有了丰富的教学实践,充分落实义务教育倡导的相关教学理念,在音乐课教学中尊重学生个性、注重音乐实践、强调学科融合,在教学中取得了较好的成效。

(二)运用丰富多样的教学方法

天一小学根据《小学音乐新课程标准》中音乐教学过程与方法的要求,注重以多种方式进行音乐教学,充分体现了课标中所倡导的体验、模仿、探究、合作、综合的方法,从教学主题与学生主体出发,根据不同的课程单元目标,运用不同的教学方法引导学生体验音乐、理解音乐、学习音乐,通过合作探究、课外拓展的方法深化学生对音乐的理解,将音乐教学与体育活动相互结合,创设出各种适合学生身心发展规律、紧扣教学主题与内容、符合课标标准要求的教学方法,并在各年级教学中贯彻实践,取得良好成效。

1. 音乐体验法

音乐体验法通过让学生接受相关主题音乐的熏陶,沉浸在音乐所营造的氛围中,感受不同音乐的风格特点与情感基调,进而对音乐有更加直观的体验与认知。教师根据教材要求与单元主题,选取紧扣相关场景氛围的音乐,通过音乐为学生创设沉浸式课堂。在此过程中,教师引导学生进行与场景相关的活动,并在音乐的氛围下设计游戏环节,将体育与音乐良好结合。

　　天一小学教师致力于打造沉浸式与体验式的音乐课堂,根据不同的单元主题,引导学生在不同的情境下享受音乐、展开活动、组织游戏。例如一年级第一学期的课本中《上学》《好朋友》《快快长》《我快乐》四个单元代表四类不同的主题,教师选择不同风格与情感基调的音乐将学生带入相关场景中,并结合单元主题设计游戏活动,学生在享受音乐带来的身心愉悦同时,充分展开游戏活动,将实践带入音乐课堂,将体验与欣赏、娱乐与学习有机结合。

2. 互动实践法

　　互动实践法通过让学生亲身参与歌曲演唱、音乐创作、乐器学习等过程,亲自感受音乐的独特魅力,从而加深对音乐知识的理解与音乐艺术的认知。教师在此过程中,积极引导、充分利用教学资源,组织各类互动式活动,鼓励不同兴趣与个性的同学参与音乐的实践,使音乐课堂成为富有生机的实践课堂。教师应充分挖掘音乐教材中的体育资源,将体育活动贯穿于音乐课堂的教育实践之中,最终达到两者的有机统一。

　　在小学高年级音乐教材中,部分单元涉及二胡、竖笛等传统乐器与钢琴、小提琴等西洋乐器,并以进行曲、民乐等为单元主题。天一小学老师根据此类单元主题,在教学中设计相关活动环节,让学生亲自体验乐器,在教师的教授与引导下尝试用乐器演奏简单的乐曲,并了解相关乐理知识。教师在演奏音乐时注重对学生兴趣的调动与激发,使学生不仅对音乐本身的旋律、风格感兴趣,更对音乐的演奏与乐曲的编写产生兴趣,从而创造机会使学生主动参与音乐实践。通过此类方法,不仅达成了教师与学生之间的互动,更让音乐教学从单纯的体验过渡到多样化的实践。

3. 合作探究法

　　合作探究法通过引入相关音乐主题,教师组织学生进行交流与讨论,期间穿插活动环节与小组展示环节。教师通过设计相关的竞技与奖励机制,鼓励学生之间进行合作交流,共同完成课堂任务。合作探究的主题与相关任务不仅局限于教材与课内,还延伸到课外知识与课外实践等多个领域,并渗透其他学科与艺术表现形式,进而让学生更好理解音乐所具有的独特艺术价值与思想意义。

天一小学教师高度重视对学生音乐素养、人文情怀的培养,以音乐教育为主线,将文化教育、体育教育等多种教育模式穿插进音乐课堂的实践之中,使学生多方面领略音乐的艺术特征与情感意蕴。在音乐教材的每一单元最后都有活动与编创的板块,其中涉及音乐舞蹈编排、音乐节目设计、乐器表演、歌唱表演、主题活动、音乐游戏等诸多内容,教师在此环节中组织学生通过合作交流的方式,完成相关任务。在学生合作的过程中,教师给予相关的引导,协助学生完成任务,并鼓励学生进行展示活动,对于富有创意的小组或个人,教师给予奖励。与此同时,教师补充相关的音乐知识与学科知识,配合学生完成任务的设计。合作探究法是最能体现音乐与其他学科融合的教学方法,在进行任务设计的环节中,学生亲自动手实践,在展示的过程中,学生积极表演,都体现了体育活动在音乐课堂中的突出作用,通过这种学科融合与主题拓展的方法,引发学生对课堂的思考,使学生能够将音乐知识内化于心、外化于行。

第四节　创新创意培养融入体育的探索

近年来,中共中央办公厅指出,教育要立足时代要求、更新教育理念、积极开拓创新。学校响应中央号召,积极创新体育教育模式,遵循以生为本、家校共育、与时俱进的原则,依托先进科学技术和线上课程平台,进行丰富的体育课程创新探索实践。通过整合信息技术,创新体育教学形式,提升教师队伍创新发展意识,利用家校资源沟通校内外体育课程空间,建立起学校、家庭、社会"三位一体"的家校共育模式,推进学校阳光体育的发展。

一、整合信息技术——疫情期间的在线体育课程

互联网与智能终端在教育领域高度普及,在线教育模式应用日趋广泛,并且衍生出诸多教育模式。[①] 在线课程作为信息时代全新的教学模式,打破了时间和空间的限制,开阔了师生视野[②],实现了资源共享。为此,根据《上海市教育系统新冠疫情防控

---

① 李艳.信息时代线上线下融合教学活动开展——评《线上线下混合式教学模式研究与实践》[J].中国教育学刊,2021(9):113.
② 刘殿栋."互联网+"时代铜管五重奏的创新教学实践[J].四川戏剧,2021(10):195.

期工作领导小组关于做好疫情防控期间本市中小学在线教学工作的指导意见》，在积极响应市教委提出的"停课不停学"的工作要求下，学校充分利用信息化手段，依托集团体育工作室的特色课程，帮助学生们在家进行体育锻炼，增强体质，提高自身免疫力，为今后正常复课打好扎实的健康基础。

疫情期间的在线体育课程遵循以下基本原则：（一）安全健康。在线教学平台内容须遵循网络安全要求，遵循在线教育教学规律，关注不同年段学生特点，设计科学的居家运动项目推荐内容。（二）家校协力。把师生生命健康安全放在第一位，严格按照市教委统一部署，坚持开学前学生居家学习。改变教与学方式，加强家庭教育指导，家校协力建立良好的师生关系、家校关系、亲子关系，营造学生居家学习的良好环境。（三）减负增效。学校依托在线教育课程内容，提前做好集体备课工作，树立相关知识点和安全提示，把握教学重难点，根据不同教材和年段设计对应的推荐项目，提供自由的选择空间，凸显"兴趣化"教学。（四）集团共进。学校依托天一集团体育工作室，创建体育特色课程，积极发挥集团校优势互补、资源共享、区域共进的作用，为学生提供更多优质教育资源。为保证在线体育课的学习质量，在线上课程正式启动后，体育组根据课堂中可能存在的问题制订了针对性的解决方案。

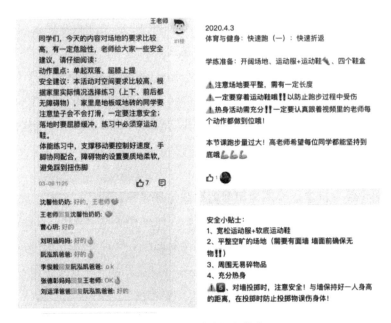

图 4 - 1　在线体育课程教学

为保障课程安全,体育教研组通过备课提前对第二天的教学内容进行梳理和评估,对于存在安全隐患的内容在课前做好充分的安全提示,充分考虑场地大小,地板材质等因素,通过练习建议的形式在"晓黑板"提前告知学生和家长,让他们做好充分的准备,为居家体育课的安全筑起了壁垒。

针对学生运动能力参差不齐的问题,体育教研组结合学生的实际基础,将教材中的难点进行分解和再造,通过提纲的形式将其转换成易于学生理解的内容,帮助他们更快地理解动作要领,另外再提供必要的练习方法指导,帮助学生由易到难地掌握技术动作。在日常教学中,学生还能够通过微信或"晓黑板"将自己的练习动作分享给教师,而教师则会根据学生的分享进行线上指导和点评,在帮助学生纠正动作的同时,提高他们对运动的兴趣。

图 4 - 2　线上体育教学通知

对于线上体育课这一防疫背景下的新型教学样态,学生们适应吗? 参与度如何? 通过一组问卷调研,可以看到信息技术手段支持下的体育教学焕发出崭新生机。

兴趣是最好的学习动力,根据问卷调查结果,超过90％的学生对于运用线上技术进行体育课的学习表示乐于接受。

体育是一门临场性、互动性、即时性非常强的学科,虽然网络远程授课给教学带来了不少困难,但老师们迎难而上、精心组织,近乎全部的学生表示得到过体育老师的学习指导评价。

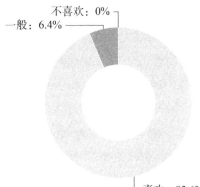

不喜欢: 0%
一般: 6.4%
喜欢: 93.6%

图 4-3　你对自己在线跟着老师学习体育感兴趣吗(学生卷)

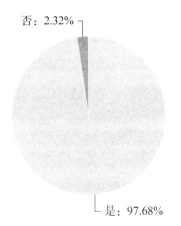

否: 2.32%
是: 97.68%

图 4-4　在线学习时,体育老师会对你的学习情况作出评价吗(学生卷)

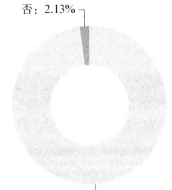

否: 2.13%
是: 97.87%

图 4-5　除线上课程外,是否在家开展其他体育活动(学生卷)

在全民健身、健康中国理念的推动下,我们希望体育锻炼的精神、能力不仅仅存在于三四十分钟的体育课教学之中,而是能转变为学生的一种生活喜欢和生活方式,培养积极向上的生活情趣。调查显示近98％的学生会积极主动地在家开展除了课程之外的体育活动。

通过上述调查结果可以得出,学生们能够适应和喜爱通过网络授课、远程直播形式开展体育锻炼和体育课学习。不过,结合对于体育教师的访谈和学生们的反馈,线上体育教学仍需在场地器材、网络设备、家长配合等方面作进一步的优化调整以争取教学实效的最大程度发挥。

市教委多次指出，"空中课堂"只为学生提供了体育课程中"保底"的内容，各校还应根据实际情况，进行适当的补充练习。为了帮助学生更好地进行居家体育锻炼，体育教研组借助微信公众号平台，以小蚂蚁"I"运动为主题，利用文字提示结合图片、视频的方法，围绕居家体育锻炼，根据低年级和高年级的不同身心特点，设计了三期《居家运动指南》。三期指南分别围绕球类练习、居家亲子健身以及基本身体素质发展进行设计，有效地和"空中课堂"的内容进行互补。教师通过微信及晓黑板，将《指南》推送给学生，并鼓励他们及时分享自己的练习，而学生则及时将自己的练习情况通过图片或视频在班级群内进行分享，教师再进行点评和指导，师生间的交流通过互联网平台焕发出新的活力，形成了家校合作的新生态。

图 4-6 居家运动指南

通过几个月的线上学习，老师们发现学生的自主学习的能力有了显著的提升，尤其在教师对教材进行知识点的梳理之后，很多学生都能跟上"空中课堂"的节奏，并自觉地根据教师的练习建议进行自主学练,在视频交流中老师通过在线指导帮助学生进一步优化动作,最终达成教学目标。

而将音乐融入线上体育教学的例子也比比皆是。2022年春季,上海疫情形势十分严峻。体育组老师们希冀这一阶段的体育课,不仅如同常规课那样能够帮助孩子们强健身心,更要引导学生们树立起团结一心、自强不息、刚健有为的人生态度,在困难时刻依然要保持乐观向上积极的心理品质。老师们的每次教案中,都配有丰富新颖的音乐素材包,学生们进行准备热身和体能训练时,都能伴随着昂扬欢快的节奏和乐曲。这一阶段流行的刘畊宏"本草纲目毽子操"等时兴元素,也被搬进了线上体育课堂。

在复课之后,线上学习模式仍将继续服务线下教学,有效地将课堂延伸到家庭,在提高学生自主学习能力的同时,激发孩子的运动兴趣。《居家运动指南》将成为学校家校共育运动计划的新增长点。线上的互动分享,让运动不再停留在"纸上",师生间的互动、生生间的学习,让运动更快地走进孩子们的家庭,老师的及时指导也让运动更加学科学合理,学生在这样的互联网新生态中身心得到了释放,运动习惯也逐步在潜移默化中养成。

二、注重音体协调——学生健美操、韵律操与教师太极拳

音乐教育对儿童的身心发展和精神世界的建构有至关重要的作用,它最能直接激发儿童对美好事物的灵性与追随。[1] 音乐与体育领域的结合使得"体育音乐"概念出现并拓展了音乐的更多功能。[2]

我校贯彻落实《体育与健康》课程改革方针,坚持以"健康第一"为指导思想,以乐健体、乐体结合,通过组织开展学生韵律操、健美操运动,培养学生的乐感和集体意识,帮助学生养成健美的形体和优雅的气质,让学生在音乐与运动中感受青春活力,起到启迪智慧、陶冶情操,使学生身心健康发展的作用。

我校健美操队以全面提高孩子的身体素质为目的,以创建健美操校园特色为出发点,以全面普及和推广健美操在全校各年级的开展为契机。同时给孩子创建一个平台,让孩子来展示自己的特长、释放自己的热情。以竞赛促活动,以普及促提高,发展学生的特长。在健美操训练中,我校依据学生的年龄特点,制订了详细的训练计划。

---

① 杨丹.小学音乐课程实施的困境与走向[J].课程·教材·教法,2020,40(8):109.
② 丁豪.音乐与体育——体育音乐功能浅谈[J].安徽体育科技,2001(2):101.

分成形体姿态、健美操基本步伐两个基本模块来设计训练,在形体姿态中安排站姿练习、芭蕾手位脚位练习、把竿练习等,为以后的健美操训练打好基础,在练习的过程中配以音乐,让学生在音乐中充分感受自己的形体美;在基本步伐练习中安排健美操七个基本步伐练习、基本步伐组合、成套健美操的学习和成套比赛动作内容。

我校健美操队队员们积极参加社团活动,利用课余时间进行训练,展现出积极向上、合作奋进的良好风貌。在队员们的刻苦训练和教练老师的悉心指导下,我校健美操队不断发展,历年来在全区比赛中都位居前三,并在 2019 长宁区中小学生运动会健美操啦啦操比赛中获小学组一等奖。

图 4-7 健身操比赛

学校还将韵律操作为常规体育课教学活动,这一活动得到家校资源的共同支持。韵律操将体育、舞蹈、音乐巧妙结合,具有较强的健美性和观赏性,节奏鲜明动作优美。通过韵律操活动的常规练习,能够达到强身健体,塑造健美体型的目的,同时,对学生姿态动作的形成也有一定的积极作用。相信孩子们会在节奏与动感中舞动青春,在律动与活力中放飞梦想。

学校不仅在学生培养中注重音体协调,校工会还牵头组织教师每周参加太极拳课程。课程得到上海师范大学专业领域的教师指导,只要报名即可参加。太极名家解礼德先生将自己五十多年习拳的真实体会和经验倾囊相授,为学习太极拳的老师们搭建了一座循序渐进、步入太极内门功夫的桥梁。他用易于理解的力学原理、人体生理结构常识来分析、解读太极拳搏击和养生的基本原理,带领老师们窥见太极堂奥,修养生之道。

图 4-8　太极拳运动

三、引领身心健康——班级个性化心理游戏

小学是人身心发展过程中的重要时期,由于缺乏科学的辨别能力和社会实践经验,加上独立意识较弱,所以小学生很容易产生心理行为偏差,而心理健康教育工作是一项系统工程,需要建设一支强大的心理健康教育队伍。[①] 为了进一步增强学校心理健康教育的针对性和实效性,开发学生的心理潜能,提高学生的心理健康水平,促进学生形成健康的心理素质,天一小学每年都举办主体心理健康活动月,开展丰富多样的个性化心理活动。

2019 年,我校开展以"阳光生长,智慧生活"为主题的心理健康教育活动月系列活动,旨在减少和避免各种不利因素对学生心理健康的影响,培养身心健康、阳光智慧、彰显"小蚂蚁"精神、具有中国底蕴的世界小公民。同学们以班级为单位,围绕班级学生在心理健康方面的实际情况举行了内容丰富的十分钟队会活动。队会上,学生们认真准备,通过讲故事、小品表演、小组讨论、学生点评、学生语录等方式,在寓教于乐中体验情感,讲述心"晴"故事,学习相关的心理知识,并且审视自我,使每一个孩子都能快乐成长。

2020 年,学校以"美丽心灵,快乐涌动"为主题开展了丰富多彩的心理健康教育主题活动,旨在培养"小蚂蚁们"积极乐观的人生态度,唤起对心理健康的关注,感受生命的意义与价值。升旗仪式上,心理老师李芸介绍了本次活动月的主题与形式,并分享了心理健康小知识和心理调适的小妙招。学校心理健康广播栏目"心灵之声",由心理辅导员担任广播员,通过心理故事、知识普及等方式进行心理健康教育。各班围绕"榜

① 邓公明.中小学心理健康教育重在"落实"[J].中国教育学刊,2021(9):108.

样精神"开展主题班会进行分享交流,通过引导和榜样示范帮助"小蚂蚁们"树立正确的价值观,实现自我强化,构筑和谐的内心世界。

图 4-9　心理健康教育月主题活动

2021年我校开展了一场别开生面的课间大活动,由学生成长部和心理咨询室牵头,协同各班班主任老师以班级为单位,开展了符合班级个性化需求的团体心理辅导或心理拓展体验活动。旨在进一步引导学生能够用积极的心态面对生活,缓解压力;加强伙伴间、师生间的信任与合作;增强同学、师生间的情感交流。心理咨询室李芸老师就小学阶段学生可能会出现的心理困扰及情绪现状需求,给同学们传授了贴合生活实际的调适妙招。通过此次活动,学生们学会了如何合理释放自己情绪、热爱生活,以更加积极乐观的姿态拥抱未来。

四、鼓励师生同健——"阳光校园"晨锻活动

一年之计在于春,一日之计在于晨。近年来,我校利用早晨 7:35—8:10 的时间段,在全校开展"阳光晨锻"活动,给愿意提早到校的学生提供体育锻炼的机会,这一活动在家长、学校和社会层面都取得了良好的反响。

为保障晨锻活动安全有序开展,学校在选择活动内容时,充分考虑了不同学生的年龄特点,选择适合他们的活动内容,并且随着时间的推移进行轮换,力求让每个学生在不同的活动项目中感受到快乐。在场地的安排上,学校根据项目特点,对现有场地进行合理的划分并且随着时间的推移进行轮换。校园体育锻炼类型丰富,能够满足不同爱好、不同年龄层次学生的诉求,旨在培养学生的体育爱好,以锻炼的健康形式开启一天的生活,养成良好的体育锻炼习惯。教师作为志愿者,到岗之后先到当日总护导老师处签到,并领取志愿者标志和晨锻记录手册;查看晨锻内容及场地,并到值班体育

教师处领取器材;配合家长志愿者布置练习场地,分发器材,并做好学生的签到工作;指挥学生安全有序地开展晨锻活动。晨锻结束后,组织学生整理好器材,并归还到器材室,将晨锻手册和标志归还给总护导老师。同时,我校还发布倡议书,邀请学生家长以家长志愿者的形式,共同参与锻炼和管理,组织学生安全练习,成为孩子们积极参与锻炼的好榜样。

图4-10 阳光晨锻

自阳光晨锻活动开展后,教师和志愿者们也加入到晨锻的队伍中,在带领学生锻炼的同时也加强自身的身体素质。学生通过坚持晨锻,对体育活动的兴趣明显增强,课后参与体育活动的人数明显上升,许多学生将在学校玩的体育游戏项目带回家中,与父母一同锻炼。许多学生通过自主学习和小组合作的方式,学会了很多游戏的玩法,同时还在原有基础上进行玩法的创新。学生会利用晨锻或者午休时间自行组织游戏,校园里形成了浓厚的健身氛围。

五、倡导家校共育——校内亲子运动会与校外亲子训练营

中国教育已经进入家校合作育人的新时代。2018年9月,习近平总书记在全国教育大会上指出,"家庭是人生的第一所学校,家长是孩子的第一任老师,要给孩子讲好'人生第一课',帮助扣好人生第一粒扣子"。① 为了更好地贯彻中央国务院关于加

---

① 张竹林,朱赛红,张美云.家校共育视域中教师家庭教育指导能力建设研究[J].上海教育科研,2021(8):55.

强青少年体育锻炼,增强青少年体质的意见,充分体现"阳光体育,家校共育"的工作思路,学校以"家校携手——成就小蚂蚁七彩童年"为主题,结合不同年段学生的身心特点以及学校体育项目特色,通过各类有趣的亲子游戏竞赛,搭建亲子运动平台,使学生在运动中学会如何团队合作,体验运动的魅力。

在室外运动会中,参赛班级秩序井然,每一个参与运动会的"小蚂蚁"们和家长都在积极努力比好每一个赛事,而其他"小蚂蚁"们则在一旁欢呼助威!每个班响亮的口号声和加油声此起彼伏地充满了操场的每一个角落。

运动会比赛项目按照学段分为两个批次,四、五年级为第一批次,比赛项目为能量传输、疯狂毛毛虫、履带战车、亲子爱心专线、奔跑吧小蚂蚁。一至三年级为第二批,比赛项目有亲子双人跳绳、疯狂毛毛虫、无敌降落伞、亲子袋鼠跳接力、奔跑小蚂蚁。

每个班级为了此次运动会都做了丰富的准备,从服装到加油道具无不呈现出"小蚂蚁"的运动精神。在"奔跑吧小蚂蚁"这个压轴项目中,速度快的"小蚂蚁"主动牵手帮助速度慢的提高速度,负重较少的"小蚂蚁"帮助身背重物的减轻负担,在运动会中,"小蚂蚁"们呈现出努力坚持、团结协作、顽强拼搏、互帮互助的精神。

图 4 - 11　室外运动会

在运动会成功举办的背后,是同样尽心尽责,充满活力的教师和家长。教师们前期精心选拔班级参赛队伍,组织学生积极有序参与。

家长们也倾情奉献,热情付出。道具准备、运动员检录、场地布置、纪律维持、分数统计、摄像摄影,家长们的身影遍布赛场的每一个角落。

比赛时有家长参赛团队、家长裁判团队以及家长拉拉队团队,家长的参与既能够让孩子与家长一起体验运动的快乐,加强亲子之间的情感交流,又可以激发学生参加体育活动的兴趣,在活动中增强其团结协作、遵守规则的意识。

图 4-12　家校共育活动现场

　　而以在校外开展为主的"小蚂蚁"亲子训练营,则是学校另一项家校共育的特色体育品牌项目。家长们充分利用自己的资源,承担起场馆联络、教练邀请、器材购买、活动策划、流程实施、安全保障、新闻撰稿等各项工作,少则组织一个班部分学生,多则带动一个年级学生,一起进行体育类技能训练和趣味亲子活动。

　　2017 年 10 月,二五班家委会就曾携手"来吧爸爸"俱乐部,开展了一次有趣的亲子体育活动。活动当天,二五班的"小蚂蚁"们和自己的爸爸妈妈在天一室内运动馆内度过了开心而有意义的一个上午。本次活动脱离了过去由学校主办,家长参与的传统做法,转为最大化地发挥家庭的力量,完全由班级家委会策划组织,也依托家长资源顺利接洽到"来吧爸爸"亲子俱乐部共同承办。这种全新的家校共育模式更好地发挥出'家'的育人作用,也将以学校为主导的运动模式过渡到由家庭自发组织的模式,化被动为主动,真正让运动走进孩子们的家庭。使得学校与家长的联通更为紧密,家庭和学校统一目标,同唱一首歌,让教育焕发出新的活力。

图 4-13　亲子训练营活动现场

通过近年来的实践,学校家校共育之运动计划正朝着课程化实施的方向发展。2020 年 9 月,学校以"小蚂蚁,I 运动"为主题,形成了天一家校共育课程实施方案,方案的出台不单单是对之前经验的总结,更标志着家校共育工作正跟随着区域发展的脚步不断推进,不断完善,将来还有更多的空间等待挖掘和探索,让家校共育工作深入人心,造福学生,焕发出新的生机与活力。

最好的音乐是这种音乐,它能够使最优秀、最有教养的人快乐,特别是使那个在品德和修养上最为卓越的一个人快乐。

——[古希腊]柏拉图

第五章　以"乐"韵美,润泽美丽人生

中共中央办公厅、国务院办公厅2020年10月15日印发了《关于全面加强和改进新时代学校美育工作的意见》,指出学校主体要"强化学校美育育人功能,构建德智体美劳全面培养的教育体系"。①

美育作为落实国家"立德树人"根本任务的主要抓手,其全称是审美教育,又叫美感教育,它是通过一定的方式和途径来培养人形成正确的审美观,并以健康高尚的审美情趣来提高感受美、鉴赏美和创造美的能力的教育。美育是发展素质教育的重要途径和内容,其实施途径与学校艺术教育的进展不可分离②。音乐教育作为美育的一个重要组成部分,在开发潜能、培养创造力、完善人格、美化人生等方面有着非常独特的作用。

随着课程改革的逐渐推进,素质教育观深入人心,美育作为促进学生全面发展的重要方式之一,将其与小学音乐课堂教学相融合,成为培养学生音乐素养的重要渠道。上海市长宁区天山第一小学始终注重音乐与美育的结合,采用多种形式引导学生积极参与音乐体验,激发学生对音乐作品的感受与理解,培养听赏音乐的兴趣,引发学生的想象和联想,鼓励学生勇于表达自己的审美体验,培养学生的音乐鉴赏和音乐评价能

---

① 郭声健.《关于全面加强和改进新时代学校美育工作的意见》:一部新时代学校美育改革发展的纲领性文件[J].美育学刊,2021,12(1):1—7.

② 李洋.习近平关于美育的重要论述:生成、要义及特征[J].河北广播电视大学学报,2021,26(1):79—85.

力,从而养成健康向上的审美情趣,使他们在真善美的音乐世界里感受高尚情操的熏陶。

第一节　音乐在美育中的价值

音乐作为一种听觉的艺术,与人类的情绪情感、审美情感和精神境界有着十分密切的关系。音乐教育是进行美育的重要手段之一,发挥了启迪"美"的教育。在音乐的环境下引导学生接受美的欣赏活动,有助于学生产生美的情感体验,实现内心对美的追求,从而完成审美品格的建立。

《义务教育艺术课程标准》(2022年版)中提到,艺术是人类精神文明的重要组成部分,是运用特定的媒介、语言、形式和技艺等塑造艺术形象,反映自然、社会及人的创造性活动。艺术教育以形象的力量与美的境界促进人的审美和人文素养的提升。艺术教育是美育的重要组成部分,其核心在于弘扬真善美,塑造美好心灵。

学校音乐课程的教学,是实施美育的主要途径。发挥音乐在培养学生音乐审美和感知能力的关键作用,培养学生的音乐感能,激发他们潜在的音乐审美需求,培养感性与理性相结合的音乐鉴赏力,使学生形成正确的审美观念,以及表现美和创造美的艺术创造力,是上海市长宁区天山第一小学音乐美育所提出的具体要求,也是音乐审美教育的主要任务。

一、通过多样化音乐形式提升学生感知能力

音乐是一门听觉艺术,音乐艺术的一切实践都必须依赖于听觉。在音乐欣赏的过程中,音乐审美感受力是非常重要的,这是一种感知能力,是指能够欣赏生活中的美好事物的能力,了解美的事物的内涵和本质的能力。正如美国音乐家西肖尔说的:"了解与学习音乐的关键在于聆听。"小学音乐欣赏的重难点是培养小学生的音乐感知力,促进小学生产生学习音乐的动力和兴趣。音乐丰富的节奏、旋律和明显的力度、速度变化,如民族音乐的五声、七声等调式或者西洋音乐中的大小调式等,都会对人的大脑皮层产生作用,让听者本能地跟随音乐产生冥想,唤起聆听者或美好或伤心的记忆[1],进而训练和培养良好的听觉感知力。

---

① 张立颖.高校音乐教育对学生情绪、情感的影响作用研究[J].戏剧之家,2021(6):96—97.

在音乐教育教学中,教师通过不同类型音乐作品的展示,通过听觉感知音乐中的音色、音频、音效等因素,使学生感受不同的乐曲风格和美感;分时段分场合,运用不同风格的音乐、不同形式的音乐教育,创造不同且富含教育功能的音乐环境和情绪;分层次分年级,运用针对性强的教学方法,创设符合学生共同喜好而又异彩纷呈的音乐课堂,有利于稳定和促进学生的积极情绪形成,让学生体验到一种自己在亲身参与掌握知识的感受,进而提高学生的听觉感知能力,使学生心理健康教育达到事半功倍的效果。

二、利用音乐形象特异性培养学生审美情感

音乐欣赏是音乐学习的重要组成部分,不仅能够培养人们的音乐兴趣,扩大人们对音乐的了解视野,丰富人们对于音乐的情感体验,还能够陶冶人们的思想,培养和提高人们的审美能力。由此可见,音乐与情绪、情感之间有着紧密的关联。音乐欣赏包含审美感知、想象、情感、理解等四个相互影响、相互渗透的要素,在这些要素中,音乐审美感知是其他活动的基础[①],是人们对于美的直觉反应,音乐审美想象是大脑对感知到的图像等事物重新组合,然后再发展创造的一个过程。

音乐教育在音乐课堂教学内容中包括歌唱、唱游、欣赏、器乐、创作等教学方式。在音乐教学中,教师通过引导学生感受音乐作品所塑造和传达出的形象,并以此为基础体验音乐作品的内涵,引导学生建立在一定的生活基础上对音乐的构思和幻想,逐步提升学生的审美情感[②],并逐步培养学生对于音乐美的感受能力、鉴赏能力、表现及创造能力,使他们得以在参与审美实践的过程中,认识什么是好的、美的音乐,什么是坏的、丑的音乐,并逐步使他们具有一定的独立分析、评价能力。此外,音乐不是一种有形的客观事物,无法在空间进行直观体现,只能利用旋律和节奏象征性地表达和感知,教师在乐器的协同演奏中引导学生将情境演绎出来,在欣赏的过程中,展开丰富的联想,感受音乐作品表达的情境,有助于学生审美能力的培养以及审美心理的构建。

三、结合丰富意蕴促进学生良好品格的形成

审美教育是情感体验的教育,音乐教学的全部过程都应有感情的参与。而音乐是

---

① 金书妍.音乐教育中的审美哲学研究[J].南方文坛,2021(4):59—62.
② 田映红.小学音乐合作学习的探索[J].当代音乐,2016(21):36—37.

最能够调动学生情感的艺术,是他们本性和本能的自然流露。在音乐感知与欣赏方面,音乐的传达方式与语言不同,语言表意比较明确,而音乐的意向却不是固定的,最开始是一种模糊的形象,需要结合丰富意蕴进而提升学生个体的精神境界。音乐作品的情感感知分为三个层次,分别为音响、情感和意境,不同层面表达的主题不同,其中意境层是音乐作品中最核心的层次。音乐意境层指的是音乐的背景与抒情,通过音乐形象展现出来的一种哲理性思想和情感内涵。

音乐鉴赏是一个动态的体验过程,但音乐作品的创作必须具有理性的思维能力。教师通过引导学生对音乐作品反复聆听和品味,在体验过程中融入理性思考,并进行反复品味,使学生对作品意境有更深刻的感知,有助于帮助学生准确把握作品情感,感受音乐的内涵和精神境界,让学生在音乐课堂中受到潜移默化的影响,切实体现美育与音乐的相互融合,从而培养出有品格、有抱负、有文化和充满正能量的人才,在心灵和精神上获得提升,促进学生全面发展。

第二节　美育的实施概况

上海市长宁区天山第一小学始终坚信,经常处在音乐教育浸润中,并且享受音乐的审美过程,能够良好地塑造学生的艺术气息,培养学生的审美情操。2010年,在长宁区教育局的支持下,学校进行了公办学校教育国际化办学的探索,建成了在全市有相当影响的未来学习中心一期。2014年,学校以"联通儿童与世界"为办学理念,培养具有中国心的世界公民,开启了未来学习中心二期——音乐创意学习中心,该项目也成为了上海市中小学创新实验室项目。以素养为导向,创意为中介,学习场域建构为关键,发挥学生主体,教师主导作用,发展指向音乐的"大概念",创新美育。

天一小学的音乐创意学习中心充分满足了学生对音乐审美的需求,为每位学生搭建了感知、表现、鉴赏、创造的舞台,让学生在物理环境中感受、感知艺术的魅力,激发学生音乐学习的创造力。"小蚂蚁"儿童歌舞剧、"校园铃声我做主"等学校创意活动,不仅使天一小学的学生们感受到了音乐创意带来的乐趣,还为天一小学的公办学校国际化办学和实施全面素质教育提供了强有力的支撑,在上海市区域乃至全国产生了辐射性的示范效应。中心成果《创意驱动的小学高质量音乐学习系统开发与实践》荣获基础教育国家级教学成果二等奖、上海市教学成果特等奖。

一、基于音乐创意学习中心的基本理念

美国著名教育家大卫·库伯(David Kolb)在总结前人学习经验的基础上提出"学习圈理论",该理论包括具体体验、经验观察、抽象概念及实践检验四个环节,以其独有的视角提出了学习过程中经验总结及反思观察对学习者的促进作用。[①] 库伯认为,学习是一个完整的过程体验,是学习圈四个阶段不断循环往复和螺旋上升的规律体现,是学习者基于经验所做出的理性思考及能力提升,并使其在进一步的学习中不断贯彻实施促进学生成长的过程。

此外,库伯"学习圈理论"强调学习者的个体差异,在现实社会中,每个人都有不同的社会体验,因此表现出不同的领悟能力。而每个人的先天基因和后天习得机会也存在较大差异,这就造就了不同的学习者不同的理解能力和学习能力,但这种差异不代表学习者价值判断的优与劣,而是不同潜能对后天环境的不同反应,因此,教学方法与学生特性之间的同一性是教育者在教学过程中应关注的焦点。

图 5 - 1　库伯"学习圈理论"

天一小学音乐创意学习中心基于大卫·库伯的学习圈理论的观点,立足学习者个体差异的客观性,根据不同学习者的需求实施因材施教,创建了"音乐之声"、两条"音乐之廊"、六个"音乐之盒",让学生通过直接经验或间接经验来感受、感知艺术的魅力,在不经意间将音乐作为联系儿童与世界的纽带、沟通儿童与世界的桥梁,塑造学生的艺术气息,培养学生的审美情操。

二、基于音乐创意学习中心的空间设置

为了在最大程度上满足学生学习音乐、感受审美情趣和创意灵感的需要,天一小学聚焦学生音乐品格的提升和音乐品味的提高,通过音乐创意学习中心的实体空间建设、"创意中心"虚拟空间建设和中心内外空间融合建设打造高粘度学习空间,将所有

---

① 王吉康.试析体验学习双循环圈理论[J].比较教育研究,2017,39(3):75—81.

的音乐活动场所和空间集中在一个中心。学校最大化整合音乐教育资源,烘托音乐教育的环境氛围,扩大音乐教育的体验内容,达到音乐审美中环境(审美主体)、情境(情感意境)和乐境(音乐想象)的三镜重合,满足学生"表演式学习""体验式学习"和"个别化学习"等多样性的学习需求①。

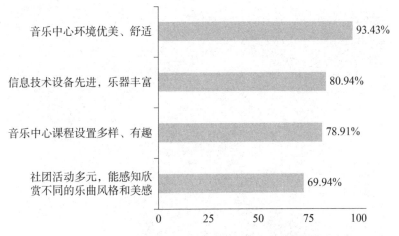

图 5 - 2 你认为学校的"音乐创意学习中心是怎样的"(学生卷)

在面向学生的问卷中,课题组设计了"你认为学校的音乐创意学习中心是怎样的?"的题目,93.43%的学生表示"环境优美、舒适",80.94%的学生表示"信息技术设备先进,乐器丰富",78.91%的学生表示"音乐创意学习中心课程设置多样、有趣",69.94%的学生表示"社团活动多元,能感知欣赏不同的乐曲风格和美感"。由此可见,优美的环境、多样化的设备、先进的技术是促进天一小学学生音乐学习方式实现根本性转变的重要保障。

上海市长宁区天山第一小学的音乐创意学习中心由一个"音乐之声"、两条"音乐之廊"、六个"音乐之盒"组成,学生可以在音乐创意学习中心的"音乐之声""音乐之廊""音乐之盒"中,通过直接经验或间接经验来感受、感知艺术的魅力,通过看一看、演一演、编一编、说一说、画一画、唱一唱、跳一跳、做一做、奏一奏、吹一吹、拉一拉、秀一秀等不同的创意方式,进一步开发和拓展音乐实践与创造的途径,激发学生学习的多样性和体验的灵动性。

---

① 吕华琼,周元祥.未来学习中心:学与教方式转变的探索[J].上海教育科研,2016(11):50—53.

（一）点："音乐之声"的起始大厅

天一小学"音乐创意学习中心"的"音乐之声"是一个具有实际视听功能的多媒体互动大厅，由聚光器、留声机和控制装置组成，不但具有震撼力的艺术造型，更是一个具有实际视听功能的大型的多媒体互动平台。

图 5 - 3　学生体验"音乐之声"多媒体功能

作为"音乐之声"起始大厅，它兼具接待中心、鉴赏中心和控制中心的多重功能。进入这个区域，会触发多媒体系统启动，自动播放音乐并投影相关画面，天一小学的学生们可以从多方位用信息化的手段来感受"音乐之声"的艺术魅力。

（二）线：两条"音乐之廊"互动长廊

天一小学运用信息技术和多媒体设备，在音乐创意学习中心设置了两条信息化多媒体学习区的"音乐之廊"，作为天一小学的学生们展示才华创意与提出学习或生活意见及抒发心事的理想圣地。

"音乐之廊"的设计包含四种不同功能，学生们在这里可以查询信息、学习音乐的历史、种类、艺术的表现效果，还可以体验各种乐器。

器乐教学是中小学音乐教学的主要内容之一，近年来教育部门大力推荐开展"课后一小时"活动及"器乐进课堂"等项目。为有效实现音乐创意学习中心空间功能的最大化，天一小学的"音乐之廊"专门设计了橱窗供展示和储藏所用吹管乐器、弓弦乐器、

图 5 - 4 学生与家长在音乐之廊搜索同学们创编的铃音

弹拨乐器、打击乐器,如扬琴、二胡、手风琴、小提琴、大提琴、马林巴等,满足不同学生对乐器的好奇和兴趣。

(三) 面:六间音乐功能多媒体教室

为了更好地体现校园文化特色,为建设音乐特色课程提供基本保障,天一小学建设了主题鲜明、设施完善、环境幽雅、功能齐全的音乐专用教室和场馆。天一小学音乐创意学习中心的"音乐之盒"包含六个音乐盒子,也就是六间功能教室,进入这些教室,就像打开一个个充满神奇魅力的音乐魔盒。"音乐之盒"的六个多功能教室分别是声乐教室、器乐教室、形体教室、两间特色课程教室以及一个小剧场兼室内体育场的多功能教室。

作为音乐创意学习中心最大的一个盒子——"小蚂蚁"剧场,它的设计兼顾了学校的各种使用需求,活动场地设置了移动式看台和舞台。为了让学生更好地亲近自然,"音乐创意学习中心"的"音乐之盒"还引入了自然光,将室外运动场的优点尽可能转入室内,为学生创造良好的活动条件。

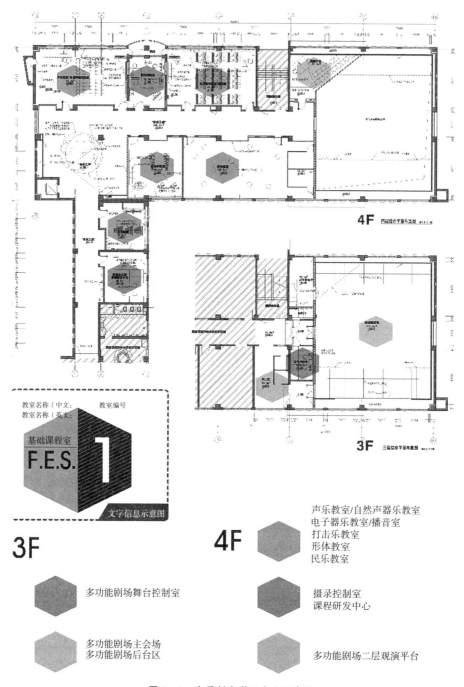

图 5 - 5　音乐创意学习中心示意图

在"音乐之盒"的空间里,天一小学的师生们可以根据活动需求将其变化成剧场空间,满足会议、演出等多种场地需求。"音乐之盒"的墙板表面还可以安装篮筐等运动设施,学生们可以在这里上体育课或者进行体育运动。

学校"小蚂蚁"剧场的使用面积 320 平方米,层高 9.5 米,可以同时容纳 300 人左右。剧场内拥有目前上海市公办中小学中最先进的 LED 显示屏。剧场内充分体现人文关怀,设有更衣室和化妆间,安装有绿色环保的新风通风设备和中央空调。控制室内调音、调光、转播等功能一应俱全,除了为天一"小蚂蚁"们提供展示的舞台,也为请进优秀艺术团队演出提供了一个专业化的场所,更为区域各级交流展示活动提供了一个良好舒适的空间,"小蚂蚁"剧场成为名副其实的多功能场所。

三、基于音乐创意学习中心的课程安排

音乐作为学校开设的必修课,不仅可以影响学生的思想品德建设、提升学生的音乐素养,而且可以以其无处不在的渗透力和潜移默化的感染力,丰富校园文化建设。天一小学音乐创意学习中心的成立,不但在硬件设施上为学生的文艺活动提供了优质的音乐学习和活动的资源和空间,更是让学校所有的教师在教育理念上有了一个全新的认识,包括学校的资源如何为学生用足用好,学校教师如何为学生创设展示的平台等,一切都从学生的实际出发,为学生的发展考虑。

(一)音乐创意学习中心音乐之廊主题活动

苏霍姆林斯基强调:"用环境,用学生自己创造的周围情景,用丰富集体精神生活的一切东西进行教育,这是教育过程中最微妙的领域之一。"音乐创意学习中心的音乐之廊的主题设计活动项目面向全体学生,旨在让每一个学生都拥有成功的喜悦,自信地晒出自己的作品,在彰显个性的同时培养团队合作精神,培养创新精神与动手动脑能力,在鉴赏中提升每一位学生的审美素养,是"小蚂蚁"们展现"大智慧"的又一个平台。

在面向学生的问卷中,课题组设计了"你喜欢参与'音乐创意学习中心'的音乐活动吗?"的题目,79.09%的学生表示"非常喜欢",18.69%的学生表示"比较喜欢",仅有1.39%的学生表示"不太喜欢"。由此可见,音乐创意学习中心丰富多彩的文艺活动受到了学生们的广泛喜爱。

自 2012 年 11 月活动启动至今,天一小学举办过的音乐之廊主题设计创作活动有"感恩节""我的出行我做主""我和我们""Dancing in Autumn"和"天一小学小蚂蚁校标

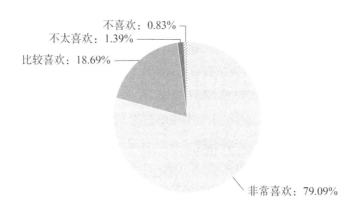

不喜欢：0.83%
不太喜欢：1.39%
比较喜欢：18.69%
非常喜欢：79.09%

图 5 - 6　你喜欢参与'音乐创意学习中心'的音乐活动吗(学生卷)

LOGO 设计大赛"，活动充分调动了同学们各方面的积极性，积极踊跃地展现自己的个性特长，全校学生热情参与。其中，每个主题活动都历经选题、指导、构思、绘画、评选五环节，每一步都扎实面向每一个学生，尽显天一小学老师的素养和学生的风采。

此外，天一小学将创作比赛的奖励和学校少先队德育活动奖励相结合，以积点券的形式发放，参与有奖，入选有奖，获得前十名的同学再有奖。根据创作参与度与作品技法表现力水平结合，学校分发不同点数奖励，学期结束学生可以用获得的积点自主选择换取自己喜欢的奖品。

图 5 - 7　学生在音乐之廊"艺术小达人"墙上签名

在关于"每学期你在音乐创意学习中心参加活动的次数大约是?"的问卷调查中,39.41%的学生表示"每学期参加0～10次",39.41%的学生表示"每学期参加10～30次",14.89%的学生表示"每学期参加30～50次",6.29%的学生表示"每学期参加50次以上"。由此可见,天一小学的学生对于参与音乐创意学习中心的文艺活动具有较高的热情且参与度程度非常高。

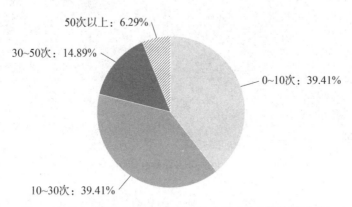

图 5 - 8   你每学期参加音乐创意学习中心活动的次数是(学生卷)

在天一小学的音乐之廊里,教师、家长可以把学生的作品、荣誉贴上去,学生也可以把自己的作品展示出来。每张作品旁都会有一个俏皮的"拇指赞",只要是你喜欢的,只要是你认为值得一赞的,都可以在作品旁的"GOOD JOB拇指赞"里用"小贴纸"表示一下赞誉。有自信的学生也可以把这份夸奖贴在自己的作品旁。所有教师都有一个小印章,随时可以表达对"小蚂蚁"们的赞美。每个教室里都有一张"斗秀榜",同学们可以将每一次秀的作品上的小贴纸和小印章进行统计,学期结束,大队部以此为凭证评选出"斗秀风采"的荣誉队员。

(二)小微音乐"校园铃声我做主"创意活动

天一小学在暑假开展的音乐小微创新项目"校园铃声我做主"课间铃音创编是学生充分发挥音乐创编的主要平台,是学生在35分钟音乐课堂外对音乐学习的延伸。学校将《上海市音乐学科课程标准》中关于"创编"环节的要求中涉及的教材创编内容与"校园铃声我做主"创意活动的开展要求进行整合,在音乐创编活动中探索多元化的评价方式。

天一小学的铃声不再是单调的千篇一律的"嘀铃铃",而是学生自主选择的美妙音乐,或是师生校园亲切的话语。短短的两分钟不到的铃声,给了"小蚂蚁"们在校园当家作主的权利。

图 5-9　学生在录音棚录制校园铃声

与此同时,这些"小蚂蚁"们在课间铃声作品的设计和反复修改中录制铃声,他们学会了学习和合作,收获自信。他们在享受音乐和快乐的同时,也学会了将快乐分享给他人。假期中,学生可以自由组队,并邀请家长支持,将七个音符进行不同的组合,变幻出不同的节奏和旋律。其间,学生还会经历歌曲录制、推广和投票评选等活动。这样一份与众不同的作业,提升了学生的创造性和问题解决能力。

为更好地为学生提供铃声录播的环境和真实的体验,天一小学的音乐创意学习中心设置了专门的录播中心,使用面积87平方米。商音室由控制室和虚拟演播厅组成。控制室内有两套设备,一套为虚拟录播设备作为校园电视台,将 IT 技术与虚拟背景动态地合成起来,还有一套是录音棚设备,兼具简单的音乐、声音录音及剪辑合成功能。虚拟演播室是个多功能教室,兼具上课和演播功能。室内配有 BOSE 音响和先进的75 寸交互智能平板设备,集电脑、电视、电子白板、投影机和音响于一体,满足了学校一室多用的需要。

　　"校园铃声我做主"这一音乐创意项目自2015 年开展至今,已成音乐创意学习中心的特色品牌,开展连续 8 年,学生几乎人人参与,收到学生作品180 余首。从最初的一首作品循环播放,到现在每周多首作品"排队"轮流播放。

2018年,学校与家长合作,将学生上交的音乐作品全部上传腾讯投票平台,公平公开的评选方式更加受到了学生和家长的欢迎。2019年,天一小学被评为"上海市教育信息化应用标杆培育校",学校的信息化平台进一步得到优化和升级,为校园铃声创编活动提供了以往作品调取学习、作品展示和评价的智慧平台。

(三)"'小蚂蚁'儿童歌舞剧"深度学习项目

少儿歌舞剧作为经典的艺术表现形式,有许多流传广泛的富有教育意义的剧本。儿童歌舞剧是以儿童的心理特点和审美为标准,以歌唱为主线,由儿童表演的包含有故事情节、角色扮演、歌舞音乐的综合艺术表现形式。它以音乐为主体,以提高儿童音乐学习兴趣为前提,以培养儿童音乐综合能力为目的,是"寓教于乐"的音乐教学载体。将儿童歌舞剧引进小学校园,对于提高学生音乐学习兴趣,让学生在美的感受中健康快乐地成长,对培养健全的人格、良好的品德、实现综合性发展具有深远的教育意义。

2009年,天一小学被上海市教委授予少儿歌舞剧试点学校,基于此,学校在少儿歌舞剧领域开展了多种尝试,并取得了比较理想的成效。天一小学的教师指导学生将学习"小蚂蚁"知勤俭、会合作、守规则活动中的故事、体验、感悟作为体裁进行创编。低年级创编"小蚂蚁"童谣,中年级创编"小蚂蚁"舞台剧,高年级创编"小蚂蚁"儿童歌舞剧。学校教师还鼓励全校每个学生在一学年中都上台演出。

下面就让我们来欣赏天一小学精彩的"小蚂蚁"歌舞剧剧本吧!

《蜕变》(节选)
——为"上海市长宁区天山第一小学艺术节"创作
编剧:李振中

第四幕

场景:森林的一角

【接紧张的音乐。动物们还和往常一样。两人惊慌失措地上场告诉大家】

【看见大家都不理会他俩,小蚂蚁真真干脆把蚂蚁群正在搬运的食物扔在地上】

蚂蚁(班长):(气急的)够了!别在这儿捣乱了。

蝴蝶:你这人真是好心没好报,我们冒着生命危险下来告诉你们,你却说我们捣乱。你……(被真真劝住)

真真:真的真的。真的不骗你们,我们亲眼看见的。我们是冒着生命危险下来的。

蚂蚁(班长):少来了,就你这种连团队精神都没有的还会想到别人。

蚂蚁 A:对啊! 还冒什么生命危险。简直可笑。

蚂蚁 B:是啊! 要是真有洪水来,还不知道早跑到哪儿去了呢～

【众蚂蚁笑】

蚂蚁 C:别理他啦! 我们继续干活儿吧!

真真:(大声地喊道)大家听我说!

【众动物顿时无声】

真真:(语重心长地说)请你们相信我,我说的是真的,山上有个堤坝,水已经漫出来,而且很多地方都出现了漏洞,现在雨下得那么大,随时都会崩塌,到时洪水就会冲下来,我们这片森林全部都会被淹没的。

蝴蝶:她说的是真的。我们是冒着生命危险跑下来告诉你们的。

蚂蚁 D:算了吧! 像你这样的家伙,谁知道你玩儿什么把戏。

众蚂蚁:就是。别理她。

真真:(哭着大声说)我求求你们啦! 我说得都是真的,我没有撒谎,以前是我不对,但这次我说的是真的呀! 上面的堤坝真的马上就要崩塌了。求求大家相信我一次吧!

【真真边哭着边说边跪下。大家顿时愣住了。】

蚂蚁姐姐:我觉得她好像说的是真的。

众蚂蚁:那我们应该怎么办?

蝴蝶:要赶紧离开这里。

大象:什么? 要我离开这里? 我宁可洪水把我冲走,我也不愿离开我的家园。

众动物:对啊!

某动物甲:搞不好这只是一个子虚乌有的事儿。

某动物乙:对啊! 蚂蚁有多大呀! 看见一点儿水就吓着了。

蚂蚁队长:(觉得很没面子,也很无奈地)算了! 我们干活吧!

【众动物有继续做自己的事情。这时,跪着哭泣的真真突然站起来,擦干了眼泪,走到蚂蚁姐姐跟前把她拉到一边说】

真真:姐姐,在这里只有您是最信任我的。麻烦无论如何要让大家相信这是真的,让大家赶紧离开这里。

蚂蚁姐姐:你要干什么去?

真真:我现在上山去,想办法把水流的方向引开。

蚂蚁姐姐和蝴蝶:啊? 你疯了!

蝴蝶:你要上去的话,半当中你就会被洪水冲走的。

真真:我顾不了这么多了。还有,麻烦你帮我给大家带个话儿,以前是我错了,请他们原谅我!

【真真说完转身就往山上跑。蚂蚁姐姐和蝴蝶想追去,又止住,思索了一下。走到了众蚂蚁的面前说】

蚂蚁姐姐:大家听我说,不管真真以前是什么样,我们坚决不能放弃她。我们一起来帮助她吧! 我们是什么?

众蚂蚁:小蚂蚁!

蚂蚁姐姐:我们拥有什么?

众蚂蚁:Bright!

蚂蚁姐姐:我们是什么?

众蚂蚁:小蚂蚁!

蚂蚁姐姐:我们拥有什么?

众蚂蚁:Bright!

【切光! 大屏幕显示洪水暴发,从山上冲下来,把整个森林全淹没了。然后突然又时空倒转,时光隧道穿梭】

小“蚂蚁”之歌

编剧彭丽娜

开场舞:校操《we run together》

音乐《路边童谣》节选

哆、莱、咪、发、嗦(五人)唱:do re mi,就是你;do re la～do re la,la～～la～～la,la,la,la,la 呢?

拉(唱):我去上学校,天天不迟到,知勤俭,会合作,阳光生长,智慧前行～

哆、莱、咪、发、嗦(五人)唱:就是他!

拉:大家好! 我是一年级 X 班的拉拉拉同学!

哆、莱、咪、发、嗦(五人)(围圈拍手念唱):欢迎欢迎拉拉拉。

哆:我的名字叫哆哆,X(X)班的哆同学。

莱：我的名字叫莱莱，X(X)班的莱同学。

咪：我的名字叫咪咪，X(X)班的咪同学。

发：我的名字叫发发，X(X)班的发同学。

嗦：我的名字叫嗦嗦，X(X)班的嗦同学。

哆、莱、咪、发、嗦（五人）：欢迎欢迎拉同学，do re mi，就是你；do re la，就是他；do re mi si la，就是～～～就是。

拉：就是你我她，si 在那儿！她是我同桌，胆子特别小，说话声音也很小，昨天早上饭袋忘记了，还哭鼻子了呢！

音乐《你想不想堆雪人？》

哆（唱）：你想不想一起玩，快跟我一起来，我虽然第一次见到你，很喜欢你，做我们朋友吧！

莱、咪（唱）：我们都是好姐妹，相互帮助，有话大胆说出来！

发：小妹妹，以后饭袋忘记了，爸爸妈妈晚送来，学校门口都有执勤的哥哥姐姐，他们都会帮你送到教室的！

哆、莱、咪、发、嗦（五人）：没错！我们都会帮你送到教室的！

咪：现在人都到齐了，新学期开学，我们要赶紧创作我们的下课铃声啦！

所有人：好嘞～～

歌舞《哆来咪》

（四）自主选择的校园艺术社团

天一小学2000多平方米的音乐创意学习中心，自然艺术创意的设计形成了音乐的浸润式体验环境。学校鼓励每个音乐教师担任社团指导教师的同时，多方联络大学及专业艺术团队，积极牵头公益音乐教育资源，每天放学后和每周三下午的拓展课活动时间，为天一音乐零基础的学生们开启了"小蚂蚁"的音乐之旅——周一的巴扬手风琴、周二的弦乐、周三周四的京剧、周五打击乐等，这些课程与二年级竖笛教学、四年级电子琴课程以及学校的三团一队形成了多样立体的架构，为不同层次、不同需求的学生提供了丰富多样的音乐体验活动。

天一小学的民乐团已经成立了十几年，配置从十几人的单一乐队发展为拥有由二胡、柳琴、琵琶、阮、古筝、扬琴、笛子、鼓等弦乐、弹拨乐、管乐和打击乐组成的三十多人规模的民乐队，成长为区级优秀民乐社团。书法社团包括书法、版画、刮蜡画、水墨畅

图 5-10 "小蚂蚁"弦乐团与台湾学生乐团同台交流演出

游、创意泥塑等多种创意形式。天一小学的西郊农民画社团作为上海东广新闻台牵头的"我要学非遗"公益项目,特别聘请了"非遗"名录项目传承人胡佩群老师授课,使中国的传统艺术在校园内继续传承与发扬。

图 5-11 民乐团在学校艺术节表演

另一方面,天一小学积极搭建走向世界的表演舞台,如派出"小蚂蚁京剧社"来到新加坡参与"新加坡国际戏曲节"。幕后的"小蚂蚁"们在脸上勾画涂抹,披衣甩袖,模拟戏曲人物的一招一式,一颦一笑;台上,唱、念、坐、打,圆场、走边、起霸、亮相也是极为讲究。"小蚂蚁"们的精彩表演赢得了评委们的阵阵掌声,并以优异的成绩获得"新加坡国际戏曲节"优秀表演奖,一种民族自豪感在"小蚂蚁"们的心中生根。

图5-12　童安、金乐懿同学表演的京剧《四郎探母——坐宫》剧照

此外,学校始终坚持自愿与鼓励、普及与提高相结合的原则,设置多个艺术培训项目,鼓励全校学生参与活动,并尽可能地为全校师生组织各类艺术讲座、沙龙和一些视听活动,为丰富校园文化活动、推动艺术教育工作发挥作用。①

基于此,学校充分利用资源,聘请校外名人名家担任学校艺术团的顾问,加强艺术团的师资的培训力度,聘请校外知名的专业教师担任艺术指导、授课和排练,各队均设管理教师和队长负责日常排练工作。学校还积极组织加拿大 Buzz Brass 铜管乐团等世界著名乐团进校园,让"小蚂蚁"们深刻感受到艺术无国界,文化有共识,帮助"小蚂蚁"们在音乐中找到更好的自己。

---

① 吕华琼.学习引导者:校长的角色思考与践行策略[J].上海教育科研,2021(4):85—88.

图 5－13　加拿大 Buzz Brass 铜管乐团进校园

下面我们就来听听天一小学的学生们的成长感悟吧！

我与天一音乐创意学习中心的故事

　　我的思绪飘回了两年前，那时的我还是一名刚入校的一年级新生，那天是我第一次走进天一音乐创意学习中心，我屏气凝神踏入这座音乐的"圣殿"，当我看到那尊贝多芬的雕像，看到那仿佛可以伸手摘星辰的"天空之城"，我的心激动得怦怦直跳——我的小学五年将在这样的"圣殿"中度过！谁又能料想，两年后我创作的歌曲竟然可以展示在音乐创意学习中心的"唱片墙"上，与那些熠熠闪光的音乐大师们放在一起呢？我创作过"小蚂蚁课间铃声"，还出版过一本抗疫绘本《自以为是的下场——新型冠状病毒的自述》，这些都得到了老师们的支持和鼓励。

　　有了这块舞台，我自编歌曲的兴趣更浓了，后来我又创作了一首宣传爱惜粮食的《惜粮歌》，这首歌还获得了首届'MISA 星推秀'网络创意之星奖。墙面上还有一些空白的头像，是等着更多的小蚂蚁们的作品……所以我知道在天一小学，只要你有梦想，就有可能去实现！

　　这就是我，一只普通的"小蚂蚁"与天一小学音乐创意学习中心的故事。

——黄雪润

图 5－14　黄雪润在音乐之廊"唱片墙"自编作品前留影

我与"小蚂蚁手风琴乐队"的故事

大家都知道"小蚂蚁手风琴乐团"吗？这可是个很厉害的乐团！而我，就是这个乐团的一员！它是我们天一小学在 2018 年 6 月 7 日成立的，虽然时间很短，但是我们已经参加了十几场活动，给上万人带去了手风琴演奏。现在，有很多的叔叔阿姨都夸我，上台表演也快成了家常便饭。而我自己知道，其实一年前的我，才不是这样的呢。在学习手风琴之前，我很害怕上台。因为一想到要面对台下那黑黑的一片，我就紧张。有一次，老师让我们第二天要上台发言，前一晚我在家准备了好久，可是第二天，我还是打起了退堂鼓，因为我真的很害怕，我不敢看台下，不敢看同学的眼睛。那天说话好小声，小得我自己都听不见了。

后来，我在天一未来音乐创意学习中心开始了手风琴的学习。我是在一种"我不认识它，它不认识我"的状态下，被爸爸妈妈推进了巴扬手风琴的零基础音乐体验课程。学了一段时间后，我很快就可以演奏乐曲了，这种感觉真奇妙，动动手指，拉拉风箱，音乐就这么出来了。紧接着，我们乐团开始参加一个又一个的演出。第一次上台前，那种紧张的感觉又回来了。我还是不敢看台下，更不敢看观众的眼睛，我觉得他们肯定能一眼就看出我哪里弹错了。不过，我还是硬着头皮上台表演了。

图 5 - 15 赵浚辰与小伙伴们在俄罗斯领馆演出照

2018 年 6 月到 2019 年 2 月,我参加了一场又一场演出,从学校的手风琴成立仪式,到走入敬老院为老人们演奏;从少先队工作会议上的演出,到国际少儿创新艺术邀请展颁奖仪式;从 SMG 少儿春晚,到俄罗斯领事馆少儿联欢活动;从上海优秀手风琴乐团新年音乐会,到"一带一路"国家民族手风琴音乐会。我登上的舞台越来越大,台下的观众也越来越多,而我演出前的紧张,却越来越少。

手风琴开启了我的新世界,更是激活了我心底的小宇宙。我想背着它去更多的舞台,到更远的地方,去看更美的风景!

——赵浚辰

我爱天一,我爱京剧

我叫陈麓伊,现在二年级了,从我进入天一小学后,很开心,因为学校组织安排了丰富多彩的课外社团让大家报名学习,有击剑、高尔夫、英语的 reading club,还有音乐创意学习中心的各项活动,比如:手风琴、京剧等。

有一次,我碰巧看到学校音乐创意学习中心橱窗里的各种京剧道具和国粹进校园的宣传,心想化了妆去演出也很好玩吧。就这样我带着好奇的心情选了京剧科目来学习。刚开始接触京剧，老师要求大家先从耍大旗、走台步等最基本的练起，还好爸妈带我从幼儿园开始就学了舞蹈很多年，所以学这些，我总比别人快些，动作也做得好些。慢慢地，在京剧指导潘老师和音乐创意学习中心薛老师的关心培养下，我开始和团里的学了多年的大哥哥大姐姐一起参加了"第三届新加坡国际戏曲节""2018天山路街道第八届艺术节""2019东方电视台星耀东方迎春晚会""2019东方有线少儿春晚"等公益汇报演出，在排练、演出中不仅自己学习、提高了，而且还认识了许多其他学校学京剧的好朋友，每次演出结束后，虽然身体很累，但心里很自豪，终于明白了老师一直挂在嘴边的那句话"台下十年功，台上一分钟"的意思，也明白了在一台戏里面，大家必须一起配合才能演好。

图 5 - 16　陈麓伊表演京剧《仙女散花》

尤其是老师们和爸妈都说我从这学期开始,注意力比原来要集中多了,原来学京剧还有这个好处,原来音乐创意学习中心不但请老师教大家学习西洋乐器和国粹——京剧,而且让大家通过学习这些来提高做一件事情的专注力,久而久之,耐心和毅力也都有了,做任何事就能够做得更好。

每次有新生来参加音乐创意学习中心的京剧课时,薛老师、潘老师总是问大家两个同样的问题:你对京剧有兴趣吗? 学了一段时间后你还能坚持下去吗? 我也在自己心里回答自己——我一定能坚持下去把这门国粹艺术学好! 我也很感谢学校能安排那么多的课外兴趣课让我们参加、选择。希望有更多的同学能加入到音乐创意学习中心的京剧社团中来,给学校增添更多的荣誉!

——陈麓伊

天一小学重视学生的书法教学,聚焦"小蚂蚁"浸润式书法文化熏陶和艺术审美能力的培养,成立了具有文化浓厚的书法专用教室——海派书法教室,开发并实施了"汉字美学"书法校本课程,引导学生认识书法的美学起源,了解各时代背景下的美学体系对书法家风格的影响,练习书写中领悟做人处事的"规范",并通过社团活动、线上平台等帮助学生随时随地学习,加深对各种书体和风格的了解,帮助学生找到适合于自己的书法学习途径。

基于音乐创意学习中心,天一小学围绕培养目标,以音乐活动为主要载体,坚持艺术普及与艺术特长培养相结合,切实丰富和充实了每个学生的学校生活。在多元的社团活动中,天一小学的孩子们不仅锻炼了团结合作的精神,形成了美好的情感体验,养成做人的正气、艺术的神韵,还在全国科技创新大赛、上海市学生绘画书法作品展、上海市学生动漫画大赛、长宁区青少年超级景观秀、国际少儿创新艺术邀请赛、中小学生爱国诗词现场硬笔书法大赛、上海市交通法规书画大赛、全国规范汉字书法大赛、韩国首尔国际儿童绘画大赛的世界级、国家级和省市级比赛中多次获得优异成绩,获得了家长、学生和老师们的一致好评。

第三节 特色美育活动的个案分析

美育是学校提高学生审美、化育心灵的主要途径。2018 年 9 月,习近平总书记在全国教育大会上强调"要全面加强和改进学校美育,坚持以美育人、以文化人,提高学生审美和人文素养"①。天一小学积极搭建美育与音乐的跨界艺术活动平台,充分挖掘音乐学科中美育的育人要素,在艺术鉴赏、文艺展演中探寻"美"的创新教学模式,以"大美育、大课堂、大教学"理念探索创新多样化的美育教学模式,不断提高学生的审美素养。

一、自主生成:"校园铃声"我做主

在人文价值与科技发展双重交汇的时代,铃声是校园文化的重要组成部分。天一小学开展的音乐小微创新项目"校园铃声我做主"课间铃音创编是学生充分发挥音乐创编的主要平台,是学生在学校音乐教育的课外延伸部分。② 天一小学将课标中涉及的教材创编内容与项目要求进行整合,在音乐创编活动中关注学生学习品质与能力的培养,在家校联合中搭建多样化的展示平台,不断探索多元化的评价方式。

(一)符合儿童的心理特点的铃声创编

如果你来过天一小学,一定不会忘记这里独一无二的上下课铃声:

> "下课啦! 大家都来休息一下,放下课本抬起头,放松最重要;看看蔚蓝的天空,还要闻闻窗外的花香,课间休息最重要……"

这些铃声都是由天一小学的小主人们自己创编的。"课间铃声我做主"的活动是天一小学的一个特色项目化活动内容。从 2015 年至今,课间铃声这方小小的舞台已经成为了天一小学"小蚂蚁"们创编玩转音乐的大阵地。

在面向学生的问卷中,课题组设计了"你参加过课间铃声创编吗?"的题目,59.67%的学生表示"参加过",33.49%的学生表示"还未参加过,非常感兴趣并打算参加",6.85%的学生表示"兴趣不大,不打算参加"。由此可见,学生对于课间铃声创编有较高的兴趣和参与度。

"课间铃声我做主"创编项目基于《上海市音乐学科课程标准》中关于"创编"环节的要求,是学生在 35 分钟音乐课堂外对音乐学习的延伸。"校园铃声我做

---

① 新华网.习近平:坚持中国特色社会主义教育发展道路 培养德智体美劳全面发展的社会主义建设者和接班人[EB/OL].2018-09-10/2020-07-20.http://jhsjk.people.cn/article/30284598.
② 吕华琼,周元祥.未来学习中心:学与教方式转变的探索[J].上海教育科研,2016(11):50—53.

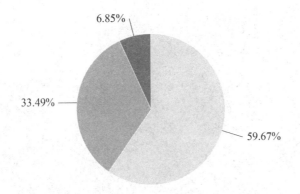

6.85%

33.49%

59.67%

● 参加过　● 还未参加过，非常感兴趣并打算参加　● 兴趣不大，不打算参加

图 5 – 17　你参加过课间铃声创编吗(学生卷)

主"要求学生能完全自主创编或者在众多的音乐中选择截取一分钟旋律，适当改编，使之成为和校园生活息息相关、主题阳光、内容积极向上的上下课音乐铃声。学生完成后选取音乐的速度与节拍熟练演唱，可以加上适量的配器，并通过各种手段录制成 1 分钟的完整作品，以 MP3 或 MP4 格式上传指定邮箱。

短短的两分钟不到的铃声，给了"小蚂蚁"们在校园当家作主的权利。与此同时，这些"小蚂蚁"们在课间铃声作品的设计和反复修改录制铃声中，他们学会了学习和合作，收获自信。他们在享受音乐和快乐的同时，也将快乐分享给他人。

小学年龄段孩子的心理特点决定了学校学习的内容都是与他们的生活最贴近的东西，在活动设计中，培养学生创造出高于生活的内容，是一个长期的、潜移默化的过程。

2015 年 6 月，吕华琼校长在巡视中，听到学生们正在议论学校的课间铃声，迸发了一年四季根据不同季节播出各具特色的音乐的想法。基于学校音乐创意学习中心提出"让每个孩子都有登台表演的机会"的目标，学校少先队活动部和音乐中心共同开发"校园铃声我做主"这一音乐创编项目活动，鼓励学生的音乐创意，以此提升学生会欣赏音乐、会表现音乐的能力。

于是，自 2015 年 9 月开始，学校每年寒暑假中开展"校园铃声我做主"。该活动通过一分钟的上下课音乐铃声创编让学生学会简单的旋律和歌词创作，培养学生学会坚持和学会合作。学生可以单独完成也可以同班或者跨年级跨班级组队完成。每个寒

图5-18 "校园铃声我做主"歌曲录制

图5-19 参与上海电视台《超级家长会》"校园铃声大改造"活动

暑假后都有不同数量的学生作品上传学校音乐创意学习中心争夺学期铃声的播放权。2016年7月,来自不同年级、不同班级的学生代表团还代表学校参加了上海电视台《超级家长会》的现场铃音PK,《解放日报》《文汇报》《上观新闻》等媒体对天一小学"校园铃声我做主"项目做了整版的介绍。

（二）关注学生学习品质与能力的培养

"如何让每一个个体在这些活动中能融入群体,在发挥自己能量的同时顾及同伴,并从和同伴的合作中获得乐趣,需要有一个体验和思考的过程",天一小学的校长吕华琼说道。在"校园铃声我做主"的创编活动中,遇见困难的时候大家能专注于一件事,坚持到底的品质也是学习必需的。创作过程中的吵闹是智慧的碰撞,创作中的坚持是挑战自己的力量。天一小学在活动中关注学生专注、合作、探讨等学习品质与能力的培养,并始终相信,这些品质更能激发学生的创作灵感,体现个体与集体的智慧,发展其创造性思维。

天一小学的"小蚂蚁"在创作校园铃声时,也发生了许多难忘的故事。

吴晗灵同学是"校园铃声我做主"的第一位成功尝试者,在妈妈的协助下自己编词编曲的《下课啦》,成为学校第一首学生自编的课间铃声。接到"校园铃声我做主"的活动任务时,吴晗灵同学才刚刚步入小学第一学期。这也是学校第一次在假期里组织这样的活动。吴晗灵对于什么是作曲填词根本没有概念。她只是从小喜欢唱歌跳舞,对和音乐有关的所有事情全部感兴趣,是个很感性的孩子。她在妈妈的帮助下,明白了本次活动的要求,心里想着不就是唱一段嘛。于是就琢磨了一会儿,随口哼哼了一段旋律。妈妈听了觉得很不可思议,这个旋律绝对不是哪首熟悉的歌里来的,很原创。因为害怕嘴边的旋律转瞬即逝,妈妈赶快用手机把灵灵清唱的旋律录了下来。静下心来再听听,又觉得节奏似乎慢了些,不够欢快,更像上课铃声。于是妈妈鼓励吴晗灵再想想。

这时妈妈想到找从事音乐工作的舅舅帮忙。舅舅倒是没急着和小朋友讲作曲。而是利用寒假的空当,邀请灵灵和她们"点点小队"的同学一起参观了录音棚,并且在录音棚里给他们上了一次微讲座。利用吉他,木琴等简单乐器,舅舅弹奏了孩子们熟悉的《小星星》的旋律,并且在此基础上变换出不同的音乐曲风。由此让孩子们明白作曲有几个要素:节奏,旋律,和声,音色。课后,舅舅一时兴起,和孩子们一起玩了节奏游戏,孩子们可高兴了。他们忽然发现原来音乐并不只是枯燥的五线谱,音乐非常好玩。哇!几个音符的重新组合产生了奇迹,加上4/4拍的欢快节奏,好听的铃声就这样诞生了!

曲子有了,还得要歌词呀!这又是一个挑战。吴晗灵同学可是《中国好歌曲》的忠实观众。吴晗灵觉得下课铃声的歌词一定是要能表达小朋友们欢乐的心情的。大家都喜欢下课呀，上课要坐端正，要思想集中，要看老师，好累啊。于是，她和舅舅交流了自己真实的想法。舅舅顺着她的思路，帮她填词，灵灵还一本正经地唱唱改改，然后就有了歌词"下课啦，下课啦，大家都来休息一下。放下课本，抬起头呀，放松最重要。看看蔚蓝的天空，还要闻闻窗外的花香，课间休息很重要，十分钟时间刚刚好。"

　　开学后，由吴晗灵自己唱的这首《下课了》就开始在广播里放喽！没想到广受欢迎。下课时间到，小朋友都爱听这首歌，因为旋律比较简单，歌词也朗朗上口，所以没多久这首歌就在同学之间传唱开了。因为这个活动，坚定了吴晗灵一定要学习一门乐器的决心。所以她从那时起开始学拉小提琴，并坚持到现在。在第一次铃声创编之后，吴同学还参加过第二次的铃声创作活动，独立填写了歌词。她说如果还给她机会玩，她就会选择 RAP 风格，和小朋友一起用上海话说唱一段！哈哈，应该是个好点子，就看她什么时候亲自去实现喽。

图 5 - 20　"校园铃声我做主"歌曲排练

　　音乐创编活动，除非个别有天赋的孩子，大部分孩子是需要依靠同伴之间的相互帮助与合作来完成的，独生子女现象使得"小蚂蚁"们都有很强的个性。

小崔崔等来自三(4)中队的 5 位男孩组成了梦想小队,大家在喜欢的组合 TF Boys 的歌曲中选择了《青春修炼手册》,将这首歌的第一乐段作为音乐铃声创编的旋律。在歌词创编环节中孩子们遇到了真正的困难,争执不断,为了修改一个词语都会反复争吵,期间在老师和家长的帮助下渐渐学会商量、妥协,直至创编出了一首中英文结合、歌词中穿插拍手跺脚和衬词的活泼欢快的课间铃声。

在创编铃声期间,五位男孩有哭有笑,但是在"校园铃声我做主"铃声创编的过程中,教会了他们合作协商、齐心协力、勇敢坚持,连原本性格内向的孩子也变得开朗起来。

(三)家校联合搭建多样化智能展示平台

小小的铃声是数据的收集、分析、整合和运用的过程,先进的通信技术使得暑假期间身处异国异地的"小蚂蚁"们可以跨越地理位置局限,共谱一首奏鸣曲,云端的共享助力使得"大小蚂蚁"们创作出一首首声调优美,平仄和谐的金曲。课间铃音一分钟也不到,这个"舞台"看似很微小,但是每节课前课后的播放效果却让参与创编的孩子自信得到大幅提高,创编音乐主动性不断增强。

"校园铃声我做主"活动从一个学生参与发展到现在几乎是人人参与,从开始的一首作品发展到现在收到作品 180 余首,从每学期有一首学生作品入选校园"铃音库"到现在同时入选几首,学校收到的学生作品的完整度和质量逐年提升,这充分说明了天一小学孩子的音乐创编能力在逐年上升,同伴合作、家校合力的氛围越来越浓厚[①]。

家庭教育在孩子的成长过程中有着不可替代的作用,学校整合学校、家庭、社区的优质教育资源,深入开展"立德树人"教育,做好家庭教育的指导,更有利于高效促进学生全面发展[②]。让学生学会用音乐的语汇来表达对校园生活的喜欢,也极大地鼓舞了家长对学校活动的参与热情。家长们合作尝试将学生创编的铃音作品上传投票平台,接受全校师生及家长的网络公开投票。将学生上交作品由独乐乐变为众乐乐,整个网络投票的过程实则是天一小学办学理念和成果的宣传。下面我们来听听家长参与的心声吧!

① 吕华琼.家校共育,联通儿童与世界[J].上海教育,2018(27):83—84.
② 张俊,吴重涵.从家校合作到良好教育生态——兼论有效的家校合作如何在学校产生[J].中国教育学刊,2021(3):7—13.

作为科创蚁班的一名家长,从各组铃声创编的分享中,我深刻感到课间铃声体现的不仅仅是一种创意艺术,更是一种与时俱进的科技体验。时代在进步,我们的"小蚂蚁"们生活在最好的年代,他们有尖端的科技力量做支撑,他们的未来更将无限可能。从"小蚂蚁"们的铃声作品中,我们看到了家校共建,看到了"小蚂蚁"们会合作,会创作的热情。他们用歌声唱出了"小蚂蚁"心中的校园生活。

——2018级一班孔子晴妈妈

创编铃声是天一小学的特色,通过小朋友们和爸爸妈妈们的齐心协力,团队合作,一首首悦耳动听的铃声律动在耳旁,一部部独具匠心的MV呈现在眼前,一段段精彩绝伦的现场演绎更让我们惊艳、赞叹不已! 这种相互配合的群体音乐活动,既是一种以音乐为纽带的人际交流,增进了同学之间的友谊,增进了亲子之间的感情,有助于小朋友养成共同参与的群体意识、相互尊重的合作精神;也是一种寓教于乐的音乐熏陶,激发小朋友对创作、对音乐的兴趣和向往,有利于小朋友养成健康、高尚的审美情趣和积极乐观的生活态度。

——2018级钱翁垚妈妈

(四) 用人工智能成就"铃声智能"

通过 AI 更好地用音乐表达了学生们的态度、想法、情感是一件非常美好的事情,也是一段非常愉快的创编经历。在"小蚂蚁"的铃声创编活动中,可以感受到天一小学的"小蚂蚁"在憧憬什么,他们希望的未来的世界是什么样的。因此,天一小学积极探索,用人工智能 AI(Artificial Intelligence)成就蚂蚁智能 AI(Ant Intelligence)。

为更好地为学生提供铃声录播的环境和真实的体验,天一小学在四楼辅助楼北面的音乐创意学习中心设置了专门的录播中心——商室,使用面积87平方米。商室由控制室和虚拟演播厅组成。控制室内有两套设备,一套为虚拟录播设备作为校园电视台,将IT技术与虚拟背景动态地合成起来,还有一套是录音棚设备,兼具简单的音乐、声音录音及剪辑合成功能。虚拟演播室是个多功能教室,兼具上课和演播功能。室内配有 BOSE 音响和先进的 75 寸交互智能平板设备,集电脑、电视、电子白板、投影机和音响于一体,满足了学校一室多用的需要。

图 5-21 "小蚂蚁"们用人工智能 AI 创编铃声

带着激动又忐忑的心情,"小蚂蚁"们投入了一场面向未来的音乐探索。首先,"小蚂蚁"们制订计划。第一步是搜索他们喜欢的音乐,第二步是搜索能进行 AI 创作的平台,探索科学和艺术的结合,第三步是分享给小伙伴们投票定旋律并定歌词,第四步是在家长的协助下完成重新编曲和拍摄等后期制作。在天一小学几位"大蚂蚁"的携手帮助下,"小蚂蚁"们找到了能 AI 写歌的"音乐实验室",能 AI 写歌词的"机器人小夕"等几个相关平台。慢慢地,探乐计划有了方向,"小蚂蚁"们心里的目标也越来越清晰。

在创编过程中,"小蚂蚁"们不断尝试不同风格不同节奏的编曲,研究歌词各种韵脚是怎么生成的。"小蚂蚁"们在 AI 作词作曲的基础上,加入了更活泼的主旋律,加入了更贴切的歌词,加入了宇宙探索的概念,加入了乐队的概念,加入了小提琴独奏元素。"小蚂蚁"们终于创作出了属于自己的课间铃声——《小蚂蚁探乐 1 号》。

从天一小学学生们的创作表现中,我们也欣喜地看到蚂蚁智能,无限可能。下面,我们来听听"小探乐者"们的内心感受吧:

贾闻栩:上一秒我们把想要的曲风、节奏、歌词输入软件,下一秒 AI 就会创作出一首全新的歌曲,太神奇了。

陆梓乐:我是天山第一小学的"小蚂蚁",我感到很自豪。这就是我们想要的铃声。我希望大家都能在这首音乐中感受到我们的快乐!

陈果熠:我们 7 小只"小蚂蚁"只要团结起来就能一起解锁各种困难,let's go!

小蚂蚁,力量大。期待为全校老师和同学们上演一场我们的演奏盛会!

庞程:机器人真的帮我做作业了!以后,我们要创编自己的机器人!

(五) 多元方式与多元主体的评价方式

自 2010 年长宁区出台"三个指数"的评价机制以来,天一小学就在积极探索科学新颖的评价方式。目前学校的评价体系已发展到"小蚂蚁积点进阶"3.0 版,学生的评价在价值取向、评价主体、评价维度和表达上更加多元。

学校学生发展部与音乐创意学习中心共同开发的"校园铃声我做主"活动项目,为学生搭建了一个展示的舞台,作品通过自评、互评、家长的共同参与,让学生对音乐创编有一个初步的认识,也在评价结果中获得了玩音乐的乐趣。活动在激发了学生探索音乐创编的兴趣,锻炼了同伴间合作的能力的同时,也提高了音乐教师的专业指导及评价能力。

活动实施前通过班主任会议及学校广播向全体师生宣传"校园铃声我做主",同时学校音乐教师在课堂上向学生介绍选曲和创编的要求,再在寒暑假"告家长书"中向家长明确项目要求。活动实施中采取学生自评和家长评价相结合的方式,对学生的活动态度和作品完成度进行简单的评价。作品上交后采取师生共同评价的方式。学生根据教师的评价建议回家修改作品后再上传至学校音乐创意学习中心邮箱,参加"我最喜欢的课间铃声"评比活动。最后,上传作品全部放到腾讯投票平台,接受全校师生及家长的共同评选。学校音乐创意学习中心在入围作品中进行再评选,最终选出当年的最佳学生作品。

天一小学倡导学生在学校生活中能乐于学习、善于思考、勤于实践。"校园铃声我做主"活动很好地诠释"乐学、善思、笃行"为学风。一首铃声的诞生,凝结着"小蚂蚁"们对音乐的学习,对创作的思考,对生活的实践。短短一分多钟的课间铃声,给了天一小学"小蚂蚁"在校园里"当家做主"的机会。在设计作品和录制的过程中,校园铃声又让"小蚂蚁"们学会了学习和合作。在享受音乐带给他们的愉悦和满足之余,不知不觉又拉近与艺术之间的距离,最重要的是把阳光和智慧传递给了天一小学全体的师生们。

二、创意表达:"小蚂蚁"儿童歌舞剧

2009 年上海市教委授予长宁区天山第一小学为少儿歌舞剧试点学校。基于此,

学校积极引导学生将学习"小蚂蚁"知勤俭、会合作、守规则活动中的故事、体验、感悟作为体裁进行创编。低年级创编"小蚂蚁"童谣,中年级创编"小蚂蚁"舞台剧,高年级创编"小蚂蚁"音乐歌舞剧,并鼓励全校每个学生都上台演出。2014年12月,天一小学的歌舞剧《爱如小孩》参加上海市少儿歌舞剧比赛并荣获了一等奖。2015年天一小学的音乐创意中心进入了筹备和建设阶段。2018年,在刚刚建成的小蚂蚁剧场里,天一小学的吕华琼校长对全体教师提出了新的思路:学校积极鼓励老师们对自己的专业化发展有进一步要求和想法,并为一部分老师们提供"个性化定制"的服务。

图 5 - 22　天一小学学生歌舞剧表演

　　音乐来源于生活、取材于生活且高于生活。天一小学的歌舞剧不仅是一台节目,更是天一小学的灵魂和办学理念的缩影。2019年,天一小学的新的歌舞剧《小蚂蚁之歌》新鲜出炉,它将"小蚂蚁精神"、天一校园的"阳光晨锻""校园铃声"以及蚂蚁文化的核心内容"会合作,守规则"进行了故事性的整合,创设出了属于我们天一品牌的歌舞剧。在吕华琼校长的领导下,教师们在歌舞剧项目中不断深化"蚂蚁精神"的内涵,直至今日,"天一小蚂蚁"逐渐被社会认可,与此同时,"小蚂蚁歌舞剧"也在天一这片沃土中不断孕育和成长,终将走向辉煌。

　　天一小学"小蚂蚁"儿童歌舞剧以年级组为单位,开展以"天一达人秀"为主题的才艺表演活动,旨在为"天一蚁""智慧蚁""才艺蚁"的涌现搭建展示风采的舞台①。歌舞

① 吕华琼."中国文化与国际视野相融合"践行力探索[J].中小学校长,2020(1):60—63.

剧的取材均来源于校园生活、家庭生活和社会热点，如音乐课的《小红帽》，语文课的《小珊迪》《"一粒米"的成长之路》《训俭示康》，英语课的《狼来了》等都编成情景剧，成为"六一"节、新生入学典礼上的经典剧目，真正实现了"学科整合、寓教于乐、德美融合"的目标。

"小蚂蚁"们参加了这次歌舞剧表演后，他们也有话要说，让我们一起来听一听他们的感受吧！

通过这次课本剧的参演，我深深地体会到知勤俭，不浪费的重要性。我要提醒身边的同学和家人，不能浪费资源，不然，我们很有可能在不久的将来会永远地失去我们赖以生存的地球家园。

——2017级一班吴彦瑶

学校开展了"小蚂蚁知勤俭"的课本剧展演活动，我们班表演的是《训俭示康》。这剧告诉我们，那时的人们竞相讲排场，比阔气，奢侈之风盛行。但司马光之子司马康告诫人们，当年李文靖公担任宰相时，生活和以前一样清苦。因为生活由奢侈进入节俭很困难，但由节俭进入奢侈就很容易。我们身为小学生，要学古人勤俭节约，发扬简朴的家风。

——2017级二班徐乐滢

在"勤俭节约，爱惜粮食"课本剧里，我扮演的角色叫"丁丁"，丁丁没吃早餐就出门去参加小队活动，对于奶奶特地送来的面包也是一扔，在小队同学们的帮助下丁丁明白了要爱惜粮食。在生活中，我是一个爱惜粮食的人，对于要演好"丁丁"这个角色我花了不少工夫。通过和同学们一次又一次地排练，我找到了表现"丁丁"在故事中前后的变化。通过这次表演我更加懂得了在生活中要"知勤俭不浪费"，一粥一饭当思来之不易。

——2017级三班丁梵轩

正如陈宝生部长所说："学校要将社会主义核心价值观融入美育课堂教学、课外活动、校园文化建设全过程，大力传承和弘扬中华优秀传统文化。"在学校"小蚂蚁精神"品牌教育的引领下，天一小学的教师们引导"小蚂蚁"们自主创编，演出"小蚂蚁儿童音乐歌舞剧"，真正实现了学生教育的自主化、艺术化，寓教于乐、德智融合，在学校内实现了各学科围绕音乐的学科整合，实现了文化和艺术的叠加效应。

三、素养提升:西郊农民画与书法活动

天一小学几经变迁,几十年不变的是学校重视艺术教育,用艺术育人的办学思想。在天一小学的校园里,每位孩子充满着无限想象力和创造力。笔是孩子们最天然的表达形式。为全面加强和改进学校美育工作,推动学生对艺术的普及与发展,让学生用双手塑造心中的世界,学校用美术、书法等艺术表现手法挥洒缤纷的色彩,融入带有对未来的自由畅想,圆天一小学每一位学生的艺术梦想①。

(一)传承非遗文化的美术社团

天一小学的美术社团现有6位从事美术书法教育的专职教师,在艺术教育方面,学校有书法、版画、刮蜡画、水墨畅游、创意泥塑、乐高艺术社团。基于学校的社团建设,为在广大学生中进一步弘扬爱国主义、集体主义和中华民族的传统美德,提高在校学生的审美和创作意识,激发小学生的书画审美创作能力,天一小学结合庆祝红军长征胜利85周年、建党一百周年等特殊节日,积极组织开展"童心绘童画,共筑中国梦"绘画比赛活动。活动评选出"天才小画家""最佳创意奖""最佳色彩奖"和"最佳潜力奖"等多个奖项。孩子们以稚嫩的笔触、纯真的视角与情感,表达出自己对艺术的理解,描绘着心中的祖国。

图 5-23 学生参赛作品展示

---

① 吕华琼."中国文化与国际视野相融合"践行力探索[J].中小学校长,2020(1):60—63.

此外,学校以长宁特有的上海市市级非物质文化遗产保护项目——"西郊农民画"作为创作形式,深入挖掘区域红色资源,弘扬红色文化、传承红色基因。通过儿童的画笔及视角,绘制出爱国主义精神画卷,让青少年更好感悟建党百年辉煌历程,引导青少年树立"从小学党史,永远跟党走"的理想信念。

图 5‑24 "西郊农民画"社团课

作为上海东广新闻台牵头的"我要学非遗"公益项目,学校的"西郊农民画"课程特别聘请了"非遗"名录项目传承人胡佩群老师授课,胡佩群老师近年来精心研究"西郊农民画"的创作并着力于"西郊农民画"的普及和传承工作。

西郊农民画社团中既有想继续深入学习的"老学员",也有慕名而来的"新学员",在浓厚的艺术氛围中,"老学员"不断带动"新学员"传承中国传统文化艺术。

短短的一个学期中,学生在高丽纸上,使用墨汁勾勒线条,再刷底色,晾干后再用水粉颜料,构图采用平面化多视角的方法,勾线、透线干画法上色……绘制出了一幅幅浓墨重彩、线条流畅、人物夸张、多视角化的绘画作品,透出了中国彩墨画的艺术风格和西洋油画的肌理笔触。

上海东广新闻台对天一小学的"西郊农民画"课程进行了实时跟踪和报道,将天一小学学生们一幅幅生动的农民画作品在更大的平台上展出,将西郊农民画在天一小学的成功实施推广到更多的学校。天一小学也在探索文教结合、以美育人的创新机制与具体做法,以期将中国的传统艺术继续传承与发扬。

图 5 - 25 "西郊农民画"学生作品展示

(二) 弘扬传统文化的书法社团

2011 年 8 月国家教育部发布了《关于中小学开展书法教育的意见》,其中指出"在义务教育阶段语文课程中,要按照课程标准要求开展书法教育,其中三至六年级的语文课程中,每周安排一课时的书法课,在义务教育阶段美术、艺术等课程中,要结合学科特点开展形式多样的书法教育"。[①] 2013 年 1 月,国家教育部再次颁发了《中小学书法教育指导纲要》,指出"从 2013 年春季开学开始,书法教育将纳入中小学教学体系,学生将分年龄、分阶段修习硬笔和毛笔书法"。[②]

美育的实质是品德教育和艺术教育的统一,而这两方面的要求在中国的书法上得到了完美的融合。书法训练的严谨并不排斥手段的多样化,相反,多样化的训练应以严谨为本,以利于培养学生良好的心理品格。目前的家庭大多以独生子女为主,这些小"太阳"常常表现出心理素质不健全的现象,如做事图快而不仔细,遇到困难往往退避而不坚强面对,学习容易松垮而不积极进取等。书法教学能调理学生的这些不良心理,它虽然见效缓慢,但却是锤炼学生心理品格的"良药"。

天一小学是长宁区小学段唯一一所具有公办教育国际化办学特点的学校,学校秉承习近平总书记关于"我们要扎根中国、融通中外、立足时代、面向未来,坚定不移走自

① 中华人民共和国教育部.教育部关于中小学开展书法教育的意见[Z],2011 - 08 - 02.
② 中华人民共和国教育部.中小学书法教育指导纲要[Z],2013 - 1 - 18.

己的路"的讲话精神,坚定了走好国际化办学之路的信心,以"联通儿童与世界"为办学理念,突出儿童的主体地位,体现学校的教育价值观。

不断升级的教育理念对学校育人环境的打造提出了新的要求,基于这样的办学理念和育人目标,天一小学高度重视学生的书法教学,将教育目的定位于:一是在书法教育中弘扬民族精神,因为书法是中华民族传统文化的精粹;二是增强国家意识。语言文字是国家的重要标志,语言文字工作最重要的是说普通话,写规范字,"写中国字、做中国人"这样的国家意识要在社团学生的教育中得以凸现;三是培养学生特长,发展学生个性,使中华书法后继有人。

升级后的天一小学海派书法教室,聚焦小蚂蚁浸润式书法文化熏陶和艺术审美能力的培养。在这样具有浓厚文化氛围的书法专用教室学习,能够感知、理解和体验学校书法文化,享受书香校园之美。海派书法教室主要分两大板块。板块一是品读经典,在教室内悬挂王羲之《快雪时晴帖》、颜真卿《祭侄文稿》、苏轼《黄州寒食诗帖》等经典之作的高清复制本。作品涉及晋唐宋元明清,充分体现了中国书法源远流长的历史和发展脉络。板块二十翰墨情长,主要为师生日常各类书法作品展示。其中,特别设置的互动区域可以定期更换最新的课堂和社团书法的创作。

为促进学校艺术教育的发展,努力构建生机勃勃、健康向上、以美育人的校园文化,学校积极开发并实施了《汉字美学》书法校本课程,引导学生认识书法的美学起源,了解各时代背景下的美学体系对书法家风格的影响,练习书写中领悟做人处事的"规范",并通过对各种书体和风格的了解,找到适合于自己的书法学习途径。

图 5 - 26　天一小学书法专用教室

社团的书法教学活动需要教师和学生共同来完成,需要双方互相协作,发挥各自的积极性。因此,学校积极开展教学中小组竞赛、个人竞赛、组间辩论、"小老师"示范、合作学习等方式的运用,有效增强师生之间、学生之间的互动和心灵沟通,运用正确的竞赛机制,使课堂充满健康的竞争氛围。竞赛方式多种多样,有班级中个人和个人的竞赛,使学生"见贤思齐";抓住学生渴望成为小组中的积极因素,为小组争光的普遍心理,进行组间竞赛,增强团队凝聚力;自己前后习作的竞赛,让学生看到点滴进步,充满自信;跟其他组学生竞赛,进行"打擂台"游戏,更使他们兴趣盎然,始终处于一种积极向上的兴奋状态。

　　天一小学还积极搭建了线上平台,学生可选择通过 PC 端或移动端两种方法体验活动项目。"小蚂蚁"们足不出户也能在"云上学校少年宫"体验优质的课程,在家也能把书法之雅韵传递给家人,过一个"安全、健康、有益、快乐"的暑假。暑假期间,面向中高年级的学生,天一小学提供了由学校书法专职教师张懿执教的《书法创作——"中国梦"》,在学生已经学会正确的毛笔书写汉字笔画和简单结构的汉字基础上进行的拓展学习。通过课程讲解指导学生临摹"中、国、梦"这三个字,逐步体会不同的笔画结构特点,并用三个字集字临帖创作。在临摹创作的同时,引导学生学习"中国梦"的内涵,激励学生在学业生活中不断努力学习。

图 5 - 27　《汉字美学》书法校本课程实施

天一小学的社团学员们每年都积极参加全国、市、区各级各类的比赛,如上海市交通法规书画大赛、全国规范汉字书法大赛、"雅言传承文明,经典浸润人生"长宁区中小学生诵读、书写,描绘中华经典活动,"小蚂蚁"们均获得了优异的成绩。每年社团成员还参与世界各地的交流活动,世界各地学校前来参观、观摩,学生也将自己的书法作品积极送给各方友人,获得了一致认可。

世界各地对于未来教育的理解和实践有千万种,但世界上高质量的教育都十分重视音乐对儿童成长的重要作用。天一小学始终认为艺术教育是学校转型发展、高品质发展的必然选择。天一小学的教育国际化办学成效有目共睹。学校的一切教育活动都是从儿童发展的视角出发,相信每个孩子心中都有一颗美的种子,每个孩子心中都有一个属于自己的童话世界,每个孩子心中都有一个艺术梦,以儿童的成长为本,尊重他们的兴趣和需要。

相信在天一小学遇见的未来,一定是重视儿童自身发展的未来,是一个教会孩子懂得去感知、去理解、去思考、去参与他们生活世界的未来。

我们世界上最美好的东西,都是由劳动、由人的聪明的手创造出来的。

——[苏]高尔基

第六章　以"乐"促劳,浸润时代新人

随着新课改的深入推进,我国全面推行素质教育。2020 年 7 月,教育部印发了《大中小学劳动教育指导纲要(试行)》,提出"劳动教育是新时代党对教育的新要求,是中国特色社会主义教育制度的重要内容,是全面发展教育体系的重要组成部分。大中小学必须开展的教育活动,设立劳动教育必修课程,培养学生的劳动兴趣,端正劳动态度,掌握劳动知识技能,提高劳动能力"。[①] 这为全面加强新时代劳动教育提供了根本遵循。

劳动教育作为素质教育的重要部分,对小学生的成长和发展具有重要的教育价值。美育则是为了让学生具备基础的审美能力,能够辨别基本的美丑,这也是小学教育中不可缺少的部分。天一小学结合公办学校国际化办学特点,将劳动教育和美育加以结合,在《长宁区"快乐拓展日"劳动计划课程实施方案》的指导下,以学校"小蚂蚁"文化为背景,融入学校"七彩阳光天天蚁"育人评价体系。学校以"生存技能"与"生活技能"为切入点,制订并实施《天一小学劳动计划课程活动实施方案》,帮助学生建立起正确的审美观和劳动观,培养学生的审美能力与劳动意识,促进学生的综合性发展。

多年来,天一小学立足于让学生"认同劳动,乐于劳动,学会劳动",培养学生劳动的意识,鼓励学生养成自己的事情自己做、不会的事情学着做的好习惯,使"小蚂蚁"们逐步茁壮成长为"广视野、有情趣、知勤俭、守规则、勤健身、爱劳动、有智慧、会合作"的中国少年。

---

① 中共中央国务院关于全面加强新时代大中小学劳动教育的意见[N].人民日报,2020 - 03 - 27(1).

第一节 音乐在劳动教育中的价值

构建德智体美劳全面发展的教育体系是新时代教育变革与人才培养的基本要求。习近平总书记在 2018 年全国教育大会上发表的重要讲话中把"劳"字列入全面发展教育理念[①]。劳动教育是促进小学生健康成长与道德发展的重要途径，是培养学生热爱劳动的优秀品质是小学教育阶段的重要教学内容之一。小学生是否有劳动热情，直接影响了培养其热爱劳动品质的重要基础[②]。

音乐和劳动教育的融通，既丰富了学生的美育实践，又升华了劳动教育的本质。除了在日常的思想品德教育中强化学生相关方面的理解，天一小学始终重视音乐对于学生劳动热情的提升作用。学校不仅在教育教学中帮助学生掌握好音乐理论知识，更在各种劳动活动中引导学生在亲身经历音乐实践过程中养成良好的劳动实践意识，发现劳动实践创造价值的美，并将学到的音乐理论指导音乐实践，以此收获和感悟音乐课程所蕴含的审美、人文和实践性。

一、在音乐教学过程中进行良好的引导

课程是落实教育目标的有效载体，教材是构成课程的重要内容。《义务教育音乐课程标准（2011 年版）》指出："将思想品德教育内容寓于音乐实践活动之中，让学生在艺术的氛围中获得审美的愉悦，做到以美感人、以美育人。"[③]

在面向教师的问卷中，课题组设计了"您认为在音乐课堂和音乐活动中渗透劳动教育？"的题目，85.42％的教师认为"非常重要"，7.29％的教师认为"比较重要"，这也体现天一小学的教师们对于在音乐课堂和音乐活动中渗透劳动教育的重视。

小学音乐教科书中渗透着许多"劳动教育"的内容，如三年级上册第八课《丰收歌舞》、五年级上册第三课《农家乐》中，分别选编了不同民族、不同地域的中外音乐作品，让学生通过多元化的音乐感受劳动丰收所带来的喜悦，从而引导学生认可劳动、热爱

① 张烁.习近平在全国教育大会上强调：坚持中国特色社会主义教育发展道路，培养德智体美劳全面发展的社会主义建设者和接班人[N].人民日报，2018－09－11(1).
② 金慧.新时代小学劳动教育问题及对策探讨[J].新课程，2021(24):133.
③ 中华人民共和国教育部.《义务教育音乐课程标准(2011 年版)》.北京：北京师范大学出版社，2012.

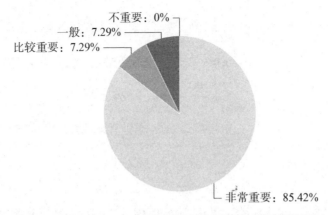

图 6 - 1　在音乐课堂和音乐活动中渗透劳动教育的必要性（教师卷）

劳动。教师在音乐教学过程中不仅要让学生掌握曲调方面的知识,同时也要让学生明确曲目内容所具有的情感教育意义,只有这样学生才能对劳动产生好的理解,才能明白热爱劳动是正确的,才能够让学生在劳动过程中通过音乐的相关形式获得好的情感体验,并且在劳动过程中充分以积极的表现乐观的心态去面对各种值日工作,让学生在劳动过程中获得自豪感。想要实现这一目标,学校应在音乐课堂教学过程中让歌曲与劳动之间产生很好的联系。

在面向教师的问卷中,课题组设计了"您在音乐教学活动中一般会采用哪些方式渗透劳动教育?"的题目,93.75％的教师表示"挖掘教材中的劳动教学资源(故事、曲目等)",79.17％的教师表示"课外教学素材拓展(讲读、观看视频、照片等)",67.71％的教师表示通过"教学游戏创编",58.33％的教师表示通过"课本剧主题表演",这也充分展现了天一小学教师将劳动教育渗透音乐教育的多元化教育教学途径和方法。

在音乐欣赏课堂上,要想很好地让学生发现劳动美,教师要积极寻找培养学生劳动美的素材,如在欣赏《劳动号子》教学时,老师先引导学生齐声朗朗歌词"脚踩大河岸,拉纤勇向前,船工号子齐,势排除万难……",引导学生体会到歌词所反映出的劳动场面,然后让学生欣赏劳动号子演出的视频影像资料,并说出观看后的感受。最后,教师再根据劳动号子的特点,组织学生编排体验节目,共同演绎《劳动号子》。老师从赞美劳动的角度着眼,引导学生产生劳动最光荣的意识,让学生懂得一切的幸福都要靠自己的双手劳动所得才是最美的,激发学生对劳动的热爱,对劳动者的尊重,对劳动者创造价值的珍惜。

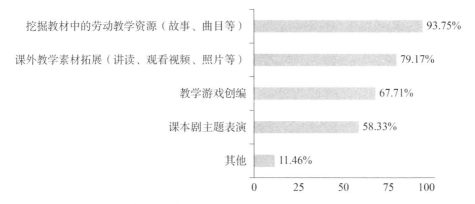

挖掘教材中的劳动教学资源（故事、曲目等） 93.75%

课外教学素材拓展（讲读、观看视频、照片等） 79.17%

教学游戏创编 67.71%

课本剧主题表演 58.33%

其他 11.46%

图 6 - 2　您在音乐教学活动中会采用哪些方式渗透劳动教育（教师卷）

此外，在音乐课堂教学过程中，为了实现以上目标，教师首先可以挑选合适的教学曲目，让学生在学习相关曲目的过程中先对劳动产生共鸣。再次让学生们在劳动中得到良好的情感体验，所选曲目的类型以歌颂劳动或者赞扬热爱劳动精神的为主，层次上要与学生年龄相匹配，曲目内容要简单易懂，充分凸显劳动的美以及劳动的快乐，让学生通过歌曲的学习与练习了解劳动并且认识一系列的在校劳动内容。这样，学生在进行相关劳动的时候，能够唤起音乐课程中的学习内容，进而将劳动内容与学习曲目的内容产生很好的联系[①]。

二、在社团活动中强化劳动美和实践意识

天一小学"三团一队"校园艺术团包含美术团、书法团、舞蹈歌剧团、民乐队等。其中，民乐团又包含二胡、大提琴、柳琴、琵琶、阮、古筝、扬琴、笛子、鼓等弦乐、弹拨乐、管乐和打击乐。美术团包含书法、版画、刮蜡画、水墨畅游、创意泥塑等多种创意形式。学校将新时代劳动教育融入音乐社团实践活动中，从音乐欣赏、器乐教学、舞蹈教学、声乐教学四个方面关注学生劳动美和实践意识的渗透，培养学生勤俭、奋斗、创新、奉献的劳动精神。

天一小学在审音乐之美、感人文之美的过程中，引导学生认可劳动、主动劳动，牢固树立"劳动最光荣、劳动最崇高、劳动最伟大、劳动最美丽"的观念，进一步强化了学生劳动过程中依托于音乐所产生的情感态度和良好体验。

---

① 岑莉.小学音乐教学中的情感培养[J].速读(上旬),2019(3):99.

（一）在器乐社团中渗透劳动美和实践意识

在学校器乐教学过程中，教师让学生亲自参与，去实践、学习曲子的演奏方法，从中获得音乐的基本理论知识、情感体验。比如学生在学习感受音乐的韵律美和节奏美的时候，就可以从学习打击乐着手。因打击乐器鼓点轻重分明，可以快速地使节奏、节拍等音乐理论知识让学生感受和掌握到，再把打击乐器的演奏方法教给学生，让学生参与到实践性演奏的学习中来，并选定一些劳动主题的歌曲，让学生边学习边运用为歌曲伴奏。在身临其境的实践学习中，歌曲的演奏风格、蕴含的情绪、表达的思想能够更容易被学生学习和接受。

在面向教师的问卷中，课题组设计了"您认为学生在音乐课堂和音乐活动中学习劳动教育内容的表现如何？"的题目，93.75％的教师表示"能够积极主动学习，对每一教学环节和活动感兴趣"，仅有6.25％的教师表示"学生有点被动，勉强配合"。

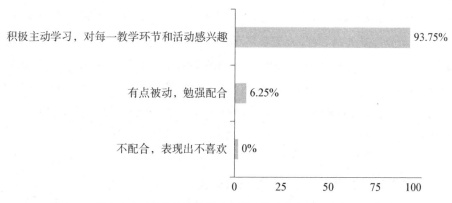

图6-3　学生在音乐课堂和音乐活动中学习劳动教育内容的表现（教师卷）

将音乐与劳动教育相结合，能够使学生在长期的学习过程中，既把抽象、难懂的音高音准问题简单化恰当地予以解决，也潜移默化地培养了学生对于音高音准的感知能力。在器乐教学中，也可以有意识地让学生练习一些如《扬鞭催马送粮忙》等反映劳动丰收场面的曲子，不仅可以激起学生自主学习、实践的兴趣，也能够培养学生的劳动美意识和实践兴趣。

（二）在舞蹈社团中渗透劳动美和实践意识

从古到今就有着"言之不尽而歌之，歌之不尽而舞之"的表达思路。因此，在学校舞蹈教学过程中，不仅是看几场舞蹈演出，学习一些舞蹈理论知识，更重要的是要通过肢体语言动作表达音乐作品想反映的思想。所以,学生的身体力行、实践性就显得尤为重要。

作为老师要更注重对学生实践意识的培养,在学生的肢体语言学习上下功夫。因此,可以采用培养学生实践兴趣法,利用一些学生感兴趣的歌曲,如《套马杆》《劳动者之歌》等大家耳熟能详的歌曲,编排一些包含抬头、低头、伸手、反掌、踢腿、下腰、下叉、骑马等多种舞蹈基本功动作的简单有趣组合式舞蹈,让学生亲自参与进去,在快乐的舞蹈中学习基本功动作,在模仿练习中学会与音乐的融合,体验音乐作品所表达的情感。

(三) 在声乐社团中渗透劳动美和实践意识

声乐作为一门演唱的艺术,要通过歌唱者的演唱才能准确地表达出作品的思想内涵[①],学生的声乐学习过程主要是学生的演唱的实践过程。教师在引导学生学习过程中首先要培养学生对于学习声乐的兴趣,寻找一些学生喜欢歌唱的好听的歌曲,教给学生掌握科学的发声、练声、歌唱方法,然后指导学生理解声乐作品的思想内涵,让学生去体会、感悟声乐作品,身临其境去演绎作品,把声乐作品演唱得充满美感,激起学生热爱声乐的兴趣,进而把在课堂中学会的歌曲放在每天课前的预备时间进行合唱实践练习。在日常声乐教学过程中,老师可以把一些如《咱们工人有力量》《牧马人之歌》等赞美劳动美的好听的歌曲教给大家,让同学们在平时的歌唱中潜移默化地增强劳动美意识和实践意识。

三、在劳动过程中充分利用音乐进行渲染

在劳动过程中如果只是单纯的进行相关工作,就会在一段时间过后产生疲乏感和厌倦感,成年人如此,小学生更是如此。要想让学生有良好的劳动情感体验,首先就必须让学生能够在劳动的过程中产生兴趣。小学生的内心对于很多东西是容易产生很强共鸣的,音乐就是其中一种。因此,学校可以积极利用音乐让学生在劳动过程中产生良好的情感体验[②]。

学校在日常值日过程中,通过播放相关音乐的形式来督促并且鼓励学生参与到值日工作之中,一方面可以起到提高工作效率的作用,另一方面能够充分舒缓在劳动过程中的疲乏感与倦怠感。让学生感受到劳动的光荣和劳动的快乐,可以在早上值日期

---

① 李清平.浅谈小学音乐教学中合唱教学创新方法[J].新课程,2020(44):144.
② 姜玲.音乐课堂教学中学生情感的培养研究[J].成才之路,2019(12):36.

间通过广播来播放赞扬热爱劳动品质的儿童歌曲,在歌曲的开始与结尾处还可以加上教师鼓励学生参加劳动的话语,进一步提升歌曲的影响效果。在这样一种优美欢快的氛围之中,让学生感悟歌曲中对于热爱劳动的赞扬,让学生认识到积极参加劳动的正确性。

同时,教师也应该起到积极引导的作用,在日常教学过程让学生在劳动时充分对音乐进行感悟,了解其想要表达的内容,明确在值日劳动过程中播放歌曲的目的,让学生在听歌劳动的过程中有更好的情感体验,充分达到培养学生热爱劳动优秀品质的目的[①]。

四、通过学生自我创造编写歌颂劳动的歌曲

学生在以上教学方式的影响之下能够充分了解到劳动的重要性,并且也能够在音乐之中获得良好的劳动情感体验,教师应该充分利用以上教学方式所带来的相应成果,进一步强化学生劳动过程中依托于音乐所产生的良好情感体验,可以在音乐教学过程中让学生凭借自己对于劳动的理解来编写一些简单的歌词,可以套用一些简单歌曲曲调,也可以完全自己创作,在这一过程中,我们要充分理解学生的年龄和对音乐知识的了解掌握程度,主要看其内容中对于劳动的良好感悟,并且由教师选取其中优秀的进行演唱,以这种形式来强化学生在劳动过程中通过音乐所产生的良好情感体验[②]。

学生通过这种教学形式,能够更加积极地参与劳动并且形成以劳动为荣的情感,这也是我们在教学过程中的目标所在,以这种形式帮助学生形成热爱劳动的品质是具有现实意义的,且在小学教学阶段以音乐的相关形式来进行劳动品质教学具有很好的教学效果。

第二节　劳动教育的实践探索

劳动教育肩负着培养德智体美劳全面发展的社会主义建设者和接班人的重要任务,是学校进行德育、智育、体育和美育的重要内容和重要支撑。新时代推进大中小学劳动教育是促进青少年学生全面发展的客观需要。天一小学依托音乐特色积极建立

① 张文芳.音乐教学活动中的情感培养途径[J].北方音乐,2019,39(6):147+150.
② 姜玲.音乐课堂教学中学生情感的培养研究[J].成才之路,2019(12):36.

健全多元化的劳动教育课程内容体系,将劳动技能、财经素养、劳动价值观、创造劳动等要素以课程群的方式统筹建立多元化课程体系①,同时积极搭建开放性的校外劳动教育实践基地,以"校企合作""家庭社区"等方式,实行劳动共育、资源共享,为学生提供开放的劳动场所。

一、注入科技力量,健全劳动课程体系

科学技术的进步不仅改变了人们的生活方式,还推动了教学模式的改革,丰富多样的现代科技手段融入到了课堂教学中,成为了教师的好帮手。当前我们国家已具备生产技术机械化的实力,学校应该高度重视创新型人才的培养。新时代的劳动教育课程立足于面向未来、促进学生全面发展,因此,天一小学十分注重信息技术的开发,通过与专业机构合作进行中心内各系统使用软件开发,建立信息技术开发的机制,以保证技术的不断完善和更新。在专业技术和信息技术开发的过程中,关注学生的活动、经历和体验,探索有效的课程实施方式,使学习者在学习活动中发挥出最大的创新力。

天一小学以核心素养培育为指向,在"未来学习中心"育人模式下,以"小蚂蚁大智慧大理想,德智体美劳,我们样样好"作为天一学生行动口号,提出"小蚂蚁精神"的四个方面:"知勤俭、守规则的做人之能;勤健身、爱劳动的生活之能;有智慧,会合作的学习之能;广视野,富情趣的审美之能"。学校把劳动教育纳入学校课程计划,开发了"小蚂蚁爱劳动"校本课程,确立课程总目标及分年级课程目标,从要素到系统,从局部到整体,形成了全员、全过程、全方位的劳动教育育人体系。

针对劳动教育课程设置单一化、零散化的问题,天一小学采取"主题式""跨学科式""项目式教学"等多元化方式丰富劳动教育课程体系,将劳动技能、财经素养、劳动价值观、创造劳动等要素,以课程群的方式统筹,建立多元化课程体系,如依据学生培养目标,学校围绕"两纲教育"、行为习惯教育和劳动教育开发了"天一蚁——时刻准备着""环保蚁——亲亲校园花草情",增加了"小蚂蚁学艺,明理、讲礼为先"的人品、礼仪、规则教育的内容。

为使课程内容的设置符合信息化时代的特征,增添劳动课堂教学的趣味性,天一小学的教师巧借现代科技手段,适当地将人工智能、数字技术、大数据分析、3D打印等知识内容引入劳动课堂,并在专业技术和信息技术开发的过程中融入音乐,打造开放、

---

① 联通儿童与世界,引领"小蚂蚁"知勤俭、会合作、守规则——记上海市长宁区天山第一小学校长吕华琼[J].少先队研究,2018(5):12—13+17.

图 6 - 4 人工智能数据分析系统

多元、有趣、活力的课堂,为学生带来具有沉浸感的视听体验,关注学生的活动、经历和体验,激发学生的学习兴趣,将音乐艺术的魅力充分地展现给学生,使学习者发挥出最大的创新力。

为在劳动教育的过程中激发学生的劳动热情,天一小学的教师借助音乐教学中有关劳动主题的歌曲,来引领学生在劳动的过程当中进行演唱,缓解学生消极劳动的情绪。教师将课堂变为信息化、数字化的互动式课堂,通过互动音乐教学系统、音乐教学程序、在线音乐游戏等与学生进行实时互动,以更为丰富多样的教学方式带动全体学生参与劳动的积极性。

在校园的劳动活动当中,天一小学的教师结合歌曲《太阳和我做值日》帮助学生在参与校园值日劳动的过程中深刻地感受到值日劳动对于维护校园整洁环境的重要性,感受到劳动带来的趣味性以及重要意义。此外,为进一步强化学生情感体验,培养学生的创造能力,天一小学的教师以学生劳动过程中的音乐为基础,在音乐教学过程中,依托人工智能、数字信息处理技术,让学生依据对劳动的理解,创作出简单的歌曲。

二、结合社团活动,搭建劳动实践平台

天一小学目前有美术团、书法团、舞蹈歌剧团、民乐队等"三团一队"校园艺术团。结合各社团的发展特色,学校引导学生开发出多元的主题活动,例如,"书画文化探秘"主题活动,组织学生进行劳动主题的绘画创意制作,体验劳动创造美;"学校科技创新调查活动"引导学生进行劳动工具创意小发明,增强劳动创新意识……学校也定期举

办联社活动日,通过玩游戏、摆摊台、实践体验、制作演示等形式,调动全校师生参与社团活动的热情,给予学生多元化的展示舞台。

在面向学生的问卷中,课题组设计了"如果学校将音乐学习和劳动教育相融合,对这类学习活动你会感兴趣吗?"的题目,76.6％的学生表示"非常感兴趣",19.15％的学生表示"比较感兴趣",仅有 3.15％ 和 1.11％ 的学生表示"一般"和"不感兴趣"。由此可见,学生对于将音乐学习和劳动教育相融合的学习活动有较浓厚的兴趣。

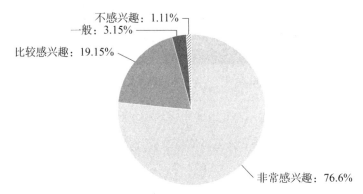

图 6-5　你对音乐和劳动教育相融合的学习活动感兴趣吗(学生卷)

因此,为落实《纲要》的劳动教育精神,天一小学以实践探究、体验活动为主要方式,开展"一月一主题"活动,将社团活动和主题活动相结合,目的是使劳动教育回归生活,增强劳动教育的实效。例如,每年一月的"文化月",组织书画社成员到长宁社区开展劳动服务,以现场书写、绘画、交流的形式,传播学校的"蚂蚁"文化。又如,每年三月的"小雷锋月",带领学生清洁校园及周边环境,开展"美化环境爱我校园"的清洁活动;到学校植物园里开展"绿化小能手"种植、护绿活动……这些活动丰富了学生的劳动实践体验,在提升了学生的劳动服务意识的同时,也进一步提升了学生的审美欣赏和审美表现能力。

三、融入艺术元素,开展课本剧主题表演

音乐的起源是多元性的,其中就有劳动起源说。天一小学充分挖掘课堂、教材中的"劳育"元素并融入艺术元素,以课本中的课文为主题,以音乐剧为载体,借助演唱、欣赏、表演实践等形式,引导"小蚂蚁"们用自己的方式演绎劳动故事,用实际行动践行劳动精神,从而发挥以美带劳的作用,促进学生的全面发展。

图 6-6 《训俭示康》课本剧表演

结合北宋著名的史学家、文学家司马光写给其子司马康的家训《训俭示康》,天一小学的"小蚂蚁"们以课本剧表演的形式,生动演绎了勤俭节约是中华民族的传统美德。

图 6-7 《雷锋故事》课本剧表演

结合课文《悯农·其二》,"小蚂蚁"们用春游的故事告诉身边的同伴们,浪费可耻。结合课文《"一粒米"的成长之路》,"小蚂蚁"们通过拟人的手法再现了一粒水稻种子最终成为人们盘中餐的经历,展现了劳动的艰辛,倡议大家要珍惜粮食。"小蚂蚁"们还上演了话剧《爷爷一定有办法》,爷爷把孙子心爱的破毯子变成外套、背心、领带、手帕,甚至是精巧的一粒纽扣,淋漓尽致地演绎了爷爷的勤俭和其对孙子的疼爱,令人回味。

从"选文"到"剧本"再到"排练","小蚂蚁"们充分发挥自己的才智,有序分工,一遍遍打磨剧本,认真揣摩人物的语言、动作,纸上得来终觉浅,绝知此事要躬行。本次课本剧展演,挖掘了学生的潜力,给学生提供了展现自我的平台,让学生走进课文、走进名著,又从课文中走出来、重新创造。整个过程融合了合作交流、编辑设计、临场发挥、语言表达、表演组织等多方面能力的培养,"小蚂蚁"们不仅在自导自演中获得无穷乐趣,也在锻炼和实践中收获了成长。

四、健全家庭、学校、社会协同育人机制

家庭、学校、社会的协同发力,是激发新时代大中小学劳动教育内生动力的重要助力,既要发挥各自在劳动教育中的作用,也要整合家庭、学校、社会各方面的育人资源,形成教育功能互补、教育力量互联的多元联动育人机制。因此,作为"五育并举"之一的劳动教育,不应只局限于学校内部,而应保持开放的姿态,结合新时代的要求,结合学生的实际,积极构建"家庭、学校、社会"三级教育内容,指向培养新时代劳动者的新使命。

多年来,天一小学积极建立开放性的劳动教育实践课程体系。学校结合校园活动,搭建劳动实践平台,如开展了"我会清洗""我会整理""我会收拾""我会用"等系列劳动教育主题活动,以此锻炼并培养学生的生活自理意识和能力。

此外,学校从低年级出发,关注学生热爱劳动、乐于助人的品质培养,组织了"小蚂蚁"和"小小蚁"牵手活动。天一小学将自身打造成了"天一蚂蚁学校",低年级的孩子是"小蚂蚁",高年级的学长学姐是"大蚂蚁"。每位天一新生,从走进校门的那一天开始,他就有了一个陪伴他一起成长的大哥哥或大姐姐,如在"hand in hand学做劳动小达人"活动中,"大手"教会了"小手"学搓一块小抹布,有顺序地擦好自己的小课桌。在一年级语文教学单元测试准备期,五年级的哥哥姐姐纷纷走进一年级各班的教室,手把手地指导,认真细致地读题,一年级的弟弟妹妹们在他们的帮助下得以顺利完成测试内容。"兄友弟恭"将校园里的伙伴情连成了手足情,互爱互敬得以充分地体现。

图 6-8　天一小学吕华琼校长为"小蚂蚁"佩戴红领巾

　　"大手"不仅局限在校内,作为一所探索国际化办学的校园,每周长宁国际学校的初高中大哥哥大姐姐会定时来校指导小朋友进行原版英语阅读。"牵手"渗透于学生成长的全过程,这样的机会培养了学生之间的友爱之情。当这些"小手"慢慢长大,几年后,将成为延续天一小学友爱之情的"大手"①。

图 6-9　中英教师建立合作交流

---

① 吕华琼."中国文化与国际视野相融合"践行力探索[J].中小学校长,2020(1):60—63.

天一小学还十分重视家长和社会部门的参与，一方面，学校以"家校合作"等方式开展"家校共育之劳动计划""蚁妈进食堂""蚁爸进课堂"等活动，实行劳动共育、资源共享，为学生提供开放的劳动场所。另一方面，天一小学将社会资源视为为学生提供形式多样的劳动实践平台，充分调动各方面的力量，通过"校企合作""家庭社区"的合作形式，与社区、敬老院及兄弟学校进行合作。

如联动包玉刚实验学校、耀中国际、上海戏剧学院、当代艺术馆、复旦大学视觉学院和美国、英国、澳洲的一些知名学校开展校际交流，积极组织企业、社区、工会等各类社会组织，为学生的劳动教育积极扩展活动平台，为学生参与劳动实践创造条件，有效保障且配合家庭和学校。如开展了"小蚂蚁"和一顶"小红帽"活动，组织学生参观上海消防博物馆，近距离了解消防车的内部构造以及如何正确使用灭火工具等；开展"走近环卫工人""采访警察""探望孤寡老人""帮扶贫困生家庭"等校外劳动实践活动，帮助学生树立正确的劳动价值观和职业观。

第三节　特色劳动教育活动的个案分析

劳动教育是新时代党对教育的新要求，是中国特色社会主义教育制度的重要内容，也是全面发展教育体系的重要组成部分。校园的劳动活动是学生进行劳动教育最有效、最直接的途径，有利于加强和巩固学生树立正确的劳动价值观，鼓励学生学习和掌握必要的劳动技能，为今后走向社会做好准备。

天一小学紧紧围绕"创设真实情境、鼓励真实参与、生成真实体验"的原则，结合学校"小蚂蚁"文化及学校"七彩阳光天天蚁"等系列活动，在多元活动中让学生经历真实完整的劳动过程，丰富学生劳动阅历，从而形成个人独特的情感体验，促进青少年学生的全面发展。

一、立足生活实际，赋予劳动仪式感："蚁"手创建温馨"家"

2020年7月教育部印发《大中小学劳动教育指导纲要（试行）》指出："小学阶段低年级要以个人生活起居为主要内容，开展劳动教育，注重培养劳动意识和劳动安全意识，使学生懂得人人都要劳动，感知劳动乐趣，爱惜劳动成果。中高年级要以校园劳动和家庭劳动为主要内容开展劳动教育，体会劳动光荣，尊重普通劳动者，初步养成热爱劳动、热爱生活的态度"①。

在面向学生的问卷中,课题组设计了题目为"你参与过的校外劳动体验活动有哪些?"的调查中,83.81％的学生表示参与过"家庭卫生扫除",80.67％的学生表示参与过"农耕体验活动",37.1％的学生表示参与过"社区卫生保护",18.5％的学生表示参与过"拜访身边劳模",21.92％的学生表示参与过"军事体验活动"。由此可见,天一小学的学生们有较强的劳动意识,乐于参与形式和内容多样的劳动活动。

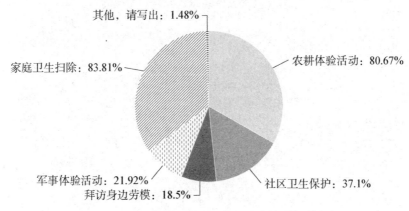

图 6－10　你参与过的校外劳动体验活动有哪些(学生卷)

让学生理解劳动的意义,体验劳动带来的愉悦,培养正确的劳动价值观,是小学劳动意识启蒙教育中不可或缺的重要组成部分。随着人们物质水平的不断提高,大部分学生都过着衣来伸手饭来张口的生活,基本生活自理能力越来越弱。针对这种情况,结合国家的政策要求,天一小学每周充分利用中午 12:15 至 12:50 的劳动时间,分别在一、二年级和三、四、五年级开展了"我会清洗""我会整理""我会收拾"和"我能保持"等系列劳动教育主题活动,以锻炼培养学生的生活自理意识和能力,并建立激励制度,学生一周内在"个人评价表"中获得全星,即可以在"劳动荣誉卡"上获得一枚"劳健蚁奖章",学期结束,以"劳健蚁奖章"的获章数评选"劳健小达人"。

在"我会整理"和"我会收拾"主题活动指导下,学校根据一年级刚入学学生不会整理书包的现象,在一二年级开展了"书包整理我能行""垃圾分类我能干"活动,引导学

① 教育部关于印发《大中小学劳动教育指导纲要(试行)》的通知[Z].2020－7－9.

生主动整理自己的书桌和学习用品,将垃圾分类摆放,并与同伴合作完成班级小岗位的劳动。

图 6－11 "我会分类"劳动教育主题活动

活动中,通过情景观察、范例引导、趣味游戏、竞赛闯关、展示评比等环节,引导学生从易到难、从简单到复杂,逐步掌握书包整理、垃圾分类的方法。学生兴致盎然,在玩中动手、在体验中实践、在分享中收获,这不仅提高了他们的生活自理能力,还促使他们养成了良好的生活习惯。

在"我能保持"主题活动指导下,学校引导三到五年级的学生完成自己劳动小岗位的劳动、完成校园包干区内的劳动并保持自己"一方地"的干净整洁。此外,为真正发挥劳动实践的育人功能,让学生的双手更加灵巧,智慧得到发展,成长为健康快乐、热爱生活的人,天一小学还通过家长学校、家长会、家访等形式,指导家长培养小学生的劳动习惯,如安排孩子参加一些简单的家务劳动和生产劳动,制订一周劳动规划。

在寒暑假,学校还组织开展"争当劳动小主人"评选活动,激励孩子自己的事情自己做,家里的事情帮着做,并结合记录表完成记录和评价,记录表中包括基本信息的姓名、班级、学号等,还包括每日活动的记录、照片和学生感受、家长感受,用材料帮助学生系统记录劳动带来的快乐。

图 6 - 12　"我会收拾"劳动教育主题活动

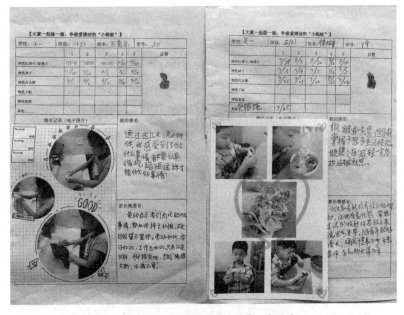

图 6 - 13　"争当劳动小主人"评选活动

二、学习劳模精神,做新时代少年:"学雷锋日"劳模进课堂

"要在学生中弘扬劳动精神,教育引导学生崇尚劳动、尊重劳动,懂得劳动最光荣、劳动最崇高、劳动最伟大、劳动最美丽的道理,长大后能够辛勤劳动、诚实劳动、创造性劳动。"习近平总书记在全国教育大会上明确把"劳动教育"列入社会主义建设者和接班人的素质要求,开启了新时代学校劳动教育的新征程。

天一小学在引导学生体劳动之美、感人文之美的过程中,引导学生认可劳动、主动劳动,牢固树立劳动最光荣、劳动最崇高、劳动最伟大、劳动最美丽的观念;体会劳动创造美好生活,认同劳动不分贵贱,热爱劳动,尊重普通劳动者,培养勤俭、奋斗、创新、奉献的劳动精神。

学生所在社区蕴含着丰富的劳动教育素材,天一小学鼓励学生发现身边的劳动模范,根据社区中人们的基本活动或社区运作方式,由学生自主选择劳动教育活动主题。种植种子看似简单,却需要技巧与力量,农作物的产生过程远比想象中复杂。"小蚂蚁"们来到了田野间进行劳作,体验传统的农耕文化。"小蚂蚁"们在专业老师的带领下进行种植实践,亲身体会了农民的辛劳,刨地、播种,亲自探索食物的源头,在与自然亲近中感受农人的辛勤耕耘,深深感受到了粮食的来之不易,更知"谁知盘中餐,粒粒皆辛苦"。

图 6-14 "学农促成长,劳动最光荣"劳动研学活动

陶行知先生说"劳动教育的目的,在谋手脑相长,以增进自立之能力,获得事物之真知及了解劳动者之甘苦"。天一小学与社区教育和校外教育基地积极开展各种劳动教育活动和美育活动,如社区组织的公益性、服务性劳动,让学生获得通过自己的劳动能够让社区生活变得更加美好的情感体验。根据吃、喝、住、行、娱乐、休息等方面的需求,或经济生活中的生产、交换、消费等活动,天一小学面向学生开展"零食大调查""社区的农家乐调查""身边的餐饮招牌探秘""参观花木场劳动基地"等主题活动。

此外,天一小学还积极发挥劳模作用,根据社会角色与群体选择活动主题,如农民、警察、环卫工人、孤寡老人、残疾人等,开发"走近环卫工人""采访警察""探望孤寡老人""帮扶贫困生家庭"等校外劳动实践活动,帮助学生树立正确的劳动价值观和职业观,为庆贺中国共产党百年华诞,持续深化爱国爱党教育和红色文化传承,天一小学党团员教师代表和少先队员代表走进上海警备区第三干休所,拜访离休老干部孟祥林,聆听孟老讲述他戎马生涯40载的峥嵘岁月,学习感受革命前辈的红色精神。

长宁区武装部副部长邹叔叔也为"小蚂蚁"们带来了"看阅兵变化,话国防成就,为祖国点赞"的报告,他用生动的语言和孩子们一起分享了新中国成立70周年以来14次阅兵的发展变化,从阅兵的变化看我们祖国70年来取得的伟大成就,和"小蚂蚁"们一起为伟大的中国共产党、为我们伟大的中华民族、为我们伟大的中华人民共和国点赞。"小蚂蚁"们挺拔了身姿,专注地目视着五星红旗冉冉升起,行队礼,用他们的行动宣誓着:中国,我爱您!

图 6-15 "小蚂蚁"拜访离休老干部孟祥林

为让"小蚂蚁"们更直观、真实地了解消防车和消防服的用途,提高"小蚂蚁"们的消防安全意识,天一小学组织"学军"主题实践活动。学校组织小学生们步行前往位于天山路上的长宁消防救援支队,在消防员叔叔的带领下,对消防员们的训练和消防装备进行参观和学习。

"小蚂蚁"们对于消防员这一份职业多了一份敬意、更加深一层了解的同时,消防员叔叔们勇敢、守纪的品质也将激励着"小蚂蚁"们健康成长。

图6-16 "小蚂蚁"参观消防站"学军"主题活动

劳模们以积极乐观的生活态度感染着天一小学的"小蚂蚁",他们用自己的故事告诉大家,劳模不是荣誉,而是一种精神,也时刻引导着天一小学的学生们,作为一名社会主义接班人,学习雷锋就要从身边的小事做起,从平凡的小事做起。天一小学的学生们也感受到工匠精神、奋斗精神创造出来的物质之美、文化之美,从而真切体会劳动创造美、美蕴含于劳动之中的道理。

三、掌握劳动技能,家校共育成长:"蚁妈蚁爸"进校园系列活动

"小蚂蚁"是阳光的,他们在师长父母的关爱和包容中茁壮成长;"小蚂蚁"是智慧的,他们知道要从小学习创造,幸福不是毛毛雨,幸福不是免费的午餐,幸福不是从天而降的,一切幸福皆源于劳动创造。为培养"小蚂蚁"们"以劳树德,以劳增智,以劳强

体,以劳育美,以劳创新"的精神,使其努力成长为具有中国底蕴和全球视野的现代中国人,天一小学积极搭建家校共育成长平台,通过"蚁妈"进食堂与"蚁爸"进课堂,大胆整合、开发,将劳动教育与生活融为一体,促进劳动教育的多样化。

(一)"蚁妈""蚁爸"进食堂系列活动

食堂安全与管理是小学的重要管理工作之一,也是学生和家长关注的焦点,这与学生的饮食问题、日常生活和整个学校的正常运作息息相关①。天一小学高度重视食品安全教育,从娃娃抓起,从餐桌抓起,让节约粮食在整个校园蔚然成风。

图6-17 "蚁妈""蚁爸"陪餐活动

学校优化了陪餐制度,发动班主任、家长和行政老师一同轮流陪餐。每逢"蚁妈进食堂"的活动,家长不但可以走进教室陪餐,还能走进午餐配送中心监督午餐的安全和口味。午餐时间,学生自己来当午餐管理员,争当光盘小卫士,同时学会基本饮食礼仪。

"谁知盘中餐,粒粒皆辛苦",在"蚁妈"进食堂活动中,学校围绕"食堂系列"开展家校劳动,邀请"蚁妈"进食堂,和"小蚂蚁"们共同参与四次劳动实践活动,学习劳动技

---

① 杨金芬.加大食堂管理力度,确保学校食品安全[J].中华少年,2018(23):180.

图 6 - 18 "蚁爸"进课堂宣讲活动

能。一、二年级的"小蚂蚁"们和"蚁妈"一起响应光盘行动,和"蚁妈"一起清洁用餐小天地。三到五年级的"小蚂蚁"们和"蚁妈"一起学习配餐小技巧,了解烹饪小妙招。拓展课上"蚁妈"教会大家如何进行餐桌的整理,对于进餐后的垃圾该如何分类。最后,由"小蚂蚁"们和"蚁妈"共同完成活动单《"小蚂蚁爱劳动"——和"蚁妈"进"食堂"》。

餐桌是"食育"工作顺利推进的"主战场",最根本的任务就是让学生在吃的同时逐渐规范其用餐习惯。此外,学校和"蚁妈"家长群形成家校合力,共同设计了分年段的"食育"主题教育系列活动,通过"说一说(介绍食物)、画一画(画出喜欢吃的食物)、做一做(烹饪食物)、种一种(种植蔬菜)、拍一拍(拍摄分享)",引导学生体会到食物来之不易,不浪费食物,更加珍惜盘中餐。

(二)"蚁爸"进校园系列活动

为落实"以审美为核心"的学科理念,在对学生进行劳动教育的过程中,始终伴生着对学生审美情感的培养。天一小学邀请"蚁妈""蚁爸"进校园并采用故事性的教学策略,充分利用视频资源,将音乐情绪、旋律变化与故事情节结合,让学生产生强烈的情感共鸣,使学生在生动有趣的故事中感受到"幸福的生活是靠劳动来创造的",形成正确的劳动价值观。

清早的天一小学校园,出现了熟悉的身影,'蚁爸'是"阳光·感恩"的代言人,他们中有深入抗疫一线的医护人员、公安干警、社区工作者、疾控中心工作人员等,他们来到校园,为孩子们讲述温暖感人而又励志的抗疫故事——疫情下身边的感动,讲述所经历的抗疫故事,他们身边所有人的坚守与奉献。

在面向学生的问卷中,课题组设计了"你对每期'蚁爸'进校园系列活动的态度是?"的题目,80.02%的学生表示"非常期待",16.65%的学生表示"比较期待"。由此可见,"蚁妈蚁爸"进校园系列活动在学生中有着很好的活动效果。

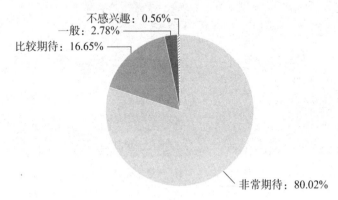

图 6 - 19 你对每期"蚁爸"进校园系列活动的态度是(学生卷)

从"建党篇"到"抗战篇"到"解放战争篇","小蚂蚁"跟着"蚁爸"们从红色故事中见证了共产党的伟大,从红色故事中了解为什么没有共产党就没有新中国,从红色故事中传承和弘扬了革命精神,争做社会主义建设者和接班人。

一年级(1)班的"蚁爸"带来了一个巨型武器——弓箭,弓箭和劳动有什么关系呢?听了冯爸爸深入浅出地讲解之后,"小蚂蚁"们了解了原来古代人是靠狩猎过活的,狩猎就是他们最重要的劳动形式之一。三年级(4)班的"蚁爸"带来了劳动工具,给孩子们讲解劳动工具的妙用。一年级(6)班的"蚁爸"把美食带入了课堂。三年级(5)班的"蚁爸"则把劳动安全分享给大家……还有许多班级的爸爸们,他们共同为"小蚂蚁"们上了精彩的一课。

2021年是中国共产党成立100周年,学校着眼"四史"启蒙教育,发挥少先队阵地作用,以"小蚂蚁大理想大智慧"校本德育特色课程为载体,以少年儿童喜闻乐见的方式,组织"小蚂蚁"们跟着党员老师和"蚁爸"一起学"四史"。

四(2)班陈梦梵爸爸以一名党员的身份受邀走进"蚁爸进课堂"的主场小蚂蚁剧场,全校党员老师和"小蚂蚁"一起回顾历史、身临其境感受祖国的发展,感恩先驱和身边的人,学习他们坚强的意志和坚定的信念。陈爸爸播放了一段生动的视频带领"小

图 6-20 "蚁爸"进课堂上课照片

蚂蚁"学习"四史"。跟随视频,回望共产党的百年历史,回望共和国的 70 多年历程,回望改革开放 40 多年的历程。通过学习,"小蚂蚁"知道了"四史"的概念和内涵、明确了为什么要学习"四史"以及如何学习"四史"。

图 6-21 和"蚁爸"一起学"四史"活动合影

"小蚂蚁"在活动中观看战功赫赫的老兵纪录片,回望历史长河。最后,陈爸爸用一张张照片讲述抗疫期间天一小学师生的感动瞬间。天一小学的党员老师们以自己独有的方式发挥着战斗堡垒作用,他们主动担当,有的参加区抗疫应急队,有的去社区志愿服务,有的承担录课任务,有的到学校值班,有的给医生家长的孩子送去关爱……勇挑重担、模范带头。"小蚂蚁"也纷纷表示要前不负历史长河里无畏牺牲的英勇烈士,后不负少先队员的光荣称号,感恩共产党人一路披荆斩棘。

活动后,学校鼓励"小蚂蚁"们通过线上和线下相融合,以亲子或小队的形式,开展爱国主义教育基地、红色旧址、纪念设施寻访活动,如"访一访——红色党史""写一写——寻访感悟""拍一拍——感动瞬间"。"小蚂蚁"通过创作绘本、创作歌曲、赠送口罩等实际行动,用手机或相机记录"红色争章"实践活动,挖掘红色党史发展历程中的先锋人物和历史故事,感恩他人,回报社会,努力成长为担当民族复兴大任的时代新人。

在"蚁爸"的活力课堂里,每一个"小蚂蚁"的眼睛都是亮闪闪的,他们的认真专注、热情互动让课堂变得更精彩。"蚁爸进课堂"活动唤起了父亲的教育责任,在增强了"小蚂蚁"们劳动意识的同时,也让天一小学的"小蚂蚁"换个角度体验课堂。

图 6-22　和"小蚂蚁"红色研学之旅

下面我们来看看"蚁爸"们怎么说吧。

今天我作为一年级(1)班的家长,参加了"蚁爸"的进课堂活动。我的演讲主题是《大数据和智能控制》。从无线网络,到 AlphaGo 人工智能,一年级的小朋友踊跃地抢着回答。从这次"蚁爸进课堂"的活动中,深切地感受到学校创造性地开设这一活动的价值。一方面,让我们家长能够把自己的专业和小朋友的兴趣点结合起来进行分享,另一方面也加深了家长和学校的互动。最后一点也是最重要的,就是让我真正地感受到孩子才是社会的未来。从他们明亮的眼睛里,我看到了希望,活力和创造性。

——一(1)班张逸之爸爸

非常荣幸能参加"蚁爸进课堂"活动,走进天一小学,校园一片春意盎然的景色让我倍感亲切。早上 8:15 准时来到教室,我们可爱的"小蚂蚁"们早已安静地坐好等着我呢! 这次我的主题是《同理心》,就是将心比心,换位思考。我用了一部迪斯尼微电影《美食盛宴》以一种轻松的口吻来告诉我们的小朋友:"为了你,我是可以放弃一些我的东西的,因为我爱你呀。"在讲的过程中,我们天一小学的"小蚂蚁"们认真专注,热情地互动让整个过程十分精彩。当孩子真的学会了换位思考,那就是他懂得关爱与珍惜的开始。

——二(1)班蔡俊杰爸爸

"蚁爸进课堂"活动同样也给老师们带来了深刻的感受,下面我们来听听老师们的想法。

早上吴静涵爸爸给孩子们带来了武警的故事,抓捕坏人时用的六件套让孩子们大开眼界,"小蚂蚁"们不禁感叹道我们能有现在美好的生活,是因为身边有许许多多的"英雄"在默默地保护着我们,要更珍惜现在生活的来之不易啊!

——三(2)班赵臻老师

沈祺轩的爸爸是一位医务工作者,曾经奋战在救治第一线。今天他为"小蚂蚁"们带来了题为"逆行的人"的 mini 课堂,当年的汶川大地震时至今日仍历历在目。当年的他就是在发生自然灾害时,勇于担当,敢于作为的"逆行的人"。当年的故事很感人，当年的援助很震撼。在"蚁爸爸"忆当年的故事中，"小蚂蚁"们知道了现在的幸福生活是多么可贵。果然，让"蚁爸爸"走进课堂，参与孩子们的教育，焕发爸爸在育人上独特的魅力，这个 idea 真是太赞了！

——五(5)班林灵老师

言传不如身教，身教不如境教。天一小学学生的爸爸妈妈们也为"小蚂蚁们"做出了行为的表率。在 2019—2020 年中国新父母年度人物评选活动中，天一小学二年级(2)班的贾闻栩爸爸贾真被列入"提名奖获得者"名单。

贾闻栩爸爸就职于国家移民局上海出入境边防检查总站，工作上他屡获战功，疫情期间做出了重要贡献，是一位优秀的公安干警、一名优秀的共产党员；当以爸爸的角色回到生活中时，他努力与孩子建立起"亦师亦友"的亲情纽带。2020 年 6 月，贾闻栩爸爸以"疫情下身边的感动"为题为天一小学的同学们生动讲解疫情下上海浦东机场疫情防控的流程和举措，让孩子们切身感受到国门卫士们是如何将疫情风险拦截在国门之外，确保上海城市安全、人民安居乐业的。

四、感受劳动光荣，引导正向评价：颁发"劳动荣誉卡"

有效的教育评价是劳动教育顺利开展的重要保证[1]，进入新时代以来，原有的"一元制"劳动评价体系无法充分反映德智体美劳并举的新评价标准。因此，天一小学积极改进原有的评价机制，从多个角度入手梳理评价标准和评价机制，着眼于满足学生全面发展的需求，加强劳动技能和劳动实践的考核，健全新时代小学生劳动教育运行机制的完整体系[2]。

以劳育美，以美育劳，教师要在一个特定的时间里对学生的近期行为进行全方位的评价，这样不仅有助于激励学生，更可以让教师获得学生的第一手资料，为接下来教育教学的开展提供重要的参考依据。结合"小蚂蚁"文化及学校"七彩阳光天天蚁"育人评估体系，学校构建了实质性、激励性的劳动教育评价体系，采用多维方式作为评价的指标，不断丰富和充实劳动教育课程内容及评价方式[3]。

"七彩阳光天天蚁"以"赤""橙""黄""绿""青""蓝""紫"这七种不同的颜色分别对

---

① 郑曼，毋磊. 新时代中小学劳动教育的实践路径研究[J]. 上海教育评估研究，2021，10(3)：54—58.
② 吕华琼."小蚂蚁大智慧"：校本化学生评价的改革[J]. 现代基础教育研究，2012(4)：62—66.
③ 吕华琼，周元祥. 未来学习中心：学与教方式转变的探索[J]. 上海教育科研，2016(11)：50—53.

图 6-23 "小蚂蚁"劳动表彰活动

应不同的评价标准,如"赤色感恩蚁""橙色合作蚁""黄色规范蚁""绿色诚信蚁""青色创新蚁""蓝色稳健蚁""紫色才艺蚁"。集满七色的"小蚂蚁们"便可获得"七彩阳光天天蚁"荣誉称号。

其中在劳动板块,天一小学在原有劳动评价的基础上设置了增值评价,为每一位学生建立"劳动档案",由学生自主评价、同学互评、教师评价和家长评价组成。档案记载了学生每月参与学校和家务劳动的次数、劳动的时间、是否主动参与、家长满意度、家长签名、是否留有照片等内容,并发放相应的"劳动荣誉卡"。其次,学校结合劳动教育活动,开展了在"劳动荣誉卡"中争获"劳健蚁"奖章、争取"劳健小达人""劳动小达人"的评比和展示活动,展示内容从校内到校外,从自身到公共,分层设置,逐级提升。在一系列的比一比、评一评中,让一个个"家庭小当家""班级小管家""职业体验达人""社会小志愿者"脱颖而出,也为其他学生做了榜样和示范。

最后,学校对在劳动教育活动中涌现出的劳动小能手、劳动小模范,通过线上、线下多渠道开展劳动成果展示活动。通过线上的微信公众号、学校官网进行推送,同时通过线下的"校园橱窗海报展"进行成果展示,让全校学生近距离交流自己的劳动所得和劳动所获。

在面向教师的问卷中,课题组设计了"您认为学校颁发'劳动荣誉卡'和表彰'七彩阳光天天蚁'荣誉活动对学生有哪些影响?"的题目,94.79%的教师表示"有利于提高学生行为的积极性",85.42%的教师表示"有利于引导学生树立正确的价值观",77.08%的教师表示"有利于优化班级的氛围",73.96%的教师表示通过"有利于强化班级管理质量",这也充分展现了"劳动荣誉卡"和"七彩阳光天天蚁"对班级管理和德育育人的重要作用。

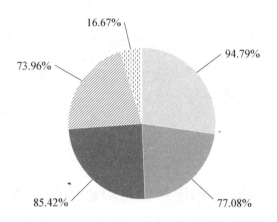

图 6 - 24 您认为学校颁发"荣誉卡"和表彰"七彩阳光天天蚁"荣誉活动对学生有哪些影响(教师卷)

天一小学借力综合实践活动平台,将劳动教育融入学生学习与生活的全过程。"小蚂蚁"们以劳树德,以劳增智,以劳强体,以劳育美,以劳创新,努力成长为具有中国底蕴和全球视野的现代中国人。人们也有理由相信,天一小学将继续不断探索,将劳动教育主题活动深入、持久、高效地开展下去,为提升学生的劳动素养以及终身发展而服务,进而取得更加辉煌的成果!

当下,在育什么人和为谁育人等已然明晰的情况下,怎样育人以及如何提升育人质量成为未来中国教育改革亟须回答的重大问题。通往育人质量提升的路径多种多样,其中"五育融合"是当前及未来基础教育改革最重要的发展方向和路径之一。

——李政涛

第七章　未来可期,音乐创意学习中心的探索与成效

"音乐创意学习中心"自 2015 年建成使用以来,学校在学习空间与环境的创设、课程研发与升级、学生多元学习方式以及教师专业成长方面进行了一系列行之有效的改革与探索。在短短的几年时间里,学校先后成为上海市音乐家协会手风琴教学基地、上海师范大学音乐学院大学生见(实)习基地,并于 2019 年获评上海市校园文化建设"一校一品"特色学校。学校多个作品、教师和学生个人荣获国家、市、区等多个奖项,从整体上极大地提升了学校在上海基础教育界乃至全国的影响力和知名度。

第一节　学习空间与环境的创设

学校立足素养培育,打造高质量音乐学习系统。建立以学习者为中心的人才培养模式,强调创意驱动下结构化知识的灵活迁移,在音乐应用中丰富情感体验。进行学习空间重构,系统升级,打造音乐创意学习中心,形成硬软件集成的浸润式音乐学习场域,催生多样态技术应用场景。

一、实体空间:满足个性化学习发展需求

音乐是听觉艺术,是情感艺术。[①] 该属性决定了音乐学习环境的专业性。建构创意驱动的音乐学习系统及其操作体系后,学校发现传统音乐教室无法结合听觉与联觉,激发感官享受,提升学生音乐艺术情感上的共鸣;打击乐、电子琴等器乐课程对教室有隔音和吸音的声学要求;剧场课程需在拥有足够响度、优良清晰度、合适混响感、较强空间感的场域实施教学等。

在不增加土地的前提下,学校于2015年通过学习空间重构系统改进,打造了"音乐创意学习中心"这一上海教改的名片。"学习中心"选用了学习社区模型,以"自然、艺术、创意"为核心理念,为学生打造了一个实体、虚拟和学习中心内外空间高度粘合的学习社区。

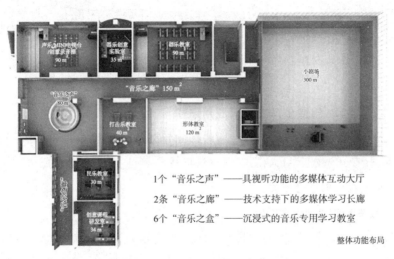

1个"音乐之声"——具视听功能的多媒体互动大厅
2条"音乐之廊"——技术支持下的多媒体学习长廊
6个"音乐之盒"——沉浸式的音乐专用学习教室

整体功能布局

图7-1 "音乐创意学习中心"空间设计

"音乐创意学习中心"建有一个"音乐之声"、两条"音乐之廊"和六个"音乐之盒"。"音乐之声"是具有视听功能的多媒体互动大厅。"音乐之廊"是信息化多媒体学习长廊。"音乐之盒"是声乐、器乐、形体、打击乐、剧场等专用功能教室。

通过增强空间与学习效能的关联,建构高质量音乐学习场,达成音乐素养培育的

---

① 满欣玉.谈声乐艺术中情感表达与舞台表演艺术的结合[J].音乐时空,2015(9):1.

环境、情境、乐境的"三境"重合。发挥建筑声学在音乐学习上的专业性,"宠爱"学生的眼睛和耳朵,充分调动视觉、听觉、触觉和动觉的联觉反应,产生想象力通感,激发学习能动热情,为音乐学习增效。

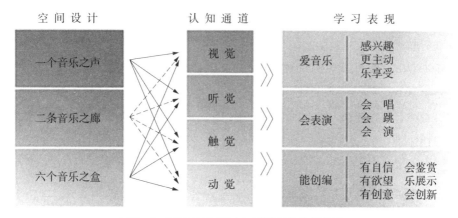

图7-2 "音乐创意学习中心"学习效能关联图

二、虚拟空间:创造多样态技术应用场景

天一小学以学习者为中心,遵循"联通儿童与世界"的办学理念,打造无边界跨学科融合的"未来学习中心"育人模式,通过信息技术赋能,把学校建成具有信息技术与教育融合创新发展的智慧校园。

(一)建立校级基础支撑平台

学校以市、区数字基座建设为指导,打造一个互联互通的校级基础支撑平台,面向第三方提供用户管理服务、数据交换服务、应用开放服务和用户空间服务。目前已完成7个第三方应用接入工作,建立统一的门户,实现用户的统一管理、应用之间数据的互联互通。

(二)打造数字化应用体系

1. 智慧教学体系

在数字化、智能化时代影响下,学校围绕基础课程教与学以及特色拓展课程实践探索多样化的学习交互。学校配套建设了智能备课管理系统、伴随式记录过程性数据采集系统、英语口语训练系统、智慧围棋和海派书法平台等,生成274份共享教案,覆盖300名学生课堂过程性学习交互数据采集,完成2785个英语听说训练小任务。

2. 智慧管理体系

基于"校长室-书记室-工会"三位一体、"四制四部"协同的交叉体系构建智慧协作管理平台,包含公文管理、资产管理、场馆管理、考勤请假管理、文件存储管理、工作安排管理等模块,实现数字化协作管理。

3. 智慧评价体系

聚焦五育并举全面发展,以"小蚂蚁积点进阶"特色指标为依据,开发综合评价工具,建立指标到量化数据的对应关系,在不同场景中获取德育、学业、阅读、体质监测领域的相关数据,通过对数据的归集、处理和分析,最终形成学生数字画像。

4. 智慧物联体系

搭建校内 5G - CPE 网络,配置手环、考勤机、平板、交互式大屏等不同类型的设备,及时获取不同场景的交互数据,服务于综合管理、智能学习,同时与未来学习中心学习空间相配套,打造更丰富的学习场景。

课题组设计了相关问卷题目调查教师对"音乐创意学习中心"建设的看法,96.88%的教师认为音乐创意学习中心的建设是成功的,肯定了中心的建设成效。

林灵老师对音乐创意学习中心的建设有以下感受。

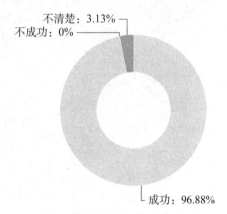

不清楚:3.13%
不成功:0%
成功:96.88%

图 7 - 3　您觉得学校音乐创意学习中心的建设是否成功(教师卷)

"中心"的存在价值,在于点燃,让一批又一批的孩子能够顺天性而为,一起奔赴音乐创意,一同成就更好的自己,走向未来。

——教师发展部主任　林灵

三、融合空间:开拓浸润式创新实践场域

信息技术支撑下的学习空间重构,解决了传统空间割裂的问题,通过贯通教室和廊道,打造人与环境的互动学习场,突出音乐属性,且充满弹性。运用数字化工具为课堂教学赋能,如,运用一键 AI 创作软件,通过虚拟乐器,让零基础的学生尝试音乐创作;运用 iPad 模拟真实乐器、模拟鼓手,智能乐器演奏,让有一定音乐基础的学生进行

即兴旋律、节奏、伴奏、音响的创编;利用电声教室,发挥节奏、音色变换、叠加、自动和弦、音序等功能,让有一定特长的学生综合表现音乐语言;利用录播室,在特定的录音环境中,让全体学生展示音乐创作成果。

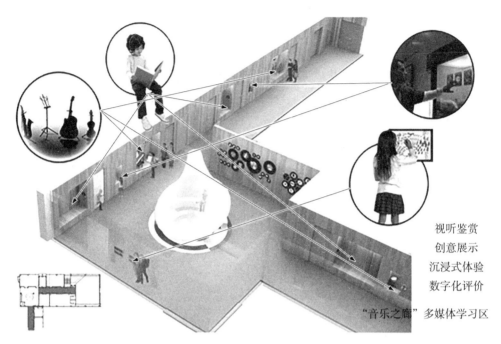

视听鉴赏
创意展示
沉浸式体验
数字化评价

"音乐之廊"多媒体学习区

图7-4 音乐之廊多媒体学习区

"音乐创意学习中心"还充分发挥了数字基座的作用,孵化和催生了更多数字化和智慧化音乐学习的应用场景,利用新兴的媒体技术,生成、采集、分析大量数据,为学生的内差异评价做好准备,用数字画像让音乐素养的提升可视化。

王嘉麒老师认为中心的环境创设给教学工作带来实质性提升:

"中心"的环境创设全面照顾师生的情感需求与教育教学需要,给予师生无微不至的人文关怀。所有的这些都是为了师生处在"中心"的环境里能够感到舒适——既是师生身心感到舒适,又是人际关系的舒适。只有心理舒适了,学生才能"放下戒备",融入到快乐地学习中,融入到与老师、同学的相处中;老师感到舒适了,才能在工作中兢兢业业,对待学生才能更有耐心和信心,才能与学生互敬互爱、和谐共处。

——学校服务部主任 王嘉麒

第二节 课程研发与建设的升级

天一小学在系统学习音乐教育及场域构建等前沿理论的基础上,对音乐教育的前期成功经验及明显不足进行提炼总结。以"音乐课标"为指南,规划通过建构音乐学习系统和音乐创意学习中心,打造创意驱动的小学高质量音乐学习系统的实践模型,达成"爱音乐,会表演,能创编"的音乐教育目标。

一、"乐"融五育课程的顶层设计

(一)课程理念

天一小学的课程理念是"在这里,遇见阳光智慧的你"。

"这里"是天一小学,是音乐创意学习中心 2.0 的 BRIGHT 课程、未来学习中心的育人模式和 2+6 个学习平台。

"阳光智慧"则是依托学校自主开发的特色课程,即"小蚂蚁大理想大智慧的德育课程""项目化学习课程""阳光快乐活动课程",通过课程的学习,活动的参与,实践的体验,来达成学校的培养目标,即以核心素养为指向,培养具有"阳光智慧"、彰显"小蚂蚁精神"、具有中国底蕴和全球视野的现代中国人。

"你"即是天一的学生"小蚂蚁",能够"知勤俭,守规则",掌握立身之能;能够"有智慧,会合作",掌握学习之能;能够"勤健身,爱劳动",掌握生活之能;能够"广视野,富情趣",掌握宽广格局的"德智体美劳"全面而个性发展的未来的建设者和接班人。

(二)课程目标

学校以立德树人为根本,遵循教育规律,赋予"小蚂蚁"4 个维度、8 个方面的精神品质,挖掘"小蚂蚁精神"内涵的育人价值。基于"小蚂蚁精神",基于学校办学实际,确立培养目标,即"为了促进每个儿童与世界的联系与沟通,以核心素养为指向,培养'阳光智慧'、彰显'小蚂蚁精神'、具有中国底蕴和全球视野的中国少年。"

1. 学做人

知勤俭,守规则。培养学生具备学习勤奋、生活节俭、尊师守纪、明德尚法的优良品质。

2. 会学习

有智慧,会合作。养成良好的学习态度和学习习惯,具有探究意识、创造性思维和实践能力;善于在合作中学习、做事和交往。

3. 善生活

勤健身,爱劳动。打造身心健康、朝气蓬勃的阳光少年,让学生养成终身锻炼、热爱劳动的良好习惯和基本观念。

4. 有格局

广视野,富情趣。培养学生在对自身以外的世界的探索和实践中,逐步拥有宽广的视野;富有热爱美、欣赏美的情趣;不断提升感知美、表现美的素养。

(三) 课程结构

音乐创意学习中心 2.0BRIGHT 课程,包含八大学习领域,即"自我与社会""语言与交流""逻辑与思维""运动与健康""劳动与实践""科学与探究""艺术与审美""信息与技术"。

1. 自我与社会——小蚂蚁认知会课程

侧重培养学生认识自己,知道自己是谁,能够学会融入社会,具备一定的与人交往的能力,能够体会分享与合作的乐趣。

2. 语言与交流——小蚂蚁语荟坊课程

培养学生有效运用口头语言和书面文字的能力,与人交流时能够自信地表达自己的想法。

3. 逻辑与思维——小蚂蚁智慧园课程

侧重培养学生有效运用数字和推理的能力,能将所学知识举一反三,融会贯通的能力。

4. 运动与健康——小蚂蚁健身苑课程

侧重培养学生运动能力和体育精神,同时促进学生身体健康、心理健康和提升其社会适应能力。

5. 劳动与实践——小蚂蚁劳动体验课程

以劳树德、以劳增智、以劳强体、以劳育美、以劳创新,结合学科课程与实践活动,提升学生体验和理解生活的能力。

6. 艺术与审美——小蚂蚁艺海博览课程

侧重培养学生的艺术审美能力,在丰富多样的艺术体验活动中培养学生拥有发现美、感受美和创造美的艺术学习品质,形成关注生活、关注自然的美好心境。

7. 科学与探索——小蚂蚁探索屋课程

侧重培养学生会质疑、勇于探索,会创新的科学精神。善于发现,有思辨能力,能形成自己的独特见解。

8. 信息与技术——小蚂蚁互联课程

侧重培养学生良好的信息素养,使其把信息技术作为支持终身学习和合作学校的手段,提升学生"信息沟通心灵,技术连接世界"的创新精神和实践能力。

二、"贝多芬音乐学习课程群"的建构

"贝多芬音乐学习课程群"由国家课程和校本特色课程两部分组成。课程群的创意在于纵向打通了国家课程和校本特色课程,横向关联了音乐素养的整体性培育。在有效落实国家培养目标和标准的同时,又体现了校本特色。其中,国家课程包括 Basic 基础课程、Expand 拓展课程;校本特色课程包括 Environment 环境课程、Theatre 剧场课程、Oven 创意课程。课程体验丰富,内容跨越边界,讲究多重浸润。

图 7-5 "贝多芬音乐学习课程群"图谱

课题组设计了相关问卷题目调查学生对音乐学习课程的喜爱度,61.61%的学生

表示非常喜欢音乐课程,24.05％的学生表示喜欢音乐课程。说明学校基于"音乐创意学习中心"的音乐课程受到学生的广泛欢迎。

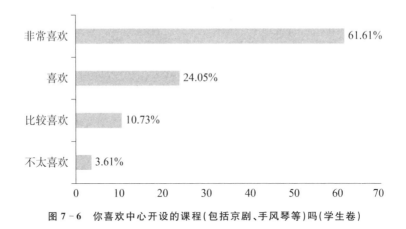

图 7-6　你喜欢中心开设的课程(包括京剧、手风琴等)吗(学生卷)

(一) Basic 基础课程:让学生在创意关联中发展思维与自我

以国家课程为主,落实义务教育阶段音乐教育的目标,立足学习者中心,坚持大概念引领,聚焦基本问题,围绕游戏化、情景化、生活化及富有挑战的主题、课题或项目,强调在课堂教学互动中发展学生音乐素养。课程注重主动学习,突出问题解决的生成性、情境性、关联性、结构性、主动性和持续性,引导学生关联、提取和运用已有知识、经验、技能和方法,灵活迁移,展现学科思维,在深度学习中获得自我发展。

(二) Expand 拓展课程:在探究性、多样化和无边界学习中发展创意

以音乐本体为核心,打破泾渭分明的学科界限,设计拓展课程,作为提升音乐审美体验、创造性发展、社会交往和文化传承的课程拓展。突显学科属性,遵循学习规律,关注音乐应用。如,京剧、手风琴课程等。拓展课程具探究性、多样化和无边界三大特征。探究性,即让学生在接触音乐作品、参与音乐实践、自主音乐创编中习得音乐知识。多样化,即以项目化学习驱动学习方式的转变,让学生在多重浸润中获得灵感,保持兴趣,提升创意。无边界,即强调学习内容和学习时空关联"家—校—社"。

(三) Environment 环境课程:延展音乐学习时空,让学习更有"弹性"

学校在有限面积中,通过空间重构和资源整合,有效延展音乐学习的时空,实现无限育人可能。将场域内的专用教室,及公共区域,包括廊道等,融为一体,为学生提供具视听鉴赏、创意展示、数字化评价功能,且充满弹性的音乐学习场,实现环境育人、文化育人。根据心理场整合原理,创设教育情境、人际情境、活动情境,探索具开放共享、合作探究、个性定制和技术融合特征的育人模式,形成育人的立体效应,让学生的生活空间富有教育内涵与美感。

(四) Theatre 剧场课程:激发想象通感,产生音乐意象

学校通过剧本创编及角色带入感悟,引导学生进行二度音乐创作,提升音乐创造能力。以童谣、课本剧、儿童歌舞剧的编—排—演为抓手,根据音乐表现难度挑战,设置低、中、高三阶剧场课程,供不同学习基础和学力的学生自由选择。低阶课程,以学生参与排演童谣为组织形式。中阶课程,师生共同完成剧本创编及课本剧排演。高阶课程,学生自主编创剧本,通过组队合作完成儿童歌舞剧的排演。剧场课程旨在调动学生已有情感经历,激发想象力通感,产生音乐意象,生成多样的音乐表现。

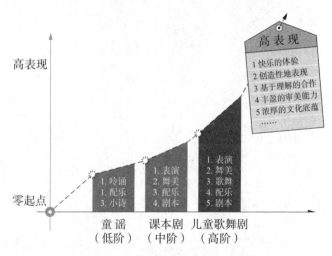

图 7 - 7 剧场课程音乐表现力进阶图

(五) Oven 创意课程:音乐创编学习的项目化设计

"oven"意为"烤箱"。Oven 课程类似烘焙创意思维和创造能力的烤箱。拓展音乐课程的外延,联系艺术和生活。以项目化学习的形式,引导学生在真实情境中进行创意选题,确定框架问题,综合调动音乐及其他学科的已有知识、技能和经验,合作探究解决问题,生成如乐器制作、音乐文化廊、达人秀等这些音乐制作类、设计类、活动类的成果展示,综合过程性评价和表现性评价,贯穿形成性评价和终结性评价。课程通过创生富挑战性的问题,如"课间铃声创编"等,在学中创,在创中学,帮助学生发展稳定的创意思维,循序渐进地发育起音乐学习的"大概念"。

三、"音乐创意学习中心"课程建设的成效

(一)教学方式转变,学生音乐素养提高

学校现有五年级学生 232 名,经历了音乐教育改革的完整周期。数据显示,较一年级入校,有 80% 的学生新学了乐器,最多达 3 种,且坚持 3 年以上。98% 的学生和家长都表示,通过系统的学校音乐学习,孩子更喜欢音乐,更自信了,音乐让生活变得多样;学习音乐过程中,学会了坚持、表达与合作;增强了解决问题的能力;音乐背后的文化理解让视野更开阔。

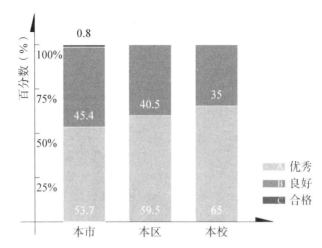

图 7 - 8 　2019 年本校学生参与市"绿色指标"评价音乐创作表现力各水平占比

2019 年上海市"绿色指标"评价数据也佐证了上述观点。学生音乐创造力明显优于市、区平均水平。学生原创音乐作品 3690 个,曾获"上海之春"音乐节金奖、中国少年儿童艺术金奖,得到联合国教科文组织的高度赞扬。

(二)课程评价优化,保证教学目标达成

学校在课程建设中,确保学生和教师的课程主体性,确保师生评价的主体地位。接纳学生的不同见解,倾听不同声音,使学生参与课程建设与评价的全过程。在对学生学业的评价上,以终结性评价为基础,发展性评价为归依,探求不同评价的融合。在具体方式上,依据学科特点和不同的教学内容,既有书面的"情景评价",又有实验操作、表演、作品展示等"非情景评价",充分体现出评价主体和方式多元化,为学生达到学习目标提供相应的支持系统与手段。

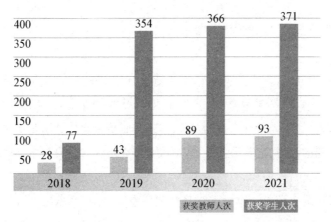

图 7 - 9　2018 年至 2021 年"音乐创意学习中心"师生获奖情况

（三）平台运转平稳，科研引领课程改革

在上海市教研室课程领导力项目的引领下，教师团队共研共享，顺利完成上海市提升中小学(幼儿园)学校课程领导力行动研究(第二轮)项目，2019 年，学校再次被评为上海市课程领导力 B 类项目学校；同年，学校在上海市儿童基础素养研究(第一轮)项目结题的基础上，又成功申报第二轮；学校在长宁区"三个指数"教育质量综合评价项目中，连续三年被评为 A 类。"音乐创意学习中心"的课程建设成为上海基础教育改革的一道亮丽风景线。

（四）品牌效应形成，成果产生辐射影响

学校先后成为上海市艺术特色学校、澳洲堪培拉师资培训基地、上海师范大学音乐学院大学生见(实)习基地、上海音乐家协会教学基地等。举办了二十余场全市、全国和国际研讨展示活动，反响强烈，引起广泛关注。

《光明日报》《中国共青团》《解放日报》《文汇报》，上海电视台等主流媒体多次报道，《上海教育》《第一教育》等多次刊载专题报道。累计接待全国 32 个省市自治区，美英德澳等多个国家 180 批教育考察团，人数逾万。上海教育出版社将学校创意驱动的高质量音乐学习系统开发与实践成果录制成视频作为上海市校(园)长暑期培训内容。

第三节　学生多元学习方式的转变

中共中央、国务院《关于全面加强和改进新时代学校美育工作的意见》(2020)指出,"美育是审美教育、情操教育、心灵教育,能提升审美素养、陶冶情操、温润心灵、激发创新创造活力"。作为美育实践的主阵地之一,音乐教育能够唤起学生的美感反应,实现情感与思想的沟通交流,温润心灵,形成对多元幸福的终身追求,获得精神层面的持久满足。

上海市长宁区天山第一小学始终重视美育教育,尤其音乐教育。学校通过课程、环境、活动的融合,形成了良好的美育生态。学校对音乐教育进行顶层设计,抓住创意驱动,建设学习系统,升级学习空间,拓宽创造思维,变革学生的多元学习方式,指向高质量的小学音乐教育,发展指向音乐内在的"大概念",撬动学生音乐素养的提升,响应国家提出的高质量创新发展要求。

一、以学习者体验为中心,将音乐课堂回归音乐本原

小学生尚处于童年期,其思维活动以过去的认知经验为基础,个体意识和抽象思维也处于逐渐发展中,这一阶段的儿童思维成长表现在心理操作能力,引导小学生去感知和表征自我和外在的世界,使得他们的认知更加深刻和灵活①。此外,《义务教育音乐深程标准》指出"音乐课程的价值在于为学生提供审美体验、陶冶情操、启迪智慧,开发创造性发展潜能,提升创造力传承民族优秀文化,增进对世界音乐文化丰富性和多样性的认识,促进人际交情感沟通和和谐社会的构建"。音乐教育最根本的目的是"人"的发展,应"以人为本",以学习者为中心,将音乐课堂回归音乐本原。

在面向教师的问卷中,课题组设计了"您认可学校基于学校音乐创意中心的各项活动的原因?"的题目,占比最高的两个选项为 80.21% 的教师认为"教学理念先进,符合音乐教育基本理念",79.17% 的教师认为"以学生为主体,注重学生自己参与和体验",76.04% 的教师认为"增强学生学习的自由度与协同学习水平,促进学生个性发展",65.63% 的教师认为"识别学生特征,为学生提供差异化的学习资源和服务"。这

---

① 陶坤.基于移动智能终端的小学音乐学习资源设计与实现[D].华中师范大学,2015.

也充分体验了天一小学"音乐创意学习中心"以学习者体验为中心,将音乐课堂回归音乐本原的特点。

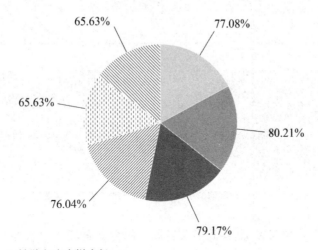

图 7-10 您认可学校基于学校音乐创意中心各项活动的原因(教师卷)

　　天一小学明确了音乐在高质量教育体系中的重要地位,以素养为导向,以"创意应用"为中介,以"音乐课标"为指南,通过顶层设计,构建了创意驱动的小学高质量音乐学习系统的实践模型。在"以发展音乐素养为根本,培育放眼世界,具创新精神的现代中国人"的育人目标下,确定"爱音乐,会表演,能创编"的音乐教育目标。构建了集环境、课程、教学方式、师生发展于一体的音乐学习系统,具丰富体验、多重浸润、跨越边界特质的"音乐创意学习中心"场域。

　　天一小学对美育的重视,进而转变为教师"以学习者为中心"的教学观念,建立"以学习者为中心"的人才培养模式,遵循以美育人、重视音乐体验、突出课程融合,充分展示学科独特价值,让学生经过完整的、原生态的、体现学科本质的音乐学习,将知识转化为音乐应用。

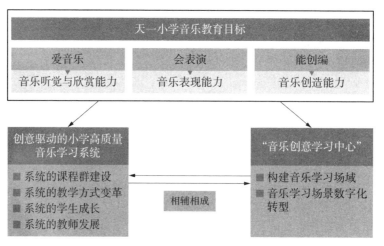

图 7-11 创意驱动的小学高质量音乐学习系统的实践模式

二、构建音乐学习场域，实现多感官融合的音乐学习

音乐是听觉艺术，是情感艺术[①]。音乐的学科属性决定了学习环境的专业性。高质量的音乐学习需要借助环境刺激充分打开学生的感官认知通道，诱发身体反应，产生联觉想象[②]。目前非音乐特色的公办学校学生数和音乐专用教室间比例失衡，软硬件设施不到位，学习资源缺乏。天一小学认识到在无法增加教学楼面积的情况下，需通过空间重构，对物理的、文化的，真实的和虚拟的音乐学习场域进行系统升级。

在面向学生的问卷中，课题组设计了"你认为学校的'音乐创意学习中心'是怎样的？"题目，92.04％的学生表示"音乐创意学习中心"具有沉浸式的音乐学习氛围和环境，62.81％的学生表示"音乐创意学习中心"设置了虚实结合的学习空间，68.27％的学生表示"音乐创意学习中心"采用人工智能等新兴技术的先进、健全的硬件设备，71.97％的学生表示"音乐创意学习中心"采用了音乐情景的教学方式，45.88％的学生表示"音乐创意学习中心"无课桌课堂具备吸引力。

学校在建构创意驱动的音乐学习系统及其操作体系中发现，传统音乐教室无法结合听觉与联觉，激发感官享受，提升学生音乐艺术情感上的共鸣，如打击乐、电子琴等器乐课程对教室有隔音和吸音的声学要求，剧场课程需在拥有足够响度、优良清晰度、

---

① 范艳华.小学音乐教学中个性培养与良好情感的渗透[J].中国教育学刊,2020(S2):114—115.
② 刘毅.基于多元感官联动的小学音乐教学新方式分析[J].北方音乐,2019,39(22):163＋170.

合适混响感、较强空间感的场域实施教学等。2014 年,学校在不增加土地的前提下,通过学习空间重构和系统改进,打造了一个"音乐之声"、两条"音乐之廊"和六个"音乐之盒"的"音乐创意学习中心"这一上海教改的名片。其中,天一小学"学习中心"选用了学习社区模型,以"自然、艺术、创意"为核心理念,打造了一个实体、虚拟和学习中心内外空间高度粘合的学习社区。

学校通过增强空间与学习效能的关联,建构高质量音乐学习场,达成学生音乐素养培育的环境、情境、乐境的"三境"重合,发挥了建筑声学在音乐学习上的专业性,"宠爱"学生的眼睛和耳朵。天一小学的学生通过"看"曲谱感受音乐的魅力,通过"听"来识别音乐的节奏,通过"唱"来学习音乐的律动和提高音乐技能技巧,通过"演"来学习音乐创作的技巧和表达音乐的能力,最后通过"玩"来提高学生对音乐的学习积极性和兴趣。在探索学习中,学生的视觉、听觉、触觉和动觉的联觉反应被充分调动并且产生了想象力通感,这时,学习者的学习能动热情也被充分激发,音乐学习的效果不断增强。

三、搭建多样化教学支架,实现结构知识的灵活迁移

建构主义者在发现教学的基础上提出了"支架式"(scaffolding)教学模式,它强调学生在学习过程中的主动性和建构性,同时也注重教师在学习过程的主导作用,在"教"与"学"之间找到了平衡点[①]。目前,"支架式"教学模式的理论研究已较为成熟,并已在各学科的教学中得到一定的研究和应用。"支架式"教学在对学生的学习效果、学习兴趣、自主学习能力以及培养其学科的学习方法等方面都会产生积极的影响,是一种符合新课程要求的教学模式。

音乐课以音乐鉴赏和体验为主,通过欣赏音乐、分析作品、了解基本音乐史知识探索音乐与人与社会的关系,来增强学生的审美体验,使学生的音乐审美能力不断提高。天一小学根据"外因通过内因而起作用"的原理,课程学习中发挥学生的主体作用,以创意为驱动,依循"激趣——活动——探究——鼓励"的路径,挖掘并系统性设计课程教学的音乐创意支架,通过焕发想象力,产生音乐意象,引导学生进入探索性自学阶段、实践性自学阶段、创造性自学阶段和自我评价阶段,获得完整、自由、有趣的学习经历,以创意提升音乐教育的品质。

---

① 樊改霞.建构主义教育理论在中国的发展及其影响[J].西北师大学报(社会科学版),2022(3):87—95.

在面向学生的问卷中,课题组设计了"你认为学校'音乐创意学习中心'使你的学习方式发生了哪些变化?"的题目,79.19%的学生表示"学习的内容与方式以学生为主体",74.47%的学生表示"关注学生的学习体验过程",65.59%的学生表示"可以自主管理自己的项目、课程和音乐器材",70.86%的学生表示"课堂采用合式学习、探究式学习、小组合作等多种学习方式"。这也突显了天一小学"音乐创意学习中心"使学生传统的学习方式发生了翻天覆地的变化,并且深受学生们的欢迎。

天一小学的教师们采用多样的教学方式,组织自主探究、动手操作,把学习的主动权交给学生,满足学生好奇心和自我表现的欲望。让学生在尝试中发现问题,在合作中探究解决问题的方法,在交流中产生情感共鸣,在运用中积累成功经验。努力探寻今后可能发生的一种或多种学习方式,让学生获得个性化、开放式、综合性的学习。

此外,教师深度参与系统创建和课程群设计、实施、评价的全过程,参与内容丰富、形式多样、满足个性定制的教师培训。转变教育观念,秉持音乐价值导向,实现育人目标。转变教学方法,注重以学定教,促进学生真实的音乐学习过程的展开和获得。坚定教育高质量,倡导高效能课堂,既注重贴近学生学习心理和生活实际,又注重对音乐教育教学规律的遵循,让课堂更加好玩,有成就感,更加精进,富有挑战。

四、采用数字化信息技术,开展创意驱动的音乐表达

近年来,随着我国经济发展与信息化相结合,数字化信息技术的多媒体性、强交互性等特点,让音乐学习内容表现手段更加丰富[1]。天一小学构建的信息技术支撑下的学习空间重构,解决了传统空间割裂的问题,通过贯通教室和廊道,打造人与环境的互动学习场,突出音乐属性,且充满弹性。

学校运用数字化工具为课堂教学赋能,如运用一键 AI 创作软件,通过虚拟乐器,让零基础的学生尝试音乐创作;运用 iPad 模拟真实乐器、模拟鼓手,智能乐器演奏,让有一定音乐基础的学生进行即兴旋律、节奏、伴奏、音响的创编;利用电声教室,发挥节奏、音色变换、叠加、自动和弦、音序等功能,让有一定特长的学生综合表现音乐语言;利用录播室,在特定的录音环境中,让全体学生展示音乐创作成果。

其中,在面向学生开展的关于"你认为学校'音乐创意学习中心'对你有哪些影响?"的调查研究中,90.56%的学生表示"增加了自身对音乐的兴趣",79.19%的学生

---

[1] 马小娟.信息技术与小学音乐教学的优化整合探究[J].新课程,2022(18):59.

表示"提供了感知欣赏不同的乐曲风格和美感的机会",68.73％的学生表示"学习并掌握了音乐欣赏和鉴赏的方法",53.47％的学生表示"掌握了一门或多门乐器的演奏方法",50.88％的学生表示"勇于尝试表演和创编不同形式的音乐"。这也突显了天一小学"音乐创意学习中心"创设真实教学情境、营造良好学习氛围,增强了学生的音乐学习的感官体验,调动了学生强烈的音乐表现欲、创造欲,激发了学生音乐学习的主动性和积极性。

此外,天一小学的"创意学习中心"还充分发挥了数字基座的作用,孵化和催生了更多数字化和智慧化音乐学习的应用场景,利用新兴的媒体技术,生成、采集、分析大量数据,为学生的内差异评价做好准备,用数字画像让音乐素养的提升可视化。学校现有 232 名五年级学生,都经历了学校音乐教育改革的完整周期。数据显示,较一年级入校时,有80％的学生新学了乐器,最多达 3 种,且坚持了 3 年以上。

2019 年上海市"绿色指标"评价数据显示,在音乐创意学习中心的影响下,天一小学学生的音乐素养得到了明显提升,创作表现能力明显优于市、区平均水平。学生原创音乐作品达 3 690 个,获"上海之春"音乐节金奖、中国少年儿童艺术金奖等多项荣誉,并得到联合国教科文组织的高度赞扬。这也凸显了天一小学"音乐创意学习中心"的显著育人效果。

第四节　教师专业能力的提升

国将兴,必贵师而重傅;贵师而重傅,则法度存。尊师重教是中华民族的传统美德,重视教师工作也是我们党和国家的优良作风。党的十八大以来,以习近平同志为核心的党中央围绕"谁来培养人"的时代命题,强调要从战略高度认识教师工作的重要性,坚持把教师队伍建设作为基础工作。[①]

天一小学倡导全体师生员工求真务实,律己容人,不断上进。以诚意正心的姿态探索真理,以宽厚包容的心态待人处世,让校园充满昂扬向上的蓬勃生态。天一小学教师响应习近平总书记倡导的"四有"好教师的倡议,在日常的教育过程中能以仁爱之心、博识之学、启发之道,促进每个学生在阳光下快乐健康成长。

---

① 易凌云,卿素兰,高慧斌,等.坚持把教师队伍建设作为基础工作——习近平总书记关于教育的重要论述学习研究之四[J].教育研究,2022,43(4):4.

一、鹰雁之势,同心同德——师资现状概览

"新时代要求教师努力适应现代基础教育的发展,认清并扮演好各种角色"。[①] 培养教师,办好学校,成就儿童。把教育做好,国家就有未来。未来二三十年,人类社会将有翻天覆地的变化,最大的进步来源于教育和科学的进步,要用优秀的人培养更优秀的人。师资队伍建设是学校内涵建设的核心,也是提高办学水平和办学质量的关键。

(一)教师队伍整体情况

天一小学拥有一支特级教师、全国优秀教师和学科带头人领衔的高素质、复合型教师团队,为市、区输送了许多领军人才。教师们用智慧点燃孩子,让学校教育具有打动人心的力量,深受家长和同行的赞誉,深受学生的喜爱。

学校现有 34 个教学班,1 300 多名学生。104 名教职员工中,正高级教师 1 人,中学高级教师 10 人,小学高级教师 61 人。2019 至 2022 年间,近 90% 的教师曾获得国家、市、区级个人荣誉,参与各级教育教学评优获奖的教师高达 300 人次,近 2 000 人次的学生在国家、市、区级竞赛中争创一流,为更高一级的学校输送了一批又一批有活力、后劲足的人才苗子。

超过 30% 的教师有机会代表长宁走出上海,走向世界,进行学术交流和多地学习。作为首批参加中英数学交流项目的学校,天一先后派出 14 人次的教师前往英国,为十多所当地学校执教、组织教研和培训,受到了英国最高教育官员的褒奖,英国当地各大媒体对此争相报道。

具有高品位师德素养、高学识专业功底、多方位教育教学能力、高水平教育科研素养和国际交流经验的教师队伍,以富有艺术性的教育行为点燃学生对学习的渴求,让学校教育充满灵动和向前向上的活力,为所有儿童的个性发展提供坚实的保障。

(二)音乐教师卓越团队

天一小学音乐教研组现有组员 8 名,平均年龄 43.8 岁,组内高级职称 1 人,中级职称 4 人(其中 1 人非音乐学科专业技术职称),区域新秀 2 名,中心组成员 1 名。

---

① 孙雪.中小学教师队伍建设研究[J].教育教学论坛,2020(29):25—26.

依托学校未来音乐创意学习中心,确立了"让每个孩子拥有音乐的梦想"的行动口号,和"爱音乐、会表演、能创编"的评价。"爱音乐",创设环境、改进方法,使学生能在教师的引导中爱上音乐,能激发其音乐学习兴趣,锻炼其音乐欣赏能力;"会表演",设计的不同层次、环境、课程,使学生在学校音乐的课程群中学习、训练,保证每个学生都有充分表演的机会,在音乐实践中学会表演;"能创编",学生能够结合校园、家庭、社会生活创编课间铃声、童谣、歌舞短剧、儿童歌舞剧。

音乐中心现有区级重点课题《小学音乐创意学习中心建设的行动研究》,我们每位组员都是课题研究的实践者,课题研究期间多篇论文案例在国家级市级评选中获奖,如薛少军老师撰写的《一分钟的舞台》荣获国家教育部主办的全国第六届中小学生艺术展演活动——中小学美育改革创新优秀案例一等奖;《"小学音乐创意学习中心建设的行动研究"文献综述》获得上海市教育科学研究院普教所主办的情报综述征集评选二等奖;邢灵燕老师撰写的论文《小学课堂歌舞剧提升学生音乐素养的实践研究》荣获长宁区教育学院教研室组织的征文比赛一等奖等。

音乐教研组以"课程"为核心载体,面对天一的所有学生,构建了适合学生发展的"贝多芬 Beethoven"课程体系,课程包括"Basic 基础型音乐课程""Expand 拓展型音乐课程""Environment 环境课程""Theatre 剧场课程"和"Oven 小创(探究型)课程"。

"未来音乐创意学习中心"自 2017 年建成使用以来,成效显著,辐射示范效应明显。

2018 年成为上海市音乐家协会手风琴教学基地,手风琴乐团分别获得 2019、2021"上海之春"音乐节银奖、金奖;2019 年,荣获上海师范大学音乐学院大学生见(实)习基地、上海市校园文化建设"一校一品"特色学校。学生在"未来音乐创新学习中心"中,快乐学习,健康生活,在学习音乐的过程中,了解更丰富的音乐内容,拓宽自身的音乐实践,集中注意力进行实际动手演奏。低年级童谣作品累计创作数量高达 3 690 个,原创少儿歌舞剧作品 16 个,其中,多个作品荣获市、区一等奖;"京剧社""手风琴团"的学生在国际国内比赛、上海市学生艺术单项比赛中,有超过20人获得金奖、银奖。学生原创作品在上海之春国际音乐节校园歌曲征集评选中被评为优秀作品;荣获中国少年儿童艺术节全国总决赛金奖。

小创课程"校园铃声我做主"之《一分钟的舞台》,连续6年,上课铃音都由学生自己创编,我们的铃音库从2015年的1首作品累积到今天的118首,从一学期循环播放一首,到现在多首曲子轮流播放,参与创编的孩子从1个到11到75再到现在的人人参与,作品访问次数从原来的1114次到42万次。学生切实感受到音乐就在身边,此项目荣获全国第六届中小学艺术展演上海市活动小学美育改革创新优秀案例一等奖。

二、齐抓共管,多维一体——培养规划体系

建设高质量基础教育教师队伍是实施教育强国战略的需要,是推进教育现代化的必由之路。[①] 于漪老师等专家到校指导时,提出"天一是一所拥有扎实办学根基和人文底蕴的学校,如何'厚积而薄发',从优质走向卓越",学校需倡导协商合作的学校治理创新。从主体上,消除管理者与被管理者二元分立定位,鼓励更多的教师协同参与学校治理,形成立体的,有机的合作关系。从目标达成上,淡化行政强力控制,把权力下放到责任主体,在变被动为主动的角色切换中,焕发教师参与治理的主动性和独立性。

(一)教师"三高一多"发展性评价目标

学校根据"四有"好教师的要求,打造高素质的教师队伍,以保证育人方式和教与学方式的转变。根据办学理念和育人目标,提出了"三高一多"的教师发展目标,即师德高品位、专业高学识、能力多方位、研究高水平。

通过优秀教师的评选、师训工作的开展,目前教师群体对"三高一多"的目标有所认识,要能从思想上的认识到行动上的跟进,让目标真正发挥引领发展的作用,需进一步细化目标达成的标准。

1. 师德为先,确保"师德高品位"

教育发展,需要我们大力培养造就一支师德高尚、业务精湛、结构合理、充满活力的高素质专业化教师队伍。学校需把师德作为评价教师素质的第一标准,引导教师把教书育人和自我修养结合起来。

如针对师德高品位,将一级标准设为"以立德树人为根本任务,教育教学工作中展现出良好师德师风,不踩师德红线";二级标准设为"能积极参与志愿服务";三级标准设为"能对特殊学生给予特殊关爱"等。

2. 专业为基,实现"专业高学识"

扎实的知识功底、过硬的教学能力、勤勉的教学态度、科学的教学方法是老师的基本素质,其中知识是根本基础。

如针对专业高学识,将一级标准设为"严格落实教学五环节,保证课堂教学质量";二级标准设为"基于单元教学主题,创造性地进行教学设计、作业设计、命题设计等";三级标准设为"能在学科教研组内发挥专业引领作用"。

3. 能力为重,追求"能力多方位"

依托"四制四部"的学校治理机制,通过项目负责、学科分管等途径,提升个人在专业教学外的管理能力,具备一人多岗的能力。当然,这里的能力不限于管理能力,还包括学科专业领域内的创新力、设计力、规划力、执行力、评价力等。

4. 研究为力,力争"研究高水平"

以研究来促进教师的专业成长,通过"从做中学"的方式,努力做到将课题研究与平时的教学实践有机结合起来,以科研为抓手,用科研的方法推进工作的开展,鼓励教师以项目为依托,边研究边提升学科素养,营造浓厚科研氛围。这里高水平的研究力,小到指学科作业设计的研究能力,大到指课题、项目承接的研究能力等。

(二)教师队伍建设发展实施计划

学校对教师队伍的建设与发展制定了近期、中期和长期的科学规划:创新师资管理,实行"四制四部"教师协同发展,形成自我约束,自我规范的教师内部管理和监督制约机制。注重师德建设,培养彰显"仁爱、博识、启发"教风的教职工团队,形成阳光智慧,群智涌现的教师培育文化。深化师资建设,形成能够自由运转的教师梯队发展架构。加强职工队伍建设,健全内部管理制度,优化多元评价,塑造积极主动的精神风貌。

研究2019—2023这五年的天一小学教师队伍建设发展实施规划,我们可以看到以下三个显著特点。

1. 学年发展目标全面

每一年度,学校都会从师资管理、师德建设、队伍发展、评价保障等多个维度确立教师团队与个人的发展要求与方向。2022年,在创新师资管理方面,提出以教师专业成长为指向,构建教师学习共同体。在注重师德建设方面,打造具备"三高一多"和"三功"品质及能力的教师队伍。在深化师资建设方面,建立教师队伍发展自动升级机制。在加强职工队伍建设方面,进一步优化教职工管理制度,健全、明晰职工岗位职责。

2. 学年工作措施具体

在宏观目标的指导下,具体可行的措施是落实效果的保证。学校每一年都会依据现有实际和当年情况,从校本研修、科创训练、评奖评优、班主任培训、信息化提升等不同素养指标方面提出有针对性的行动方案。例如2021年度,学校在深化"四制四部"协同育师,打造教师培育新样态方面:推进"四制四部"协同育师模式的立足点和核心理念,明确"四制四部"协同育师模式的职能分工和培养侧重,提炼"四制四部"协同育师的经验提升学校的治理效能;在注重师德建设,缔造涵养仁爱的教师气质方面:以活力为依托推动教师发展,以活力为支撑培育"阳光教师",以课题为引领打造研究型教研团队;在优化多元评价和健全内部治理方面,实行大数据评价,实行民主述评,实行月绩效考核制度。

3. 学年达成标志明晰

每一年的成效评价采取定量与定性相结合的方式,公开透明可持续,不仅仅起到同事之间对标找差的衡量作用,更是对未来长足发展的一种激励。例如2020年,学校形成了"教师发展部""课程教学部""学生成长部""学校服务部"的部门职能,并完善"项目负责制""学科分管制""年级主管制""值日校长制"的育人机制;开展了形式多样的教师思政教育,明确师德规范,弘扬师德师风;完成了教师个人五年发展规划的制定,开展形式多样的校本研修,满足教师全面+个性的专业成长需要;搭建了信息技术支持下的教师年度考核平台,采用"大数据"评价升级内部管理评价。

三、数路并进,日新月盛——培养方式路径

《关于全面深化新时代教师》提出"造就党和人民满意的高素质专业化创新型教师队伍,落实立德树人根本任务,培养德智体美劳全面发展的社会主义建设者和接班人。""高素质""专业化""创新型"是建设新时代教师队伍建设的三个关键词。[1]

学校依据文件精神,围绕长宁区"十四五"发展规划"活力教育,成就梦想"的要点,结合"运用'中心'育人模式,培养现代中国人"的五年发展规划,通过对内课程学习、涉外培训等一切研修方法,提升教师专业素养,打造师德高品位、专业高学识、能力多方

---

[1] 邹瑶瑶,沈岑砚.新时代高素质专业化创新型教师队伍建设的理性审思[J].教师教育论坛,2022,35(2):25.

位、研究高水平的教师队伍。

(一) 打造"四制四部"教师培养模式

在学校组织再造上,天一小学重新建构了学校组织管理网络,建构起四大职能部门为核心的学校组织网络,为"人"的成长搭建平台,将"四部"作为支持"人"发展的动力保障,淡化行政层级,不仅履行中层责任,更凸显它们在培育教师过程中所提供的规范的、专业的支持和服务。

1. 以"四部"的管理架构支持教师培养

"四部",即"教师发展部""课程教学部""学生发展部""后勤服务部",用其作为支持"人"发展的动力保障,提供规范、专业的支持和服务。

教师发展部,以管理、协调、评价为指向,以对内协调管理,对外联通资源,促成教师专业发展。

课程教学部,以课程教学发展为导向,升级"音乐创意学习中心",提升课程领导力,更专注于发挥学科建设引领未来发展的方向。

学生发展部,以立德树人为指导,五育并举为根本任务,着力于培养具有中国底蕴和国际视野的现代中国人。

学校服务部,以为师生提供更好、更方便的支持为动力,将学校打造为师生健康、幸福生活的空间,全面且个性的学习空间。

为凸显"四部"的专业性,强调"四部"之间的交叉和融合,各部主任充分发挥学校中层干部的主人翁意识,在摸索实践的过程中逐步完善相关配套制度、职责分工、实施要求、评价反馈等关键要素,促进学校发展。同时,我们还改变了以往单一文本的上传模式,建立了校内行政管理服务平台,实施基于大数据的学校决策和管理流程。通过问卷、访谈等工具,系统收集全体学生、教师、家长等对学校事务的需求、态度和建议等数据,并进行科学的处理和分析,为学生发展、课程教学、后勤工作等的改进和完善提供建议。

2. 以"四制"的协同协调支持教师培养

为了与"四部"更好地协调,将"在成事中成人"的学校管理理念落实到每一件事、每一个人,对应"四部"的运作,又先后设计了项目负责制"学科分管制""年级主管制"和"值日校长制"的教师培养机制——"四制"。从统一要求走向"私人定制",为满足不同教师的个性化发展需求,学校为教师提供的"四制"是为了培养从优质走向卓越的教师而提出的协同机制,这一机制面向不同层面,其侧重点也各有不同。

项目负责制,面向全体教师,由教师个人自主申报或学校委任的形式决定项目的承接,对该项目的全过程负责,旨在以项目为载体,给教师个性的发展机会,提升其综合管理能力。

学科分管制,面向学科组长,以学科为中心,给予一定的决策权,统筹安排学科相关的一切事务,旨在提升学科组长的领袖精神。

年级主管制,面向年级组长,让年级组长对接工会、德育工作、少先队工作的具体落实,管理该年级学科外的一切事务,旨在以年级为单位,提升团队使命担当。

值日校长制,面向全体教师,要求在岗的"值日校长"全面负责学校一天的工作,改变了学校原来的由行政为责任主体担任总护导的管理模式,旨在以轮值为平台,提升民主管理智慧。

学校层面推行的"项目负责制",意在打破年级、学科、参与对象的限制,通过特定项目的建设来赋予项目负责人一定的权限,独立完成课程建设、人员调配、活动组织和资源使用,以提高管理效能和培育教师学校意识和综合能力。在年级组层面,"年级主管制"是让年级组长全面负责教育、教学和管理事务,意在锻炼年级组长的组织能力、活动策划能力、协调各方能力等,而且能凝聚级组内的老师,发挥每位教师的主观能动性,促进教师间的合作关系,推动学校的可持续发展。概而言之,"四制"的核心在于以机制创新鼓励每一位教师发挥积极主动的蚂蚁精神,各尽其才、各显其能地服务学校,并在服务学校的过程中锻炼和提升自己的能力。

(二)开展多类型的教师校本研修

1. 依据文件精神,组织教师开学前校本研修

为全面贯彻落实习近平新时代中国特色社会主义思想,党和国家的教育方针,国家和上海市中长期教育改革和发展规划纲要以及全国教育大会与上海市教育大会精神。推进国家统编三科教材的使用工作,深入实施素质教育,深化教育教学改革,切实减轻中小学生过重的课业负担,促进中小学生身心健康发展。上海市教委于2021年7月12日正式发布《关于印发上海市中小学2021学年度课程计划及其说明的通知》,文

件中明确指出"要加强教师培训和教研队伍建设,加强对课程改革的实践研究和业务指导,深化教学改革,提高课程领导力和执行力,切实提高教学质量。"在此背景下,学校需认真解读文件精神,对具体做法迭代更新,制订课程方案,并组织开展开学前教师校本研修。

学校于 2021 年 8 月 26 日至 8 月 31 日期间组织教师开展开学前的专题校本培训,旨在通过培训让教师全面了解中共中央办公厅、国务院办公厅和市教委相继发布的《关于进一步减轻义务教育阶段学生作业负担和校外培训负担的意见》和《上海市中小学 2021 学年度课程计划及其说明的通知》,清楚把握学校新学期工作的方向和重点任务。尤其是较往年有所调整的工作,强调育人为本、师德为先、能力为重、植根课堂、修炼内功、提升教育教学品质。

如下表 7-1 所示,以学校某学期开学前的培训安排为例,体现出以下几个特点:第一,培训场域灵活多样,区别于传统教师培训所在的会议室或教室,充分利用了小蚂蚁剧场、英语学习中心等育人空间;第二,培训内容丰富,既有最新前沿的政策文件精神解读和学校发展规划讲解,也有贴近实际的学科命题培训和学科组教研活动,兼顾理论与实际;第三培训主讲有针对性,结合不同的专题,配备不同专长的主讲嘉宾。主讲人多为本校资深教师和学科组长,也会从校外邀请专家学者、政府教育部门工作人员等。

表 7-1 2021 学年度天山第一小学教师开学前培训安排表

时间/地点	培训内容	培训主讲
8/26 周四 13:00—14:30 小蚂蚁剧场	① 文件解读:《关于进一步减轻义务教育阶段学生作业负担和校外培训负担的意见》《上海市中小学 2021 学年度课程计划及其说明的通知》 ② "四部"工作重点:课程计划、课程表、教师研修表、一日作息表	孟翼 严静华 姚佩蕾 董陈 王嘉麒
8/30 周一 13:00—14:30	① 家长问卷:2020 学年度第二学期家长问卷解读 ② "绿标"评价:给教育质量做一次绿色"体检" ③ 学校发展规划:运用"中心"育人模式,培养现代中国人	李雅芬 姚燕萍 吴珏芳
8/31 周二 9:00—11:00 小蚂蚁剧场	① 学科命题:把握学科素养提升命题能力 ② 学科评价:"小蚂蚁进阶评价"在学科中的运用	蔡靖 严静华
8/31 周二 13:00—14:30 英语学习中心	① 学科教研:单元整体视域下的教学设计、作业设计和命题评价	各学科组长

2. 聚焦"单元教学"重点,组织新学期教师校本研修

为深入实施素质教育,深化教育教学改革,切实减轻中小学生过重的课业负担,促进中小学生身心健康发展,2021学年度的课程计划有了以上7处调整。基于此,教师在开展教育教学的过程中,需让课堂教学与育人联通,抓好质量,强化课堂主阵地作用,切实提高课堂教学质量,扎扎实实地开展好每一个学科的每一次校本研修。7处课程计划的调整对于教师的校本研修也提出了新的要求:主题更聚焦、目标更明确、定时、定量、高效、高质、成效显著。

例如2020学年度,无论是市级在线共享课程的研修、区级层面线上线下相结合的专题研修,还是各学科教研组开展的校本教研,都围绕"单元教学"主题下的教学设计、作业设计、命题研究等。换而言之,"单元教学"成为了各层级、各学科开展研修的主题。据此,教师发展部拟定了2021学年度教师校本研修安排表,如表7-2所示。

表7-2 2021学年度天山第一小学教师校本研修安排表

学科	市区级研修安排	校本研修安排			
		研修时间	研修地点	负责人	研修内容
语文	单周四下午 13:00—16:00	每周三下午 13:00—14:30	大组研修:教师研修室 分组研修:一二年级语文办公室、三四年级语文办公室、五年级语文办公室;教师研修室	沈磊 各年级主管	① 学科教学展示研讨 ② 教研员布置的学科研修任务 ③ "单元教学"主题下的教学设计、作业设计、命题研究等 ④ 各学科制定的学年度研修主题 ⑤ 学校统一安排的研修内容
数学	单周一下午 13:00—16:00	每周三下午 13:00—14:30	教师研修室	徐菲 张毓弘	
英语	单周五上午 9:00—11:30	每周三下午 13:00—14:30	项目活动室	张瑾 童琳	
体育	单周四上午 9:00—11:30	双周四上午 9:00—11:00	体育办公室	王诚	
美术	单周二上午 9:00—11:30	双周二上午 9:00—11:00	美术专用教室	高静娴	
音乐	单周一下午 13:00—16:00	双周一下午 13:00—15:00	合唱专用教室	刘晓彤	

学科	市区级研修安排	校本研修安排			
		研修时间	研修地点	负责人	研修内容
科技	双周四上午 9:00—11:30	单周一上午 9:00—11:00	科技专用教室	朱雪瑾	
信息	双周四下午 13:00—16:00				
心理	双周二下午 13:00—16:00				
卫生	双周一下午 13:00—16:00				
劳技	双周二上午 9:00—11:30				
道法	单周一下午 13:00—16:00	双周一下午 13:00—16:00	少先队队室	王月婷	

3. 针对新教师成长需求,组织见习教师规范化培训

学校作为上海市教师专业发展学校,暨见习教师规范化培训基地校,从教育综合改革的高度入手,依据《上海市中小学(幼儿园)见习教师规范化培训实施办法(试行)》《关于公布上海市教师专业发展学校暨见习教师规范化培训基地的通知》以及上海市《关于全面深化新时代教师队伍建设改革的实施意见》等见习教师教育工作文件的要求,立足"联通儿童与世界"的办学理念,从办学历史、学校文化出发,尤其是以学生的培养目标、学校章程的制定和发展规划的设计为指向,结合我校的办学实际,认真实施"国标、省考、县聘、校用"机制,配合长宁区教育学院实施见习教师规范化培训基地建设,对本校及集团内见习教师开展规范化培训。

面向2021学年度新入职教师,围绕主题"致乘风破浪的'后浪'"展开系列培训。培训将以"教师校本培养目标"为定向,依循新入职教师的发展规律,就"职业感悟与师德修养""课堂经历与教学实践""班级工作与育德体验""教研与专业发展"四个板块展开培训。助力新入职教师更好地了解学校的办学情况,更快地融入学校的办学文化,更好地掌握教育教学、班级育德的能力,更快地启动个人的专业发展。

(三)"以研促教兴校"提升教师素养

学校要能从优质走向卓越,需打造一支高素质专业化的教师团队,需要一批卓越教师,而非个别。目前,学校各学科中都有一部门走在前,想得深,能创造,够专业,高水平的"领头雁",需进一步发挥他们的引领作用,以科研为抓手,用科研的方法推进工作的开展,鼓励教师以项目为依托,边研究边提升学科素养,营造浓厚科研氛围。

1. 以问题为导向,聚焦学科质量提升

我们坚持问题导向,满足教师自主学习需要,让教师们根据日常教育教学中产生的问题进行研究,以校本研修的方式聚焦学科质量的提升。

通过构建学习共同体,让教师采用"任务驱动,以研促学"的方式进行学习,以研促学,提升教师的专业能力。同时,发挥校本研修的积极作用,建立教师校本研修制度,实行分层分类培训,提升参训教师获得感和行动力。

2. 以实践为依托,制定具体实施举措

我们鼓励教师理论与实践相结合,用科研思维解决日常教育教学中碰到的实际问题。同时,又能基于问题,深入研究,反复实践,撰写论文,申报课题,产生辐射。

表 7 - 3   目前学校在研国家级、市级科研课题/项目

级别	课题名称	负责人
国家级	基于"未来音乐创意学习中心"建设的实践与探索	吕华琼
市级	上海市提升中小学(幼儿园)课程领导力行动研究	吕华琼
市级	上海市信息化应用标杆培育校	吕华琼
市级	上海市项目化学习种子实验校	吕华琼
市级	数字画像在小学教育中应用实验支持服务项目	吕华琼
市级	信息技术支持下小学数学等第制评价的实践研究	吕华琼
市级	小初衔接阶段亲子阅读现状与指导策略	吕华琼
市级	上海市中小学学习空间重构行动研究	吕华琼
市级	以"蚁妈进食堂"活动培养学生劳动技能的实践研究	吕华琼

如上表所示,学校目前在研国家级、市级科研课题/项目总计 9 项。吕华琼校长主持的《基于"未来音乐创意学习中心"建设的实践与探索》已获评国家级教学成果奖。

该项目形成并验证了关于高质量音乐学习系统的理论认识,提炼了高质量音乐学习的育人目标体系,开发了创意驱动的音乐学习系统及其操作体系,形成了专业音乐学习场域理念融入的"音乐创意学习中心"样态。

表7-4中的区级科研课题/项目也体现了学校老师们在耕耘教学之外,也着力于提升自身专业研究水平,形成浓厚的实践难点攻坚氛围。

表7-4 目前学校在研区级科研课题/项目

级别	课 题 名 称	负责人
区级	基于音乐学习中心平台的课程建设行动研究	吕华琼
区级	家校协同开展小学生中华传统节日活动的设计和实践研究	潘健智
区级	中英数学教师交流项目背景下小学数学主题式教学的案例比较研究	张毓弘
区级	基于物联网的"共享书院"构建的实践研究	沈亦骏
区级	"联通儿童与世界"办学理念下"食育"工作实施机制探索	裴娜
区级	以"四制四部"推动学校教师培养方式转变的行动研究	林灵
区级	指向青年教师"蚂蚁精神"培养路径的实践研究	赵臻

3. 以成果评选为路径,厚植创新科研品质

上海市教委将于2021年10月底至11月初组织开展2021年上海市级教学成果奖的评选活动,旨在全面总结上海教育综合改革、教学建设取得的经验和成果,发挥教学成果在教学实践、改革、研究中的引领和激励作用;只要能反映教育教学规律,具有独创性、新颖性、实用性,对提高教学水平和教育质量、对实现培养目标产生明显效果的教育教学和教学管理的成果就都可参选。

学校在上一轮的上海市级教学成果奖评选中,根据"未来音乐学习中心"的探索与实践经验,提炼总结的《空间重构系统改进——基于"未来学习中心"的实践探索》荣获了上海市级教学成果二等奖。

据此,学校将以成果评选为路径,于2021年8月20日启动2021年上海市级教学成果奖的校级工作会议,组织团队教师自评,在过程中提炼"中英数学交流项目""中华民族传统文化教育""音乐创意学习中心的实践探索"教育教学和教学管理的过程中,厚植教师的创新科研品质。

四、载誉内外,生生不息——成果荣誉举隅

教师是立教之本、兴教之源,好教师是民族的希望,实现中华民族伟大复兴和中国梦归根到底靠人才。天一小学的教师正在从"优质"走向"卓越",让优秀的人培养更优秀的人。

近五年,教师中获得全国优秀教师、上海市园丁奖、"双名计划"、教育部优课一等奖等市、区级荣誉的教师,占全校教师总人数的80%以上。学校是区中心小学、上海市文明单位。近三年,天一还两轮参加了上海市提升中小学(幼儿园)课程领导力行动研究与实践项目;是上海市儿童学习基础素养研究种子学校;上海市外语类及外语特色联盟校;上海市围棋和书法特色学校。

(一)学校办学成果丰硕

天山第一小学作为上海市教师专业发展学校暨见习教师规范化培训基地校,从教育综合改革的高度入手,依据《长宁区教育系统教师教育改革和发展规划纲要》等教师教育发展相关要求,立足"联通儿童与世界"的办学理念,在学校教师队伍建设方面成效显著。

在中小学之中,专门成立"教师发展部"之举的并不多见。天一小学将教师发展部的功能定位为支持教师专业发展的专门机构,赋予其跨行政管理部门和学术专业部门的双重性质。秉持"专业引领,协同发展"的理念,致力于提升教师的专业素质能力。具体来说,教师发展部在与课程教学部、学生成长部和学校服务部合作中,充当教育科研引领者、职业发展规划者、专业培训组织者、教育教学支撑者的角色。根据学校和教师个人对专业发展的需求,为其"量身打造"相应教师专业发展的项目,以"项目负责制"为抓手,提升专业素质能力。在此过程中,部门以"智囊团"的身份,充分发挥组织内部科研、师训、人事、档案、图书、信息化等优势,赋能教师完成项目的立项、设计与实施,确保项目专业性和科学性。

学校以教师专业成长为指向,促进教师队伍的文化建设,培育天一师德高品位、专业高学识、能力多方位、研究高水平的优秀教师。天一作为长宁区天一教育集团的理事学校,有责任联通集团成员一起,为促进区域优质、均衡的发展,立足实际、创新实践,努力培养和造就一支品德高尚、业务精湛、结构合理、充满活力的高素质、专业化、创新型教育人才队伍。

(二)教师发展表现亮眼

天一小学倡导教师们是为"经师",更为"人师"。为帮助孩子们经过五年的课程学

习,活动参与,文化浸润,获得全面且个性的成长。同时教学相长,在学校"阳光教师"的培养标准下,树立身边的榜样,以正确的价值认同,引领整个教师队伍自身的专业化建设。

科研方面,学校教师近几年在论文发表、论文获奖、课题项目申报等方面,将教学实践与理论深研紧密结合,表现不俗。具体情况如表所示。

表 7-5　2018—2022 年教师科研情况一览表

姓名	类型	奖项
王辰楠	论文发表	市级刊物《教育传播与技术》——《应用多媒体技术提升拼音教学有效性的实践探索》(第二作者)
	论文获奖	长宁区教育系统学科带头人第六轮项目负责制学员学习理论征文二等奖
徐志军	论文获奖	《中小学智慧学习场》杂志特约编辑
庄佳叶	论文获奖	长宁区教育系统学科带头人第六轮项目负责制学员学习理论征文优胜奖
	论文获奖	上海市第二届学习素养·项目化学习故事评选三等奖
	论文获奖	"黄埔杯"长三角城市群"创新视角下的教育现代化"征文评选三等奖
丁铮斐	论文获奖	"黄埔杯"长三角城市群"创新视角下的教育现代化"征文评选三等奖
潘健智	获奖课题	《新时代少先队意识教育研究》长宁区教育成果研究一等奖(成员)
	论文发表	市级刊物《少先队中队辅导员工作实操》——《开展"红领巾小主人"岗位服务活动》
	论文发表	市级刊物《上海市中小学学校综合德育活动指导意见》——《粽叶飘香过端午,文化传承小主人》
	论文发表	市级刊物《多彩校园》——《喜气洋洋闹元宵,共筑抗疫"同心圆"》
	论文发表	市级刊物《多彩校园》——《开展活动创设情境,让学生在写作中成长》
林灵	论文获奖	上海市小学语文教学优秀论文评比一等奖
	论文获奖	长宁区教育系统学科带头人第六轮项目负责制学员学习理论征文二等奖
	论文获奖	2018 年上海市小学语文教学优秀论文评比中荣获一等奖
吴珏芳	论文获奖	上海市第二届学习素养·项目化学习故事评选三等奖
	论文获奖	市级刊物《上海课程教学研究》——《创设生活情境,培养学生口语交际能力》
沈磊	论文发表	市级刊物《教育传播与技术》——《童心战疫,传递信心》
	论文发表	市级刊物《上海教育》——《混合式学习赋能朗读教学》

姓名	类型	奖项
姚佩蕾	论文获奖	2019年上海市小学语文教学优秀论文评比活动一等奖
	论文发表	《上海市小学语文教学优秀论文选》——《以课堂练习落实语言训练》
	论文获奖	2018年上海市小学语文教学优秀论文评比中荣获一等奖
裴娜	论文获奖	市教委组织案例评选:《食育工作,多点开花》获市级优秀
姚燕萍	论文发表	市级刊物《一师一优课,一课一名师》优秀案例汇编
	论文发表	《小学数学教育》——《由一节"看谁画得像"数学课引发的思考》
高凌云	课题获奖	《信息技术(电子白板)与数学教学相结合的探究》课题获区级良好
	论文获奖	长宁区教育系统学科带头人第六轮项目负责制学员学习理论征文三等奖
周晓	论文获奖	长宁区教育系统学科带头人第六轮项目负责制学员学习理论征文三等奖
	论文发表	区级刊物《长宁教育》:《"玩"出来的课堂》
张晓春	论文获奖	长宁区教育系统学科带头人第六轮项目负责制学员学习理论征文三等奖
	论文获奖	2020年"我和于漪老师的故事"征文大赛三等奖
郭颖	获奖课题	《新时代少先队意识教育研究》长宁区教育成果研究一等奖(成员)
	论文发表	上海市《少先队大队辅导员工作实操》案例发表
	论文获奖	2019年度长宁区小学音乐、体育和美术学科教师科研论文评比三等奖
邢灵燕	论文获奖	长宁区教育学会第十八届优秀教育论文三等奖
	论文获奖	2020年"我和于漪老师的故事"征文大赛三等奖
	论文获奖	2019年度长宁区小学音乐、体育和美术学科教师科研论文评比一等奖
	论文获奖	2019年度长宁区小学音乐、体育和美术学科教师教学案例二等奖
宗琪雨	论文获奖	2019年度长宁区小学音乐、体育和美术学科教师科研论文评比三等奖
	论文获奖	长宁区教育系统学科带头人第六轮项目负责制学员学习理论征文三等奖
薛少军	论文获奖	2019年中小学幼儿园课题情报综述征文评选二等奖
	论文获奖	全国第六届中小学生艺术展演上海市活动中小学美育改革创新优秀案例一等奖
高静娴	论文发表	《上海市小学基于课程标准的评价指南》——《昆虫乐园》案例发表
	论文获奖	2019年度长宁区小学音乐、体育和美术学科教师科研论文评比二等奖
	论文获奖	2019年度长宁区小学音乐、体育和美术学科教师教学案例三等奖
	论文获奖	长宁区中小学生艺术展演活动(优秀艺术案例)一等奖
张懿	论文获奖	2019年度长宁区小学音乐、体育和美术学科教师教学案例三等奖

姓名	类型	奖项
吕宁	论文获奖	2019 年度长宁区小学音乐、体育和美术学科教师教学案例二等奖
	论文获奖	长宁区教育系统学科带头人第六轮项目负责制学员学习理论征文一等奖
	论文发表	市级刊物《一师一优课，一课一名师》优秀案例汇编
	论文获奖	第十九届长宁区教育教学论文评选一等奖
	论文获奖	第十九届长宁区教育教学论文评选二等奖
王诚	论文发表	区级刊物《长宁教育》：《如何保障体育学科"空中课堂"的在线学习质量
李伟	论文获奖	2019 年度长宁区小学音乐、体育和美术学科教师教学案例三等奖
张丹宁	论文发表	专著《赫尔巴特教育思想研究》部分章节
	论文获奖	长宁区优秀论文评选一等奖
		上海市义务教育项目化学习三年行动计划项目案例
沈亦骏	论文获奖	2018 年上海市书香校园建设优秀案例征集一等奖
胡洁	论文获奖	长宁区教育系统学科带头人第六轮项目负责制学员学习理论征文一等奖
	论文发表	区级杂志《长宁教育》教育案例汇编
朱雪瑾	课题获奖	区级第十三届教育科研成果三等奖（组员）
夏蓟蔚	论文发表	《生活多样性与生态系统》之微生态创客空间
陆雯楠	论文获奖	2020 年"我和于漪老师的故事"征文大赛三等奖
戴锦	论文获奖	"工会工作案例"征文优秀奖
董陈	论文获奖	2020 年"我和于漪老师的故事"征文大赛三等奖
孙波	论文获奖	2018 年长宁区中小学艺术展演活动案例二等奖
董陈	论文获奖	长宁区第十九届教育教学论文竞赛三等奖
裴娜	论文获奖	上海市优秀食育案例
庞悦	论文获奖	上海市基于数据的论文竞赛三等奖
高佳妮	论文获奖	基于调查方法的论文市三等奖

而除了科研方面的优异表现，学校教师也在各级各类教学比赛、公开展示、荣誉称号、带教工作、行政管理等方面奋勇争先，成为全区乃至全市中小学教师中的先进群体与杰出个体。2018—2022 年教师市级及以上获奖情况如表 7-6 所示。

表 7 - 6　2018—2022 年教师市级及以上获奖情况一览表

姓名	类型	奖项
庄佳叶	教学评优	上海市中小学中青年教师教学评选二等奖
	个人技能获奖	诗词讲解大赛上海赛区一等奖
潘健智	教学展示	"空中课堂"语文在线课程录制
	个人荣誉	市名师基地成员(陆玡工作室)
林灵	教学展示	"空中课堂"语文在线课程录制
	个人技能获奖	第十四届全国语文规范化知识大赛荣获小学组优秀指导奖
吴珏芳	教学展示	"空中课堂"语文在线课程录制
王月婷	其他个人技能获奖	上海市"普陀杯"班主任基本功系列竞赛小学组三等奖
	带教工作	十八届全国语文规范化知识学习中获得小学组三等奖
	教学评优	上海市中小学学科德育精品课一等奖
张静	教学展示	联合国教科文组织在线教学课录制
陈晓怡	教学展示	联合国教科文组织在线教学课录制
张毓弘	教学展示	联合国教科文组织在线教学课录制
姚燕萍	个人荣誉	上海市优秀见习教师规范化培训指导教师
郭颖	个人荣誉	市名师基地成员(陆玡工作室)
高静娴	其他个人技能获奖	第五届国际少儿创新艺术邀请展获优秀教师奖
	其他个人技能获奖	第十一届上海少儿生肖绘画展优秀组织奖
	个人技能获奖	2019 年中国系列课程"非遗空中课堂"评选三等奖
	个人技能获奖	2018—2019 年上海市非遗传习基地优秀成果示范课程案例组三等奖
	个人技能获奖	2018—2019 年上海市非遗传习基地优秀成果示范制度建设组三等奖
	个人技能获奖	2018—2019 年上海市非遗传习基地优秀成果活动案例组三等奖
	个人技能获奖	第四届国际少儿创新艺术邀请展优秀教师奖
吕宁	教学展示	上海市级教学展示:美术学科"课堂工程"(春季课程、秋季课程)
	教学评优	2022 上海市中小学中青年教师教学比赛
	其他类个人技能获奖	2020 年上海市优秀活动视频资源包(美术资源包)

姓名	类型	奖项
王诚	教学展示	市级教学展示:体育学科《空中课堂》
	教学评优	第二届上海市中小学教育信息化应用推进活动信息化教学能手
夏蓟蔚	其他个人技能获奖	第35届上海市青少年科技创新大赛二等奖
	个人技能获奖	全国优秀科技教育创新学校
	个人技能获奖	第九届"赛复创智杯"上海市青少年科技创意设计评选活动优秀组织奖
	个人技能获奖	全国青少年科学调查体验活动上海地区优秀奖
王辰楠	教学评优	上海市第二届统编教材优秀课例评选一等奖
陶宇琪	个人技能获奖	2019年首届上海市中小学卫生保健知识与技能比赛获优胜奖
朱雪瑾	个人技能获奖	上海市第八届小学科学长周期探索优秀项目展示活动荣获二等奖
庞悦	个人技能获奖	2018上海市中小学优秀作业、试卷案例征集评选小学英语团队三等奖
张瑾	个人技能获奖	2018上海市中小学优秀作业、试卷案例征集评选小学英语团队三等奖
童琳	个人技能获奖	2018上海市中小学优秀作业、试卷案例征集评选小学英语团队三等奖
	教学评优	第三届上海基础教育青年教师爱岗敬业教学竞赛(小学语数外)三等奖
赵臻	个人荣誉	上海市义务教育劳动课程设计与研究项目案例评选《造纸》《校园最美劳动者》入围奖
杨碧雅	获奖课题	指向核心素养培育的新教研案例评选
李伟	个人荣誉	2020年上海市优秀活动视频资源包(美术资源包)
赵宇滨	个人荣誉	上海市中小学体育骨干教师研修班大单元模拟教学比赛
张毓弘	教学评优	上海市中小学中青年教师教学比赛
王嘉麒	教学评优	上海市中小学、幼儿园"公共安全教育精品课(活动)"精品课
顾勤洁	个人荣誉	2021—2022年上海市学校卫生先进工作者
张懿	个人技能获奖	荣获奋进新时代筑梦向未来2022上海师生硬笔书法篆刻展展评活动硬笔书法三等奖
	个人技能获奖	第四届中华经典诵讲写大赛上海赛区之笔墨中国汉字书写大赛中硬笔类教师组三等奖
徐志军	其他类个人技能获奖	上海市《中小学智慧学习场》责任编辑(优秀组织奖)